新零售视角下大学生创业路径与实践研究

张付安 郑凌峰 ◎ 著

中国财经出版传媒集团
经济科学出版社
Economic Science Press
·北 京·

图书在版编目（CIP）数据

新零售视角下大学生创业路径与实践研究/张付安，郑凌峰著．－－北京：经济科学出版社，2024.6.
ISBN 978－7－5218－6041－2

Ⅰ．G647.38

中国国家版本馆 CIP 数据核字第 2024FZ8828 号

责任编辑：周国强
责任校对：徐　昕
责任印制：张佳裕

新零售视角下大学生创业路径与实践研究
XINLINGSHOU SHIJIAOXIA DAXUESHENG CHUANGYE LUJING
YU SHIJIAN YANJIU
张付安　郑凌峰　著
经济科学出版社出版、发行　新华书店经销
社址：北京市海淀区阜成路甲 28 号　邮编：100142
总编部电话：010－88191217　发行部电话：010－88191522
网址：www.esp.com.cn
电子邮箱：esp@esp.com.cn
天猫网店：经济科学出版社旗舰店
网址：http://jjkxcbs.tmall.com
北京季蜂印刷有限公司印装
710×1000　16 开　17.25 印张　260000 字
2024 年 6 月第 1 版　2024 年 6 月第 1 次印刷
ISBN 978－7－5218－6041－2　定价：98.00 元
（图书出现印装问题，本社负责调换。电话：010－88191545）
（版权所有　侵权必究　打击盗版　举报热线：010－88191661
QQ：2242791300　营销中心电话：010－88191537
电子邮箱：dbts@esp.com.cn）

前　言

接触新零售也数年有余，新零售作为零售业的一种全新形态，日益成为推动零售业创新与发展的重要力量。新零售不仅改变了传统零售业的经营模式和消费者行为，也为大学生创业提供了新的思路和路径。新零售模式为创业者提供了更加广阔的市场空间和创新可能。同时，政府和社会各界也对大学生创业给予了高度的关注和支持，提供了丰富的创业资源和优惠政策。然而，面对激烈的市场竞争和不断变化的市场环境，大学生创业仍然面临着诸多挑战和困难。如何在新零售视角下找到适合自己的创业路径、如何有效利用创业资源、如何不断提升自身的创业能力，成为摆在大学生创业者面前的重要课题。

创业是一条充满挑战和不确定性的道路，需要创业者具备坚定的信念、敏锐的洞察力和不断学习。在新零售领域，大学生创业更需要注重市场趋势的把握、消费者需求的洞察以及技术创新的应用。因此，我们期待大学生创业者能够不断积累经验、提升能力，勇于面对挑战、敢于创新实践，坚韧不拔、不断超越，为实现个人价值和推动经济社会进步贡献力量。

本书从理论和实践两个方面入手，深入剖析新零售视角下大学生创业的路径与实践。在理论层面，对新零售的概念、特点和发展趋势进行了梳理和阐述，分析了新零售对大学生创业的影响和启示。结合创业理论和实践案例，探讨了大学生创业的基本要素、成功因素和风险控制等问题。在实践层面，通过访谈和调研等方式，收集了大学生创业者的真实经历和有关数据，分析了他们的创业路径、策略和方法，能够为广大学子提供有益的参考。

本书共由八个部分组成。

第 1 章，绪论。主要阐述了研究新零售的来由与初衷，阐述了新零售的基本概念，以及新零售对大学生创业的意义。

第 2 章，大学生创业环境与市场机会分析。主要阐述了宏观环境和微观环境的分析方法，以及开展市场调研的方法。

第 3 章，新零售视角下大学生创业团队组建策略。本部分结合新零售创业，重点就大学生创业者组建团队和资源整合，以及团队运行进行了分析。

第 4 章，大学生创业模式选择。从大学生自身素养出发，阐述了大学生创业的方向、领域，以及商业模式的选择。

第 5 章，新零售视角下大学生创业平台搭建路径。本部分主要是结合现有的大学生创业平台，对新零售共创空间、多元孵化器进行了分析。

第 6 章，新零售视角下大学生创业营销策略。基于传统市场营销学，分析了新零售的基本策略和商业策划书的撰写。

第 7 章，基于创业意愿的创业能力提升路径。从创业意愿的测量出发，分析了大学生创业能力的提升路径。

第 8 章，新零售模式实战案例分析。本部分分析了当前最流行的直播销售方式，并对典型案例进行了分析，期待对读者有所启发。

我们力求做到以下三点：一是注重理论与实践相结合，既要有深入的理论分析，又要有生动的实践案例；二是注重创新性和前瞻性，既要关注当前新零售的发展趋势和热点问题，又要对未来可能出现的创业机遇和挑战进行探讨；三是注重可读性和实用性，力求用通俗易懂的语言阐述复杂的概念和理论，同时提供实用的创业指导和建议。

在写作过程中，我们参考和借鉴了众多学者的优秀成果和网络资源，在此向各位专家学者表示衷心感谢，恕不一一列出。我们还得到了何红光教授、张国良教授的悉心指导，李晨蕊同学协助查阅资料，在此表示感谢，同时，陈亦涵、李雅君、胡羽欣、荆科斌等给予大力支持，在此深表谢意！

本书得到浙江省教育厅一般科研项目"共生视角下农林院校产教融合模式及实现路径研究"（Y202147239）、浙江省哲学社会科学规划研究课题"高质量数字治理推进乡村创业数智化变革路径研究"（22FNSQ59YB）、杭州市临安区人民政府第二轮区校合作第二批项目"走生态共富之路的临安实践与探索"（H20240295）、浙江省软科学研究项目"创新型县（市）提能升级的机制和路径研究"（2024C25024）、中国珍珠学院"新文科背景下创新创业精品案例开发及在中国珍珠产业学院的应用研究"（HW20220076）的资助，在此致谢。

我们期待本书能够成为广大大学生创业者的良师益友，陪伴他们在新零售领域探索创业之路，共同书写属于他们的精彩篇章。但由于写作时间仓促和笔者水平有限，书中疏漏之处仍难避免，敬请广大读者批评指正，不吝赐教。

浙江农林大学　张付安
于杭州西郊临安东湖畔
2024 年 5 月 6 日

目 录

第1章 绪论 ... 1
1.1 新时代呼唤新零售 ... 2
1.2 新零售概述 ... 12
1.3 新零售对大学生创业的重要意义 ... 19

第2章 大学生创业环境与市场机会分析 ... 29
2.1 宏观环境分析 ... 29
2.2 内部环境分析 ... 36
2.3 市场调研方法 ... 47

第3章 新零售视角下大学生创业团队组建策略 ... 52
3.1 为什么要组建团队 ... 53
3.2 创业团队建设与资源整合 ... 58
3.3 创业团队的运行与发展 ... 72

第4章 大学生创业模式选择 ... 85
4.1 创业素质分析 ... 86
4.2 大学生创业的方向与领域 ... 97
4.3 大学生创业商业模式选择 ... 106

第 5 章　新零售视角下大学生创业平台搭建路径 ········· 117
　5.1　高校创业平台基本模式 ········· 118
　5.2　新零售共创空间的构建与实现 ········· 125
　5.3　多元化的孵化器实践实训建设 ········· 137

第 6 章　新零售视角下大学生创业营销策略 ········· 143
　6.1　营销策略概念 ········· 144
　6.2　新零售的基本策略 ········· 157
　6.3　新零售营销策划书的撰写 ········· 184

第 7 章　基于创业意愿的创业能力提升路径 ········· 189
　7.1　创业意愿概述 ········· 190
　7.2　大学生创业意愿影响因素分析 ········· 192
　7.3　大学生创业能力提升路径研究 ········· 214

第 8 章　新零售模式实战案例分析 ········· 224
　8.1　新媒体营销分析 ········· 225
　8.2　直播营销分析 ········· 235
　8.3　实战分析 ········· 252

参考文献 ········· 264

第 1 章
绪　论

新零售时代的来临,不仅是商业领域的一次革新,更是社会变革的重要标志。早在 2016 年,马云在云栖大会上便敏锐地洞察到了这一趋势,他预言未来不再有单一的电子商务,而是线上线下与物流紧密结合的新零售模式将主导市场。[①] 这一预言如今已成为现实,新零售的兴起正在深刻改变着我们的生活。如淘宝网一样,以其独特的魅力重塑着供应链、生产链和销售链,引领着亿万国人迈向全新的消费时代。在这个时代里,买卖方式发生了根本性的变革,参与者身份的转变让更多人实现了"人人当老板"的梦想。新零售不仅带来了便捷的购物体验,更推动了商家与消费者之间"买卖关系"的深刻转变。它让商家能够更精准地把握消费者需求,提供更个性化的服务;同时,消费者也能够在多样化的选择中找到真正符合自己需求的产品。这种互动与共赢的关系,正是新零售时代所带来的最大魅力。因此,我们有理由相信,新零售时代必然会持续繁荣,为商业发展和社会进步注入更多的活力与创新。

[①] 史锦梅. 新零售:零售企业供给侧结构性改革的新业态——基于需求满足论的视角 [J]. 当代经济管理,2018,40(4):1-7.

1.1 新时代呼唤新零售

新零售时代是否已经来临了呢？新零售会昙花一现吗？未来电子商务会消失吗？线上、线下和物流相结合的新零售将会一直发展下去吗？新零售对传统零售的冲击如何？也有学者认为，新零售就是"零售数据化"，其核心就是以消费者为中心，将会员、支付、库存、服务等数据进行打通。对于传统百货店来讲，是电商具有威胁性，还是旁边开出一家新的百货店具有威胁性？对于传统百货店来说，电商和旁边新开一家百货店的威胁都不可忽视。电商的便捷性和丰富的商品选择吸引了大量消费者，而新开的百货店则可能通过创新的经营模式和优质的服务来争夺市场份额。然而，传统百货店也有其自身的品牌优势和实体店的体验优势，如果能够结合新零售的理念进行转型升级，仍有可能在市场竞争中立于不败之地。新零售时代必然到来主要分为新零售的内在驱动和外在驱动两个方面。新零售时代的必然到来，既受到内在驱动如消费者需求变化和市场竞争的影响，也受到外在驱动如技术进步和政策支持的推动，这些因素共同促使着零售业不断创新和发展，迎接新时代的挑战和机遇。

1.1.1 新零售的内在驱动力

1.1.1.1 以消费者需求认知为导向的消费需求挖掘

自从零售业出现以来，满足用户需求就成为这个行业的生存宗旨。随着互联网电子商务普及化程度的不断加深，现在的商家对消费者需求变化的反应变得更加敏锐，但同时新型电商的不断涌现，特别是直播"带货"等，给消费者需求带来新的巨大变化，传统电商必须跟上消费者需求不断变化的节奏。新零售的出现，被人们看作一种商家紧跟消费者需求变化采取的有效应对策略。

（1）定位明确、认知清楚的消费者可以明确目标清楚地提出需求，例如，经常使用同类型产品的消费者知道产品有什么作用、自己需要什么样的产品。这类消费者对产品的名称、价格、功能、款式、作用、使用效果等非常清楚，明确地知道自己想要什么，然后提出具体的购买需求。

（2）定位清晰、认知较好的消费者对产品有过一定的了解，但对产品的特点和作用不是很明确，还需要等待接收外部信息。这类消费者通常知道这款产品是做什么用的，但不知道产品能给自己带来什么好处、能体现出什么样的能力、能提高多少效率。

（3）定位基本清晰、认知一般的消费者知道需要做些什么但又不能确定需求。这类消费者可能经常看到产品但没有使用过，不知道具体操作和对自己有什么作用。这类消费者通常知道这款产品的名称和作用，但不知道怎么使用，不能确定产品能带来更高的效率或要什么其他产品来搭配使用才能达到想要的效果。

（4）定位模糊、认知欠缺的消费者不了解产品，但知道对自己有用，他们也许听说过这款产品，知道它能帮助自己完成某些事情。这类消费者的特点是说不出产品名称，对产品的特征非常模糊，不知道产品具体该怎样使用。

除此之外，在新零售时代，消费者的消费呈现出不同以往的特点，带有浓郁的互联网与移动电商气息。这些特点包括以下几类。第一，随机性。当消费者到一个特定的场所或购物场景时，便会有购物、餐饮、娱乐等不同的需求，这些消费行为可能并不是预先设想好的，而是跟随不同环境临时产生的，具有很强的随机性。第二，比较性。在消费之前，消费者可能会做出一些比较参考或一定的攻略，例如，通过登录网络查阅评价等。其他消费者的评价内容会直接影响该消费者的消费行为。第三，尝试性。当消费者来到一定的地方或满足一定的消费者群体条件时，他可能会收到一些商家的推送信息，基于一些官方或权威的推荐，他可能会进行尝试性消费。第四，快捷性。消费者出门在外可能随时会产生订车票、订酒店、订餐厅等需求，当这种需求产生时，消费者需要的就是需求尽快被满足。

1.1.1.2　消费者购买体验的不断升级

除了关注消费者需求外，在新零售模式中，消费者购买体验的升级也非常重要，这反映出线上线下的融合是新零售的另一大特征。新零售下消费者的购买体验也在升级。

消费者购买体验是指消费者在购物的过程中，因购买场景、购买流程、购买行为等因素所获得的感受。事实证明，购买体验的好坏会最终影响消费者的购物决定，甚至会影响消费者对品牌产品的喜好度。从消费者角度来讲，人类的立体体验是由视觉、听觉、触觉、嗅觉、味觉及情感等综合呈现的。因实体零售店有着网商无法跨越的绝对优势，那就是购买体验。从现有的技术条件和购买心理来看，实体店终不可能"走向灭亡"。目前线上能交互呈现的无非是视觉、听觉或部分虚拟现实技术（VR）场景，因此消费者综合体验的一个重要场景，目前只能是线下。对于那些可以形成丰富体验的商品而言，线下无疑是非常重要的销售渠道。

只有基于更好的消费者体验，才有可能实现品牌的美誉度和忠诚度的提高。这就是一些线下品牌尽管受到互联网的冲击，每年的销售额却只增不减的原因。所以，越来越多的电商品牌纷纷开始布局线下渠道，以融合线上线下的优势，实现更好的消费者体验。

（1）从"实体化"向"数值化"转变。传统零售的核心资产就是实体门店，将实体门店转型为"智慧门店"是新零售的一大模式。它的意义就在于，除了卖产品之外还卖服务，谁拥有最多、最全、最实的数据，就能更好地为消费者服务。例如，当消费者进入一个没有收银台和导购的超市时，只需要用手机扫码登录，就可以自由选择商品，这种方式就是初步智慧化特征。货架的摄像头可以利用人脸识别和传感技术识别消费者，并判断消费者是否决定购买，了解到这个消费者的真正意图后，将信息传输到云端，把商品自动地添加到购物车并自动结算。

（2）从"单一支付"向"多端支付"的转变。除了支付宝、微信支付之外还有内置的钱包应用、货架商品的自动结算、出门自助结算支付功能以及自动积累信用和积分等功能。

（3）数字化物流。新零售是我国流通业迭代升级的突破口，它将重构流通供应链并深刻影响流通供应链商业模式。[①] 数字化物流解决的是消费者买完东西不想自己带回去的问题。一个可视化物流、数字化配送和仓储网络的数字化物流，能有效解决消费者把商品从商家带回自家的困扰。当然，上述只不过是传统购物环节智慧化的几种方式。新零售要让消费者感受到的购买体验必须超越以往才行。企业应更高效地服务消费者通过思维创新和技术，给消费者带来更现代化、智慧化、多样性的购买体验。[②]

1.1.1.3 消费者的购物成本与商品价值比较

（1）消费者购买成本分类。

对新零售第三个层面的解读就是消费者购买成本。消费者购买成本分为时间成本、风险成本和选择成本。

第一，时间成本。以往的零售模式对消费者付出的购买成本并没有采用过多的缩减手段，这是因为在旧的零售模式下，企业对消费者付出的无形成本（购买商品所使用的时间等）并不在意，大部分消费者似乎也并未因此而放弃购买行为。然而，电子商务逐渐代替了传统零售模式，在降低消费者购买成本方面比之前有了提升，例如，消费者只需要在电脑前就能够完成购物，尽管看不到商品实物导致风险成本有所上升，但时间成本降

[①] 张建军，赵启兰. 新零售驱动下流通供应链商业模式转型升级研究 [J]. 商业经济与管理，2018（11）：5-15.

[②] 胡玉真，陈冰男，于峰. 新零售背景下基于情景应对的即时配送干扰管理研究 [J]. 系统管理学报，2023：5.4785.

低了。

　　消费者往往因长时间的等待而对商家产生不满，例如，等待响应、等待配送等。因此，降低时间成本对于提升消费者购物体验至关重要。例如，一家知名电商平台，通过引入智能推荐系统，大大缩短了消费者搜索和筛选商品的时间。系统根据用户的购物历史和浏览习惯，智能推荐相关产品，从而减少了用户的选择成本。又如，一家连锁便利店在店内设置了自助结账系统，顾客可以自行扫描商品并支付，避免了排队等待人工结账的烦恼，极大地提升了购物效率。此外，一些新零售店铺还采用了虚拟现实（VR）和增强现实（AR）技术，让消费者能够在家中就能模拟试穿、试妆等，这不仅节省了消费者的出行时间，还提供了更加个性化的购物体验。可以看出，新零售企业通过智能推荐、自助结账以及虚拟试穿等方式，有效降低了消费者的时间成本，从而提升了购物体验和购买意愿。

　　第二，风险成本。在新零售的背景下，消费者深刻认识到"买的终究没有卖的精"这一现实，这意味着在购物过程中，消费者几乎无法从商家那里获得额外的利益，而且新零售的商品很多时候是"看不见摸不着的"，消费者自身危机意识更加明显。相关机构的调查数据显示，消费者所面临的购买风险，是商家销售风险的两倍之多。正因如此，消费者在购物时常常会陷入深思熟虑，担心自己会做出错误的购买决策。在权衡利弊和风险成本的过程中，许多消费者可能会因为对潜在风险的担忧而选择观望或放弃购买。这不仅反映了消费者对于自身权益的保护意识，也揭示了新零售环境下消费者行为的深层次变化。因此，新零售创业者需要更加关注消费者的真实需求和购物心理，以建立更加稳固和互信的商业关系。

　　第三，选择成本。选择成本一般是指消费者划分一定的时间、精力和物力等进行信息收集整理，最终作出购买决策这个过程中产生的成本。在新零售模式下，企业可以通过提供优质服务来降低消费者的购买风险，例如，提供超长产品保修期和七天无理由退货等售后服务。这些举措能够显著减轻消费者的顾虑，从而增加他们的购买信心。尽管这可能会增加企业的运营成本，但这些成本远低于因消费者放心购买而带来的销售利润。此外，新零售创业者还可以借助权威机构认证、明星代言或消费者好评等方式，为产品赢得消费者的信任，进一步消除他们的购买风险。特别是在网络上选择产品时，消费者会本能地将不同产品进行比较。在这个过程中，消费者思维的微小波动都可能改变他们的购买决定。因此，新零售创业者需要精心策划，通过微小的影响来引导消费者的思维，促成交易。简洁明了的产品信息和优质的服务是关键，它们能够帮助消费者在购物过程中轻松作出决定。

（2）购买成本和商品价值的比较。

新零售视角下，消费者购买决策中商品价值与购买成本的权衡需要高度关注。商品价值不仅指的是商品本身的实用性，更涵盖了它所能带来的精神满足和情感价值。而购买成本，除了商品的价格标签外，还隐藏了诸如选购时所花费的时间、耗费的精力，甚至包括可能承担的风险。以一部新款智能手机为例，其商品价值可能体现在出色的拍照功能、流畅的用户体验或是时尚的外观设计，这些都为消费者带来了物理和精神上的满足。购买一款新的智能穿戴设备也是如此，其商品价值可能在于它的健康监测功能、与智能手机的无缝连接，或是时尚的外观设计。然而，面对这些产品，消费者在购买前会仔细考虑价格是否合理、预算是否足够等问题。同时，购买过程中也会花时间去研究不同型号、功能，以及售后服务的质量。因此，商家在推广产品时，不仅要强调产品的独特价值和功能，还需要考虑如何降低消费者的购买成本感知。这也正是新零售所追求的极致，一方面通过满足消费者购物需求和购买体验增加商品价值，另一方面则通过便捷支付、智能物流以及购买流程的简化来减少消费者所付出的购买成本。

1.1.2 新零售的外在驱动力

1.1.2.1 传统零售增速放缓

中国在过去几十年间相继出现了百货商场、购物中心和连锁超市等多种业态,实体零售处于追赶式发展阶段,整体保持着高速增长态势,但是近几年在"互联网+"的浪潮下,传统零售行业受到较大冲击,其中百货店、超市以及专业店的发展速度下降明显。许多大型商超开始出现大规模的关店,其中甚至包括很多知名大超市。实体零售逐渐逼近"天花板",进入更新换代关键期。

在传统零售模式下,从消费者角度看,消费者只能被动与企业沟通,销售模式封闭,消费者成本较高。从企业业务流程看,传统业务流程无法建立个性化的沟通机制。从企业服务模式看,采取的是定点服务机制,服务时间局限大,不能满足消费者的需求。[①] 此外,传统零售在效率和获客上存在诸多痛点。一方面,传统零售的利润较低而成本过高。传统商超经过多年的发展,经营模式趋于固定,往往开设在人口稠密的住宅区或客流密集的商业中心区,主要依靠其所占据的黄金地段优势,轻松获取大量客流,从而实现薄利多销,其所售卖的商品毛利率一般不会超过20%。另一方面,传统商超坪效过低,有大量的空间得不到充分利用且租金成本较高。据统计,传统百货商场、购物中心的平均坪效仅有每年0.5万~1万元/平方米,盈利效率偏低,上升空间有限。

1.1.2.2 线上零售优势减弱

根据商务部以及电子商务研究中心数据,2013年,我国网络零售业超

---

① 宋志艳,张海成."互联网+共享经济"时代新零售发展路径探讨[J].商业经济研究,2018 (22):26-28.

越美国，成为世界第一。① 虽然线上零售自出现以来，就逐渐取代了一部分传统零售的功能，但是线上零售依然存在一些问题。互联网人口红利正在逐渐消失，线上电商的零售总规模较差，线上电商获利越来越难。电商流量获取成本、运维成本、物流成本以及其他各方面综合成本均在不断攀升。而且，随着竞争格局的逐渐稳定，电商的低价优势日趋减弱，许多线上商品的价格也逐渐调整到与线下相差不大，线上零售发展空间收窄，而线下零售潜力巨大，驱使企业转向发展新零售业态。

1.1.2.3 消费升级趋势明显

需求才是零售的牵引力，需求最终转化为消费才是关键。当前，消费者的需求和偏好正经历着变革，这不仅推动了市场的持续发展，也为新零售带来了巨大的机遇。从我国的发展视角来看，20～45岁的年龄段已经构成了消费的主力军。由于更年轻、收入更高，并且受到社会文化和价值理念进步的影响，获取信息的便利性，促使他们形成独特的消费观念。2024年3月，国家统计局有关负责人指出：从未来走势看，支撑消费稳定增长的有利条件还比较多，消费领域出现的积极变化有望得到持续；从消费空间看，服务消费稳步扩大，线上线下融合消费趋势更加明显，新型消费的快速发展为消费增长提供了新动力；从供给能力看，新型基础设施快速发展，网络技术、云计算、大数据和人工智能等信息技术与应用不断成熟，消费应用场景不断拓展；从支撑基础看，经济持续恢复、就业收入稳定增长，为扩大居民消费能力创造了有利条件；从政策支持看，政府工作报告对促进消费稳定增长作出了具体安排，政策效应将会持续释放。②

---

① 商务部：我国超过美国成为世界最大网络零售市场 [EB/OL]. https：//www.gov.cn/xinwen/2014-03/09/content_2634943.htm，2014-03-09.
② 国家统计局：消费领域出现的积极变化有望得到持续 [EB/OL]. https：//m.chinanews.com/wap/detail/chs/zw/10182098.shtml，2024-03-18.

在新零售兴起的背景下，零售业不再仅仅是一个交换和提供效用的平台，它还融入更多的娱乐和社交元素。通过线上线下、娱乐社交等多重业态的新型零售模式，迎合了消费者需求升级的趋势。它通过提供丰富多样的商品选择、便捷高效的购物体验以及个性化的服务，满足了现代消费者对高品质生活的追求。同时，新零售还借助大数据、人工智能等先进智能技术，精准洞察当前消费者需求，不断提升消费者满意度和回购率，进而提升新零售企业的市场竞争力。

1.1.2.4　新技术引领新升级

随着智能设备的深度普及，移动支付已经极其普遍，通过使用支付宝、微信等，简单一扫即可完成交易，极大地推动了零售行业的数字化转型，同时也推动着新零售行业的快速发展。在数字化的大潮中，消费者通过智能终端，可以熟练使用大数据、虚拟现实等新技术，享受前所未有的购物体验。移动支付与智能终端、大数据等先进技术的融合，为新零售注入了强大的动力，使得消费行为不再受时间、空间的限制。这些科技的有机融合，不仅催生了新零售的多元业态，更为新零售企业的运营与物流体系注入了新的活力。新零售的多元业态在这些科技的推动下如雨后春笋般涌现，为消费者带来了更多的选择和便利。同时，新技术也为新零售企业的运营与物流体系注入了新的活力，提高了运营效率，降低了成本。新技术成为推动新零售快速发展的关键力量。高品质、高效率、高科技已经成为新零售的发展方向。

1.1.3　新零售的核心

一般而言，把新零售解释为以消费者体验为中心的数据驱动的泛零售形态。虽然"新零售"一词在2016年才被大众知晓，但实际上有关新零售的布局阿里巴巴早已经开始。例如，早在几年前阿里巴巴就开始入股三江购物、苏宁等零售企业，2016年又推出了盒马鲜生等具有明显新零售影子的实体店铺，以及2017年7月出现的"淘咖啡"。新零售作为以消费者体验为中心、数字化驱动为支撑的全新零售业态，正在重塑我们的购物习惯。它将消费者的需求与体验放在首位，从选购到支付，从物流到售后，每一个环节都以提升消费者的满意度和舒适度为目标。通过大数据分析、云计算、物联网等技术的运用，无论是智能推荐、虚拟现实试衣间，还是无人便利店、自助结账系统，都极大地丰富了消费者的购物选择，提升了购物过程的便捷性和趣味性。进而推动零售模式一次全新变化。

1.1.4 零售业的发展趋势

一般而言，可以将零售行业的发展划分为四个阶段。

阶段一，连锁经营。在20世纪90年代末，"连锁经营"是我国零售企业发展的主要模式，以苏宁、国美为代表的大型零售企业，以连锁店的方式拓展自己的业务领域，连锁店通过信息流、资金流、商品流的规模化复制，完成了零售业发展的第一次巨变。

阶段二，电子商务。进入21世纪，随着计算机、互联网等的发展和网络购物的出现，新的零售模式——电子商务进入人们的视野，网络购物如火如荼地改变着人们的消费行为和消费观念。电子商务的出现让很多零售企业看到了互联网带来的巨大红利，很多企业开始使用数字化工具从事电子商务的业务。

阶段三，移动互联网。移动设备和移动互联网的发展使零售行业经历了第三次发展浪潮，零售行业从电子商务时代过渡到移动互联网时代，移动互联网渗入人们的社交、工作、购物等各个方面。一些零售企业也开始通过移动营销扩展自己的业务渠道，通过手机App、移动店铺、微信小程序等方式为消费者提供个性化服务。

阶段四，新零售。当前，物联网、人工智能等新技术又为零售业开辟了一条崭新途径。不同的行业结合自身特点，借助物联网，实现线上与线下的深度结合，优化消费者的购买体验，实现精准营销。农村成为重要市场，我国农村宽带接入用户整体呈现逐年上升的趋势，截至2023年底，全国农村宽带用户总数达1.92亿户，全年净增1557万户，比上年增长8.8%，增速较城市宽带用户高1.3个百分点。① 随着我国农村移动网络的覆盖率和基础设施的广泛普及，农村电商在国家大力支持下实现迅猛发展。农村网络消费增速加快电商企业渠道下沉和海外扩张带动了农村电商和跨境电商的快速发展，使农村的网购消费潜力和网民对全球优质商品的消费需求进一步得到释放，进而带动网络购物市场的消费升级。截至2023年12月，我国电商物流指数为112.4点，2023年，中国电商物流指数全年均值为110.1点，比2022年提高4.2点。② 农村电商正为"三农"发展注入新活力，带动农村网络消费不断提速。

1.2 新零售概述

目前来看，新零售已不再是一个固定的概念，而是一个随着社会、经济和技术的演进不断升级的销售模式与营销策略，时刻保持着动态的变化与活力。利用大数据、人工智能等尖端技术，对商品生产、流通与销售进行深度改造，从而重塑商业生态与业态结构，融合线上服务与线下体验，为消费者带来前所未有的购物新体验。在新零售时代，线上平台提供便捷的购物服务，线下门店则创造出丰富多彩的体验场景。而现代物流的飞速

---

① 2023年通信业统计公报［EB/OL］. https：//www.gov.cn/lianbo/bumen/202401/content_6928019.htm，2024-01-24.

② 节日消费长尾效应持续释放"流动"大数据彰显经济活力［EB/OL］. https：//m.gmw.cn/2024-01/05/content_1303621813.htm，2024-01-05.

发展，更是确保了商品能够准确无误、迅速及时地送达消费者。这种无缝衔接的购物体验，正是新零售模式的魅力所在。展望未来，新零售将继续保持其动态与创新的特性，随着技术的不断进步和市场的不断变化，它将为我们带来更多的惊喜与可能性。

1.2.1 主要特征

1.2.1.1 全渠道

为了满足消费者任何时候、任何地点、任何方式购买的需求，新零售更加融合线上线下，建立打通实体门店、电脑网站、移动 App、手机支付为核心的全渠道模式，重构人、货、场（景），实现商品、会员、交易、营销等数据的共融互通，降低交易成本，提高经营效率。例如，百联集团推出的百联全渠道平台，以"云享生活"为核心理念，通过创新五大特色服务场景和五大特色购物场景，为消费者带来了全方位、无缝结合的购买体验和品质生活。

1.2.1.2 全品类

消费者多样化、多层次、个性化的消费需求快速崛起，对商业企业实施全品类战略，提高商品丰富度和品牌丰富度，增强与消费者之间的黏性提出要求。部分电商平台通过丰富自营商品种类、引入第三方商家等手段，加速全品类发展步伐。

1.2.1.3 全时段

依托互联网和移动互联网，商业企业突破商品销售时间和地域限制，使得消费者可以在一天中的任何时间、任何地点通过任何手段买到全球任何地方的商品。特别是跨境电商的发展，使得全球各地的消费者可以克服时空和时差限制，真正实现 24 小时随时随地"买全球，卖全球"。例如，海外购物平台"洋码头"，通过平台模式整合供应链，吸引海外商家、买手入驻，通过场景式体验方式与境内消费进行对接，通过自建跨境物流体系"贝海国际"，在海外建成 12 个国际物流仓储中心，服务覆盖全球 20 个国家和地区实现针对境内消费者的直销直邮。

1.2.1.4 全体验

顺应消费结构升级和消费需求变化，大型商业设施建立以消费者体验为核心，个性化、场景式、体验化的消费模式。例如，上海环球港成立之初便云集了 400 多家品牌店、100 多家餐饮酒吧[①]，还引入 4D 影院、演艺中心、博物馆和剧场等，不定期举办主题活动和特展，提供购物、餐饮、休闲娱乐和观光旅游为一体的"一站式"消费体验。

1.2.1.5 全零售

适应消费需求变化，商业企业从线上或线下转向线上线下融合，通过线上、线下细致而丰富的优惠内容，结合实体店的体验式营销，让消费者在逛、玩、娱乐中实现购买，享受移动科技和大数据带来的更丰富的"商品+个性化服务+智能化"体验。例如，国美提出的"全零售战略"，依托采购物流、信息系统、金融服务等价值平台，支持线上、线下、移动端的全零售界面平台，通过大数据技术进行深度数据挖掘和精准营销，满足全零售场景中消费者对商品和服务的极致需求，为消费者提供最个性化的全零售体验。未来依托线上平台，更多与生活相关的家政服务、医疗护理、体育娱乐、金融服务等定制化、专业化服务，消费者也可以像购买商品一样下单购买，引领全零售的创新发展。

---

① 薛慧卿. 商业旅游文化联动构建完整购物体验［N］. 新民晚报，2013 - 07 - 03（A9）.

1.2.2 概念辨析

1.2.2.1 传统零售业

作为零售业最初的形式,以实体店面为交易平台,是围绕实体店展开经营活动的零售企业的总称。与新兴的电子商务相比,传统零售业为消费者提供了一个可以亲身感受商品、即时获取商品的购物环境,增加了购物的真实感和即时性。

传统零售业主要业态形式包括百货店、超市、专卖店、便利店和购物中心等。第一,百货店:一般是指提供各式各样的商品,从家电到服饰,从美食到生活用品。第二,超市:一般以食品、日用品为主,为消费者提供方便快捷的购物选择。第三,专卖店:主要是专注于某一类商品的销售,例如,服装、鞋子、化妆品等,配备专业的销售顾问,为消费者提供专业、个性化的购物体验。第四,便利店:通常是小而精的零售店,提供日常所需的各种商品和服务,有些便利店实现了 24 小时营业,方便消费者购买商品。第五,购物中心:集购物、餐饮、娱乐、旅游等一体的大型商业综合体,为消费者提供全方位的消费体验。传统零售业的形式除此之外还包括折扣商店、仓储商店等。

1.2.2.2 互联网零售业

互联网零售业,即通过网络平台为消费者提供商品和服务的经营活动,也就是人们常说的网购。这种购物方式让消费者能够便捷地搜索商品信息,自由选择,并通过网上支付完成购买。互联网零售业形式多样,其中,B2C (business to customer) 和 C2C (customer to customer) 是两种主流模式。

B2C 模式一般是指企业与消费者之间的直接交易。B2C 电子商务模式是企业针对个人开展的电子商务活动的总称,是以互联网为主要手段,商家或企业希望通过网站向消费者提供商品或服务的商业模式。[1] 在此模式下，企业搭建或通过第三方搭建线上商店，直接向消费者销售商品或服务。B2C电商核心物流过程主要包括订单生产（也称订单拣选）与订单配送两个环节，因此，能否在保证订单生产与配送过程流畅衔接的前提下提高生产效率、降低配送成本，成为B2C电商成败的关键。[2] 例如，京东、天猫等电商平台，它们提供丰富的商品选择、便捷的支付方式，以及完善的售后服务，深受消费者喜爱。

"C2C"也可以表示为"C to C"或"C-C"等形式，通过互联网的形式，用户之间也可以根据分类广告在电子商务在线交易平台上进行商品的互相买卖。实际上是利用网络技术打通了用户中的小微买家和消费者，为他们之间搭建了一个"个人对个人"的交易平台，给双方提供了一个线上的交易场所，使每个用户都有机会参与电子商务的买卖。[3] 消费者可以在平台上自由买卖商品，平台提供交易服务和保障。典型的例子是闲鱼，用户可以在这里出售或交换二手商品，实现了资源的有效利用和共享。

这两种形式各具特色，形成了互联网零售业的多元化格局，极大地丰富了消费者的购物选择。

1.2.2.3　新型零售

如果传统百货、超市、大卖场等实体零售商业就是所谓"旧零售"，那么这些"旧零售"是与当时的市场环境相适应的。随着我国工业化进程的加速、市场体系的日益完善，以及互联网信息化水平的显著提升，零售业所面临的环境已经发生了翻天覆地的变化。这种变化不仅是表面的、单一的，而是深层次的、多元化的，它涉及供应链、消费者需求、购物方式、

---

[1] 许贺维. 国内网络零售B2C电子商务模式机遇与挑战：以天猫国际、京东国际为例［J］. 全国流通经济，2023（16）：13-16.
[2] 石海洋，孙丽君，胡祥培. 考虑波次订单动态释放的B2C电商订单合并配送决策方法［J］. 管理工程学报，2024，38（2）：152-165.
[3] 魏新柱. C2C电子商务发展动态与创新策略探究［J］. 商业经济研究，2018（21）：62-65.

支付手段等诸多方面。新零售不是取代"旧"零售，对于零售而言，没有新旧。其商业模式转变为了 O2O（online to offline 或 offline to online），也就是线上线下的相结合。

所以"新零售"这样一个新名词的出现绝不是凭空而降，也不是为了某种概念的营销。新零售产生的内驱力，有社会经济的发展需求，有因收入水平提高而产生的消费结构升级需求，也有数百年传统零售方式的变革需求。当然，有需求并不是新零售必然产生的充分条件，新零售的产生还是各种技术的出现以及物流发展到一定水平的结果。所以有一种定义是"新零售就是以消费升级为大背景、由新技术所引发的一场革命，从线上、线下的打通，到大数据、云计算、高效物流以及整个零售业产业链的创新所引发的革命"。这场革命，既有利于消费者和商家，更有利于整个实体经济。而加入这场革命就像前几年企业拥抱互联网一样，越早行动就越容易抢占新风口，甚至能借此实现"弯道超车"。新零售的产生既然是一种必然，那么我们必须要了解新零售到底是在什么背景下产生的，这样才能去更好地去研究它，掌握它的发展规律，进而发展好它。

1.2.3 相关概念

与新零售创业相关的概念比较多，创业者需要对一些基本的概念进行了解，以便于更好地指导创业，提升创业的准确度。

1.2.3.1 商业模式

当前，学者们对商业模式开展了较为丰富的研究，商业模式一般是指企业满足消费者需求的系列行为的总和。新零售背景下的商业模式充满多样性，是互联网技术与创新创意的集合，主要是以消费者需求为导向，以提供个性化产品和服务为主体，同一产品在不同的应用场景发挥着不同的作用，需要产品在具备传统功能的同时，还要具有适应消费者心理需求和其他不可预知的功能。

1.2.3.2 创业和创业者

创业是指某个人发现某种信息、资源、机会或掌握某种技术，利用或借用相应的平台或载体，将其发现的信息、资源、机会或掌握的技术，以一定的方式，转化、创造成更多的财富、价值，并实现某种追求或目标的过程，而创业者则是实施这个过程的主体，是将经济资源从生产率较低的区域转移到生产率较高区域的人，是经济活动过程中的代理人。

1.2.3.3 校地合作

一般理解为高校与某一区域的政府、企事业单位的合作与交流，合作双方通过资源要素的交换，实现共同发展。校地合作是指高校与其所在地的地方政府、企业单位之间的有效交流与合作，共同实现地方经济发展、科技创新的良好模式。校地合作注重整合高校的科研资源，主动参与到地方性的课题研究与科技开发工作中来，通过大力开发校地科技发展产业，可以有效促进科学研究成果与人才师资力量的全面转化，鼓励越来越多的人才主动参与到社会实践与科学研究中，促进广大师生受益于校地合作新模式，努力培养一批为促进地方经济快速发展作出贡献的重要人才。[①] 高校具有人才、科技等资源要素，地方拥有土地、政策、资金等资源要素，通过开展科技创新、社会服务等具体项目，实现资源要素的双向流动。高校的科研人才走出"象牙塔"，参与经济社会建设。地方也为高校发展注入资金、土地等资源，实现双方共赢。

1.2.3.4 校企合作

高校与企业合作进行技术改进、技术创新，是提高企业竞争和发展能

---

① 黄翔. 基于三螺旋理论的校地合作问题及对策研究［D］. 杭州：浙江工商大学，2022.

力，推动高校科技创新能力的根本要求。高校作为科研人才集聚、知识生产集中的地方，具有资金、工业生产经验、技术和物质条件相对缺乏的劣势；企业作为将知识产品商业化和产业化的载体，具有技术革新能力相对较弱的劣势，校企合作能够最大限度地发挥双方优势，摒弃双方劣势，推动高校和企业的双赢。① 学校开展职业素养教育的重要方式之一，利用高校、企业两种教育环境和教育资源来培养学生，进而实现提前就业的教育模式，也是最为普遍的一种模式，该模式高校与企业通过某种形式搭建起合作平台，让学生"半读半工"的方式，接触校园以外的世界。新零售模式下，更加可以凸显学生自主性，参与企业或借力举办企业的方式也更加多样，创业者同时兼消费者身份，可以最快的时间将创意转化为产品。

1.2.3.5　产学研政融合

一般我们认为"产"代表"行业、企业"，"学"代表"学校"，"研"代表"科研院所"，"政"代表"政府"。新零售视角下，"产学研政"各主体发挥所长，充分调动其所拥有的资源要素，形成一个高效的研发、应用、生产和销售为一体的创新创业体系，不仅能够推动技术创新的全链条贯通，还可以实现与消费者的无缝对接。当前，这种模式需要强大的政策支持，政府干预往往成为能否成功的关键因素。

1.3　新零售对大学生创业的重要意义

习近平总书记指出："青年学生富有想象力和创造力，是创新创业的有生力量""全社会都要重视和支持青年创新创业"②。大学生就业问题日益

---

① 刘佳. 校企合作联动机制研究［J］. 科技管理研究，2011，31（7）：87-90.
② 中共中央文献研究室. 习近平关于青少年和共青团工作论述摘编［M］. 北京：中央文献出版社，2017.

突出地摆在社会面前，虽然大学生就业问题有被媒体过分放大的嫌疑，但一些数字也许更能说明问题。近年来，我国高校毕业生人数屡创新高，2022年首次突破1000万人，达到1076万人，2023年再次突破1100万人，达到1158万人。2024年我国高校毕业生预计将达到1179万人，比2023年增加21万人，再创历史新高。[①] 高校毕业生是国家宝贵的人才资源，是强国建设的主力军，是就业市场的主体，是保民生、稳就业的重点群体。

1.3.1 大学生就业现状

随着高等教育普及化，大学毕业生数量逐年增加，就业形势日益严峻。许多大学生在毕业后难以找到与自身专业对口的工作，或者面临就业薪资待遇不理想的问题。同时，一些传统行业的就业岗位也在逐渐减少，使得大学生就业竞争更加激烈。新就业形态依托网络平台，普遍没有固定的组织、雇主和单位，灵活性较强。高校毕业生趋向于选择稳定性更强的工作，这种普遍求稳的心态使高校毕业生与新就业形态之间产生天然的距离。在20世纪临近的时候，曾经的"天之骄子"们已经体会了或明或暗的就业尴尬，之后大学生就业环境每况愈下，于是当时有人预测：大学生就业即将"遭遇寒冬"。大学生求职，本质上是自身能力素质与社会发展需求相匹配、相适应的过程。存在两个方面的供需匹配问题：一是大学生的综合素质与实际能力无法满足职场要求；二是社会资源供给无法完全满足大学生的发展需求。随着经济社会的发展和产业结构的升级，也为大学生提供了更多的就业机会和发展空间。在一些新兴行业（如互联网、新能源、环保等领域）对人才的需求不断增加，智联招聘发布的《2024年春招市场行业周报（第一期）》显示[②]，2024

---

① 从高校毕业生人数增长曲线看我国高等教育普及化 [EB/OL]. https://www.gov.cn/lianbo/bumen/202312/content_6918995.htm, 2023-12-07.
② 春招市场"热辣滚烫"服务业招聘增速亮眼 [EB/OL]. 中国新闻网, 2024-02-26.

年春节后第一周,新能源、电气、电力行业招聘需求同比增长14.5%,节能、能源工程师招聘需求同比增长34.9%。为大学生就业提供了新的选择。从智联招聘在线招聘数据库监测统计来看,2024年春节后第三周,高端制造领域的工业自动化、航空航天研究与制造行业招聘职位数分别环比增长6.5%、6%。

1.3.2 大学生创业环境不断优化

随着经济社会科技的快速发展,政府和高校对大学生创业重要性的认识不断提高,出台了一系列支持政策和措施,为大学生创业创造了有利条件。政府层面通过设立创业基金、提供贷款担保、搭建创业孵化器等方式,为大学生创业提供了资金、平台等政策支持。高校方面加强创新创业教育,通过开设创业教育课程、举办创业大赛、设立创业实践基地等方式,提高大学生的创业意识和创业能力。社会层面也为大学生创业提供越来越多的关注和支持。例如,一些企业和投资机构会针对大学生创业项目提供孵化、投资等服务,帮助他们更好地将创意转化为实际的产品或服务。

1.3.2.1 政府层面

政府对大学生创业的支持是全过程的,也是最有力的,包括创业资金、税收政策、相关培训、孵化平台、办事流程优化等。2021年,国务院办公厅印发了《关于进一步支持大学生创新创业的指导意见》[①] 提出,立足新发展阶段、贯彻新发展理念、构建新发展格局,坚持创新引领创业、创业带动就业,支持在校大学生提升创新创业能力,支持高校毕业生创业就业,提升人力资源素质,促进大学生全面发展,实现大学生更加充分更高质量就业。各地政府加强组织,深入了解情况,积极研究制定和落实支持大学生创新创业

---

① 国务院办公厅关于进一步支持大学生创新创业的指导意见[J]. 中华人民共和国教育部公报,2022(Z1):2-5.

的政策措施，及时帮助大学生解决实际问题。

例如，杭州市发布的《杭向未来·大学生创新创业三年行动计划（2023—2025年）》[①]明确指出：到2025年，集聚100万名35岁以下大学生来杭就业创业，力争达到120万名；推动新创办大学生创业企业1万家以上，带动就业2万人以上。完善大学生创新创业体系，打造一批具有全国影响力的大学生创新创业平台和"新锐杭商"，推动杭州市大学生就业创业高质量发展。大力推动项目落地，对符合条件的落地项目给予20万~500万元资助。每年选拔20名杰出创业人才培育对象，给予每人50万元培育扶持资金。加大创业项目扶持力度，毕业5年内的高校毕业生或在杭高校在校大学生，在杭州范围内新创办企业，经评审通过后可获得5万~20万元资助，优秀项目可采取综合评审的办法，给予最高50万元的资助。加大金融扶持力度，符合条件的大学生创业者，可申请最高50万元的个人创业担保贷款。提升大学生创业企业的科技含量，鼓励符合条件的大学生创业企业申请科技型中小企业，对入库的国家科技型中小企业，落实研发费用100%加计扣除政策。提供创业经营场地扶持。毕业5年内的高校毕业生或在杭高校在校大学生在杭新创办企业租赁办公用房的，可申请3年内最高10万元的经营场所房租补贴。

深圳作为特区城市，针对创业者也是给予实实在在的支持，2023年发布的《深圳市人民政府办公厅关于优化调整稳就业政策措施全力促发展惠民生的通知》[②]指出，要充分发挥创业带动就业倍增效应，加强创业担保贷款贴息资金保障，拓宽创业担保贷款经办银行范围，优化贷款审批流程，全面落实10万元及以下个人创业担保贷款免除反担保要求，健全风险分担机制和呆账核销机制。对确有需要且符合条件的创业担保贷款借款人，可

---

① 《杭州市人民政府办公厅关于印发杭向未来·大学生创新创业三年行动计划（2023—2025年）的通知》解读［J］. 杭州市人民政府公报，2023（6）：32-34.
② 深圳市人民政府办公厅关于优化调整稳就业政策措施全力促发展惠民生的通知［J］. 深圳市人民政府公报，2023（45）：1-6.

按规定申请展期还款，期限原则上不超过1年。加大力度开发、推广特色创业实训项目，组织有创业意愿和培训愿望的高校毕业生、农民工、退役军人等各类群体参加培训并按规定给予补贴。对按规定承办创业意识培训、创办企业培训的创业培训机构，分别按400元/人和1600元/人的标准给予创办企业培训补贴。高校毕业生、农民工等重点群体入驻政府投资开发的创业孵化载体，可给予最长3年的免租期，免租期满后上缴的租金收入，可按规定申请返还用于创业孵化载体的日常建设与运营管理。此外，全国各地市均出台了相关支持政策，鼓励大学生创新创业。

在上海，创业成功的背后离不开科技金融的支持。2023年，上海市的科技履约贷、科技微贷通、科创助力贷、小巨人信用贷等支持科技领域创新创业的金融产品，共计完成授信金额超74亿元，同比增加5%，授信企业超过1000家，同比上涨20%。高企贷服务方案共帮助9000余家高新技术企业获得贷款超3500亿元，贷款金额同比上升58%，其中中小微企业近9000家，贷款金额同比上升63%。①

1.3.2.2 高校层面

高校对大学生创新创业主要还是侧重于教育引导方面，主要是大学生创业前阶段的知识储备、技能训练等。高校通过深化创新创业教育改革，健全课堂教学、自主学习、结合实践、指导帮扶、文化引领融为一体的创新创业教育体系，增强了大学生的创新精神、创业意识和创新创业能力。建立以创新创业为导向的新型人才培养模式，健全校校、校企、校地、校所协同的创新创业人才培养机制。不同的高校，在目标定位上采取的措施各不相同。例如：四川大学同国家电网、中石油、中国移动等企业类国家级双创示范基地结对，通过互聘导师、联合开课、共建研发基地、成果转化中心、学生实践基地，合作举办双创赛事、孵化项目等，推动大学生创

---

① 黄晓慧. 为不同阶段创业者提供服务与保障［N］. 人民日报，2024－03－19.

新创业；在浙江大学，以2020年6月开园的三墩元空间为例，现已累计接待政府、师生、创业团队、企业及其他青年人才上万人次，其中在校生创业项目均注册并正式投入运营，此外，浙江大学旨在优化原始创新、技术研发和成果产业化一体化政产学研服务体系，探索以竞赛为龙头、以技术创新为支撑、以四课堂融合为依托的创新创业人才培养模式，鼓励青年学生开展基于创新驱动、技术支撑的创业实践，在制度保障、文化熏陶、平台搭建和格局打造等多维度形成合力，全面提升大学生创新创业教育工作，努力树立其创新创业的品格。在地方高校也有很多接地气的做法，例如：郑州大学出台了大学生创业项目资金扶持办法，对扶持项目分为孵化项目、一般扶持项目、重点扶持项目三类，根据评审结果对项目进行相应的资金扶持，同时择优推荐参加省级扶持评选；浙江农林大学每年设立的各种鼓励创新创业的活动经费总额超过500万元，为鼓励本科学生开展科学研究，加强学生创新创业能力的培养，针对学生开展科研缺少经费、没有实验室、没有老师指导等方面的问题，先后出台了设立学生科研创新基金、开放实验室项目、科研成果奖励创新学分、优秀论文代替毕业论文等一系列政策，鼓励学生参与科研创新活动；深圳大学创新创业教育中心在以校长为组长的"深化创新创业教育改革领导小组"的统筹带领下，围绕双创教育加强顶层设计、完善双创教学课程体系、创业项目孵化培育、组织"互联网+"等大赛、双创周等双创实践活动、提升双创竞赛水平，构建完整信息化双创生态平台等方面工作展开，推动和深化双创教育改革的各项工作，为大学生搭建集创业教育、创业培训、创业实践和创业孵化于一体的实战平台，强化大湾区辐射效能。

1.3.3　竞争环境

当前大学生创新创业，尤其创业方面，面临着复杂的竞争环境，在日益激烈的同时，也蕴含无限机遇。时势造英雄，时代也需要英雄，创业者需要在融入时代的同时,跳出"时代"看事物发展的规律,要具有前瞻性。新零售视角下,创业者面临着新技术、新思维,不仅仅是从事生产、销售等工作,还要兼顾消费者个性需求,面临的竞争环境更加复杂多变。

1.3.3.1 市场竞争

市场竞争重点在于打破传统零售方式与创造新的消费体验,新零售领域正试图打破传统的零售模式,创造全新的消费体验。新零售的市场竞争主要体现在以下两个方面:一方面,新零售创业者与传统零售商之间的竞争;另一方面,新零售创业者之间的竞争。以无人便利店为例,都在尝试通过技术手段提供24小时自助购物服务。如何在这样的市场环境中找到自己的定位,并为消费者提供独特且便捷的购物体验,是新零售创业者需要深思的问题。

1.3.3.2 技术竞争

技术竞争主要在于智能化与数据驱动的零售业革命。新零售的核心在于利用先进技术,如大数据、人工智能等,来优化购物流程和提升消费者体验。现实场景中,通过智能货架技术,可以实时监控商品库存和销售情况。新零售创业者需要不断学习新技术、掌握新技术,进而通过数据分析处理,提出更为科学的决策或商业措施,用技术优势、数据驱动,应对竞争对手的挑战。

1.3.3.3 人才竞争

人才竞争方面需要实现跨界融合与团队建设,新零售领域需要的人才不仅仅是传统的销售型人员,更重要的是要具备数据分析、产品设计、用户体验设计等多方面的能力。所以,新零售创业者需要构建一个多元、多能、跨界的融合型团队。如何吸引和留住这些具有多方面能力的人才,也是新零售创业者面临的重要挑战。

1.3.3.4 资源竞争

创业是资源要素集合,在新零售领域,资源要素的竞争显得尤为激烈,而竞争的焦点往往集中在供应链整合能力与多渠道融资能力两大方面。通过与生产商建立紧密的合作关系,新零售创业者能够确保商品供应的稳定性和品质保证。同时,寻求各种融资渠道,如风险投资、政府补贴等,为公司发展提供强有力的资金支持。尽管新零售创业者面临着多方面的竞争压力,但他们也拥有独特的优势,如对市场变化的敏锐洞察、勇于尝试新模式的勇气等。通过充分发挥这些优势,并积极整合各方资源,新零售创业者有望在激烈的市场竞争中脱颖而出,为消费者创造全新的购物体验。

1.3.4 新零售对大学生创业的意义

在"金三银四"的"春招"季,高校毕业生求职顺不顺、工作优不优、发展好不好,已成为社会关心的热点话题。高校毕业生规模不断增大,大学生要不断通过学习实践提升综合能力,以具备满足社会需求的职业发展力。而职业规划,正是深化学生对时代发展背景和职业发展规律的认知、形成客观稳定的自我认知,并提高职业发展力的有效途径。可以说,职业规划对大学生非常重要。大学生需确保个人发展需求与社会资源供给、个人能力素质与社会发展需求之间相匹配。优化大学生职业规划,政府、高校、就业单位、第三方机构等应协同合作,搭建大学生职业发展社会支持体系,打破多主体间的业务壁垒和行政壁垒,形成以大学生职业发展为中心的知识及资源系统。

1.3.4.1 改善大学生的就业状况

大学生创业不仅解决了自己的就业问题,还能为社会创造更多的就业机会。例如,大学生创立"鲜果切"项目,可以通过线上平台和线下实体店相结合的方式,提供新鲜、健康的水果切盘服务。该商业模式,正是新零售时代下的产物,不仅满足了消费者对健康饮食的追求,也为创业者带来了可观的收益。新零售时代的到来为大学生创业提供了更多的机会。以一家由大学生创立的电商平台为例,该平台为数百名大学生提供了就业机会,通过新零售行业的发展,也有助于推动经济增长和消费升级。

1.3.4.2 培养创业意识和能力

新零售行业的竞争激烈且变化迅速,要求创业者具备创新精神和实践能力。大学生在新零售领域创业,可以锻炼自己的市场洞察力、商业策划能力、团队协作能力等,为未来的职业发展打下坚实的基础。大学生可以利用互联网平台,以较小的成本快速进入市场,并通过精准营销和个性化服务吸引客户。有的大学生利用社交媒体平台,开设了自己的时尚穿搭网店,借助平台流量和物流服务,无须承担高昂的实体店租金和库存成本,就能轻松将产品销往全国各地。大学生通过深入了解市场需求,发掘新的商业模式和创业机会,从而实现自己的创业梦想。

1.3.4.3 探索新技术应用

党的二十大报告提出,"强化企业科技创新主体地位,发挥科技型骨干企业引领支撑作用,营造有利于科技型中小微企业成长的良好环境,推动创新链产业链资金链人才链深度融合"。新零售时代,新技术应用是显著特点,如大数据、人工智能、物联网等技术都在这里得到了广泛应用。例如,通过利用增强现实(AR)技术的新零售平台,消费者可以在购物前虚拟试穿商品,从而更直观地了解商品的款式和尺寸,通过探索这些新技术的应用,提升创业者的技术素养和创新能力。显然,鼓励高校毕业生积极投身创业,尤其是创立科技型中小微企业,将更好地发挥人才对社会经济发展的作用。大学生在新零售领域创业,有助于他们接触并了解国际市场的运作规则和消费者需求,从而拓宽他们的国际视野,为未来可能的国际化发展奠定基础。近些年,大批新技术进入应用爆发期,新兴技术在零售业中得到了广泛应用,在采购、销售、服务等方面改善了运营效率及消费者体验,从而衍生出了各种新业态,改进了零售企业的运营和物流系统。但是,有研究发现[1],技术嵌入在企业绩效改善中的正向调节作用并不显著,意味着新零售企业在进行商业模式数字化转型中面临数字技术引进与融合的风险,数字化对固有商业模式的冲击可能在短期内影响企业的正常运营,企业根据自身条件开展数字化转型,在充分评估相关隐患与风险后量力而行。

---

[1] 刘婕,刘新. 商业模式数字化转型与新零售企业绩效:基于组织变革和技术嵌入视角[J]. 商业经济研究,2023(2):153-156.

第 2 章
大学生创业环境与市场机会分析

当前,大学生创业环境正呈现出一个机遇与挑战交织的复杂局面。政府层面,对大学生创业的扶持力度达到了前所未有的高度,从资金上的直接支持到创业指导的细致服务,都构成了一套日益完善的政策体系。这些措施不仅大幅降低了创业的初始门槛,更激发了广大青年学子投身于创业热潮的积极性和热情。与此同时,随着市场潜力的不断挖掘,特别是数字经济、绿色经济等前沿领域的迅猛发展,新型行业与业态层出不穷,为大学生创业提供了无限可能。大学生创业项目往往具备新颖性和创新性,能够在细分市场中迅速崭露头角,进而赢得市场青睐。在享受政策红利和市场红利的同时,大学生创业者也需要具备敏锐的市场洞察力和风险意识。他们需要掌握一套系统的方法来分析创业环境与市场机会,这包括但不限于对当地经济状况、政策导向、市场趋势的深入了解,以及对潜在需求和竞争对手的细致分析。通过这些分析,他们不仅能够规避潜在的创业风险,更能够精准地捕捉市场机遇,为自己的创业之路奠定坚实的基石。

2.1 宏观环境分析

从新零售的视角来看,大学生创业的宏观环境展现出了既多元又复杂的特点。政府对大学生创业的扶持力度不断加大，从资金、税收到创业指导等方面都提供了全方位的支持，为大学生创业创造了良好的政策环境。新零售模式的兴起为创业提供了广阔的空间，特别是线上线下融合、智能供应链管理等新技术的应用，为大学生创业提供了更多的机会。然而，市场竞争也日趋激烈，要求创业者具备更强的创新意识和市场洞察力。互联网、大数据、人工智能等技术的快速发展为创业提供了强大的技术支持，但也对创业者的技术素养提出了更高的要求。此外，社会文化和消费者需求的变化也为创业带来了新的挑战和机遇。

2.1.1 基本概念

2.1.1.1 宏观环境分析

宏观环境分析一般是指在制定企业战略或进行创业规划时，对企业外部环境的全面审视和评估。这种分析的目的是识别和理解那些可能影响组织运营和业绩的外部因素。对于创业者，尤其是大学生创业者来说，宏观环境分析是识别新机会、规避潜在风险以及制定有效战略的关键步骤。

2.1.1.2 宏观环境分析在创业中的重要性

（1）机遇识别。宏观环境分析帮助创业者识别市场和技术趋势，从而发现新的商业机会。例如，当创业者注意到健康生活方式正逐渐成为社会潮流时，就可能会发现健康食品或健身器材的新商业机会。

（2）风险评估。通过分析政治、经济、社会和技术环境，创业者可以预见并准备应对潜在的外部风险。是创业者的"天气预报"，面对即将到来的经济衰退，创业者可以通过分析及时调整库存策略，以避免过剩的风险。

(3)战略规划。了解宏观环境有助于制定更适应市场和社会需求的商业模式和战略，可以绘出创业的战略地图。例如，创业者预测未来几年内，"双碳"将成为主流趋势，他们可能会决定开发一款低碳产品，以迎合市场的需求。

(4)资源优化。宏观环境分析指导创业者如何有效利用有限的资源。例如，针对特定经济状况（如在经济低迷时期）的融资策略，资金可能更加紧张，创业者可以通过分析，选择更为经济的融资策略（如寻求政府补贴或低息贷款）。

2.1.1.3 常用分析工具

(1) PEST。

PEST 分析主要是利用环境扫描分析总体环境中的政治（politics）、经济（economy）、社会（society）与科技（technology）等四种因素的一种模型。这也是在市场研究时，外部分析的一部分，能给予公司一个针对总体环境中不同因素的概述。这个策略工具也能有效地了解市场的成长或衰退、企业所处的情况、潜力与营运方向。最初称为 ETPS，后来逐渐演变为 PEST。

PEST 内容主要包括：第一，政治因素：法律法规、政府政策、贸易限制、税收政策等。影响企业运作和市场准入。第二，经济因素：经济增长、利率、汇率、通货膨胀率等。影响购买力、成本和企业盈利。第三，社会因素：人口统计、生活方式变化、教育水平、文化趋势等。影响产品需求和消费者偏好。第四，科技因素：技术发展、创新步伐、研发活动、技术成熟度等。影响产品开发、市场竞争和生产效率。

PEST 分析缺陷：第一，PEST 分析将各种因素归类为特定的维度，可能会过度简化商业环境的复杂性。这种过于简单化的做法可能会忽视不同因素之间的相互依存关系和动态关系，从而导致对整体背景的理解有限。第二，数据不足或分析有偏差：PEST 分析依赖于准确和最新的数据来提供有意义的见解。

PEST 分析可以被用来评估创业环境，例如：在政治方面分析政府对高科技创新的支持政策；在经济方面考察经济环境对创业资金和投资的影响；在社会方面研究社会文化对创新和创业精神的促进；在科技方面评估技术发展对新企业的机遇和挑战。通过 PEST 分析，企业能够更好地理解和适应创业环境的变化，从而取得显著的成就。

（2）五力模型。

迈克尔·波特于 20 世纪 80 年代初在《竞争战略》[①] 中提出，包括行业对手、潜在进入者、替代品威胁以及购买者和供应商的议价能力等五个方面。该模型通过对行业内的五种力量进行分析，帮助企业理解其所在行业的竞争格局，并据此制定出更有效的竞争战略，该模型对企业战略制定产生全球性的深远影响。

具体来说，波特五力模型对企业的帮助作用包括：一是分析行业对手的竞争态势，了解主要竞争对手的战略、优势和劣势，以便找到自身的差异化和创新点。例如，在智能手机市场，苹果和三星是两大巨头，它们各自拥有独特的技术和设计优势。一家新兴智能手机品牌在分析这两大竞争对手后，可能会选择在中低端市场发力，提供性价比更高的产品，以吸引对价格敏感的消费者。二是评估潜在进入者的威胁，预测新竞争者进入市场的可能性和影响，从而提前做好准备。特斯拉进入电动汽车市场，凭借其创新技术和独特的市场定位，迅速打破了传统汽车制造商的垄断地位，推动电动汽车快速发展。三是识别替代品的威胁，关注新技术、新产品或新服务对市场格局的潜在改变，以便及时调整战略。生活中，智能手机和数字照相机的出现逐渐取代了传统的胶片相机，那些未能及时转型的相机制造商最终被淘汰。四是研究购买者的议价能力，了解客户需求和购买行为，以制定更精准的营销策略。在时尚领域，Zara 等品牌通过快

---

① 迈克尔·波特. 竞争战略 [M]. 北京：华夏出版社，1997.

速响应市场趋势和消费者需求，提供了价格适中且时尚的服装，从而吸引了大量年轻消费者。五是考察供应商的议价能力，确保供应链的稳定性，并寻求降低成本、提高效率的途径。苹果公司与全球多家供应商建立了紧密的合作关系，确保了其产品的持续创新和高质量生产。

波特五力分析模型作为企业战略管理领域和市场竞争力的分析领域是经典的战略分析工具但也不是完美的，自身也存在一定的问题，具体表现在以下三个方面：一是五力模型将整个行业置于一个静态的过程，而行业的变化不可能是一成不变的。例如，在智能手机行业，新技术的迅速涌现和消费者偏好的快速变化，要求生产企业不断适应和创新。同时，也要求使用者和服务提供者作出动态调整。二是五力模型没有考虑五种因素相互之间的联系，也没有表述五种力量在相互之间存在怎样的动态联系。企业间的交流与合作越发频繁，而波特并没有在五力模型中考虑企业间的合作关系。例如，供应商和购买者的议价能力可能受到行业内竞争强度的影响，而潜在进入者和替代品的威胁又可能改变行业竞争格局。三是企业间的关系不只是无休止的竞争，企业间也有合作，而且随着全球经济一体化的趋势实际上，关于五力模型的实践运用一直存在许多争论。例如，在新能源汽车领域，多家企业共同研发新技术、分享资源和市场渠道已成为常态。这种合作模式有助于降低风险、提高效率，并促进整个行业的可持续发展。然而，五力模型并未充分体现这种合作精神和共赢理念，所以经常会被诟病。

2.1.2 分析维度

2.1.2.1 政治因素

（1）政策支持。政府的政策支持是创业环境的关键组成部分。政策可以包括税收优惠、创业补贴等，这些措施直接影响创业的成本和可行性。

（2）法律法规。法律法规设定了创业的规则框架。包括公司注册、知识产权保护、劳动法规等，这些法律法规决定了企业运营的合法性和安全性。

（3）政府项目。政府发起或支持的项目，如创业孵化器、研发资助等，为大学生创业者提供了资源和指导。

2.1.2.2 经济因素

（1）经济趋势。宏观经济趋势，如 GDP 增长率、消费水平、经济周期等，影响市场的总体需求和商业环境的稳定性。

（2）就业率。就业率不仅反映了经济健康状况，也影响人们的消费能力和风险承受能力。高就业率可能促进消费，从而为新企业提供机遇。

（3）资金来源。资金是创业的生命线。分析各种资金来源，如银行贷款、风险投资、政府资助等，对于评估创业的财务可行性至关重要。

2.1.2.3 社会因素

（1）文化态度。社会对创业和创新的态度会显著影响创业环境。包容和鼓励创新的社会文化可以激发创业精神。

（2）教育体系。教育体系的质量和特点决定了未来创业者的知识水平和技能。高等教育的重点领域、研究和创业教育的质量直接影响创业者的准备程度。

（3）社会需求。社会需求的变化是创业机会的主要来源。了解社会需求的趋势，如健康意识的提高、可持续生活的追求等，对于确定创业方向至关重要。

2.1.2.4 技术因素

（1）科技进步。技术的发展为创新提供了工具和可能性。新技术，如人工智能、大数据、物联网等，为创业开辟了新的领域。

（2）创新资源。包括科研机构的支持、创新社区、在线资源等。这些资源为创业者提供了必要的技术支持和知识交流平台。

（3）技术支持。技术支持不仅来自专业的研发团队，也可能源自政府、高校的技术转移和咨询服务。技术支持的可用性对于技术密集型创业尤为重要。

2.1.3 对创业的影响

新零售视角下宏观环境对大学生创业的影响至关重要。宏观环境不仅塑造了创业机会的产生和可行性，决定着哪些创意能够脱颖而出，成为切实可行的商业计划，对大学生创业策略的制定和调整有着深远的影响。宏观环境像是一面镜子，反映出市场的需求。大学生创业者在制定和调整自己的创业策略时，必须密切关注这些反映，以确保自己的航行方向与市场风向标保持一致。

2.1.3.1 宏观环境影响创业机会的产生和可行性

（1）市场需求的启示。宏观环境，特别是社会和经济因素，直接影响市场需求。例如，技术进步带来的新需求，或是经济变动导致的消费模式变化，都能为敏锐的创业者提供新的商业机会。大学生创业者需要密切关注这些变化，以发现并把握机会。

（2）资源的可获得性。经济环境的波动影响资金和其他资源的可获得性。在经济繁荣时期，资金相对容易获得，市场也更愿意接受新兴企业。相反，在经济衰退时期，创业者可能面临融资难题，需要更加精打细算地管理资源。

（3）政策环境的制约。政治稳定性和政府政策对创业环境产生重要影响。例如，友好的税收政策和创业支持项目可以极大地降低创业的门槛和风险，而复杂的法规和限制性政策可能阻碍创业活动。

2.1.3.2 宏观环境变化对创业策略的影响

（1）策略的灵活调整。宏观环境的变化要求创业者在策略上保持灵活和适应性。例如，在经济衰退期，重点可能需要转向成本控制和现金流管理；而在经济复苏期，则可以寻求积极扩张和市场开拓。

（2）风险管理的重要性。对宏观环境进行持续的监测可以帮助创业者预见潜在的风险，并采取措施进行规避或准备。例如，政治不稳定或新的法律法规可能给业务带来风险，创业者需要提前做好应对规划。

（3）创新的驱动力。技术和社会环境的变化常常是创新的催化剂。大学生创业者应把握这些变化，不断创新产品和服务，以满足市场的新需求和期望。

综上可以看出，宏观环境对创业的影响是多方面的，大学生创业者需要具备对这些环境变量敏感的洞察力，以及在变化中调整和优化自己策略的能力。通过对宏观环境的深入理解和有效应对，他们可以在创业道路上走得更远、更稳。

2.2　内部环境分析

大学生创业的内部环境也是既充满活力又充满挑战。大学生创业者通常拥有较高的文化素养和创新能力，对新零售模式和技术应用有着浓厚的兴趣，往往能够以独特的视角和创新的思维来打造创业项目，从而在新零售市场中脱颖而出。然而，大学生创业也面临着资金短缺、经验不足等内部限制。许多创业者缺乏实际经营经验，对市场需求和竞争态势的把握可能不够准确，这可能导致创业项目在初期就面临较大的风险。此外，大学生创业团队的建设和人才管理也是一大挑战，如何吸引和留住优秀的人才，以及如何形成高效协作的团队氛围，都是影响创业成功的重要因素。

2.2.1 基本概念介绍

2.2.1.1 内部环境分析

内部环境分析是常见的一种企业战略规划工具，专注于评估和理解一个组织内部的资源、能力、文化和价值观等因素。在创业领域，这种分析对于识别企业的强项和弱点、优势和劣势至关重要。它帮助创业者深入了解自己的业务，从而能够制定出更有效的策略和计划，以利用其优势，应对挑战，避免潜在的风险。内部环境分析使创业者能够全面地评估自己的创业项目，确保他们对企业的所有关键方面都有深入的了解。这包括但不限于公司的资源（如财务、人力、物力和技术资源）、组织结构、企业文化、管理流程和运营效率等。

2.2.1.2 常用的分析方式

（1）价值链模型。

价值链模型是由迈克尔·波特（Michael Porter）提出[1]，它将组织的业务活动分为主要的支持活动和主要的主导活动，这种分类有助于企业更好地理解自身的业务流程，并找到提升效率和竞争力的关键点。支持活动包括采购、技术开发、人力资源管理和基础设施，而主导活动包括生产、营销、分销和售后服务。这个模型的目的是帮助组织识别和理解在这些活动中创造价值的地方，以优化业务流程和提高竞争力。它将企业的活动分为主要活动（如入口物流、运营、出口物流、市场营销与销售、服务）和支持活动（如企业基础设施、人力资源管理、技术发展、采购），然后分析这些活动如何贡献于产品价值的创造和提升。

---

[1] Porter M. Competitive Advantage [M]. New York：Free Press，1985.

价值链模型应用非常广泛，学者也从事很多相关研究，基于价值链理论，从主体活动、技术开发、政策制度、人力资源和基础设施五个层面分析嘉兴跨境电商产业的价值要素，剖析跨境电商高质量发展的内在机理。[①] 贵州"村 BA""村超"的爆火，引发了社会的广泛关注与深入思考。以两项赛事为研究对象，借鉴波特价值链模型，构建"村 BA""村超"的价值链模型，进而从需求产生、组织运营、政策条件、文化氛围等方面分析了赛事的核心竞争力。[②] 通过价值链模型，可以清晰地看到从原材料采购到最终产品或服务交付给客户的全过程，以及每个环节中可能存在的改进和优化空间。这有助于企业发现自身在运营过程中的瓶颈和问题，从而制定出更加有效的战略和计划来提升整体业绩。

（2）SWOT 分析。

SWOT 分析用于评估组织的优势（strengths）、劣势（weaknesses）、机会（opportunities）和威胁（threats）。这也是最常用的一个分析工具，创业者可以根据自身所处的环境及时作出分析，为自己的创业提供帮助。它帮助组织识别内部和外部的关键因素，为制定有效的战略提供依据。通过分析组织内部的优势和劣势以及外部环境中的机会和威胁，形成一个四象限矩阵，以指导战略决策。使用 SWOT 分析方法时，首先要明确分析的对象和目标，然后按照以下步骤进行：

①找到企业的优势和劣势。优势是指企业在某些方面具有超过其竞争对手的能力或资源，如技术先进、品牌知名度高、市场份额大等；劣势则是指企业在某些方面相对于竞争对手存在的不足，如管理水平不高、资金短缺、人员素质偏低等。苹果手机利用其强大的技术创新能力，设计出了用户友好的界面和独特的操作系统，这是优势。然而，高价位可能是其劣

---

① 罗俊，石月. 嘉兴跨境电商产业的高质量发展：基于价值链模型的实证分析 [J]. 嘉兴学院学报，2024，36（2）：44－50.

② 黄雄，刘春华，王帅. 价值链模型下我国乡村体育赛事研究：以贵州"村 BA""村超"为例 [J]. 河北体育学院学报，2024，38（2）：75－81.

势，使得部分消费者望而却步。

②分析市场的机会和威胁。机会是指外部环境中对企业有利的因素，如市场需求增长、政策扶持等；威胁则是指外部环境中可能对企业造成不利影响的因素，如市场竞争加剧、政策法规变化等。5G技术的普及，为华为等通信设备制造商带来了巨大的市场机会；但同时，国际贸易紧张关系也可能对其供应链构成威胁，影响原材料和组件的采购。

③构建SWOT矩阵。将上述分析的优势、劣势、机会和威胁分别列入矩阵的四个象限中，形成直观的可视化分析图表。

④制定策略。根据SWOT矩阵的分析结果，企业可以制定相应的策略。例如，利用优势抓住机会（SO策略），改进劣势以避免威胁（WT策略），利用优势降低威胁（ST策略），以及克服劣势并抓住机会（WO策略）。

（3）波士顿矩阵。

波士顿矩阵是20世纪60年代由美国大型咨询公司——波士顿咨询集团创立并推广的分析方法，是一种常见的规划企业产品或者业务投资组合的分析方法，可以在企业制定未来发展战略时提供参考。[①] 也是一种用于组织产品组合管理的工具，基于市场增长率和市场份额两个维度，用于评估公司产品组合的各个部分，并决定应该投资、保持、收获还是淘汰，也被称为BCG矩阵或四象限分析法。将产品或业务单元分为"明星"（高市场增长率、高市场份额）、"问号产品"（高市场增长率、低市场份额）、"金牛"（低市场增长率、高市场份额）和"瘦狗"（低市场增长率、低市场份额）四类。通过使用波士顿矩阵，企业可以更加清晰地了解其产品组合的状况，从而作出更明智的投资和资源分配决策。

①"明星产品"，位于高市场增长率和高市场份额的象限。这类产品通常具有巨大的增长潜力和强大的市场竞争力，是企业未来利润增长的主要来源。因此，企业应加大对"明星产品"的投资，以维持其高速增长和市

[①] 陈远平，周子博，邵培培. 基于波士顿矩阵的科研产出均衡度评价［J］. 中国科学院研究生院学报，2012，29（6）：829-833.

场份额。

②"金牛产品",位于低市场增长率和高市场份额的象限。"金牛产品"虽然增长率较低,但由于其较大的市场份额,通常能为企业带来稳定的现金流。企业应通过提高效率和降低成本来最大化金牛产品的利润。

③"问号产品",位于高市场增长率和低市场份额的象限。这类产品具有较高的增长潜力,但目前市场份额较小。企业需要对"问号产品"进行仔细评估,确定是否有潜力成为明星产品,并据此作出投资决策。

④"瘦狗产品",位于低市场增长率和低市场份额的象限。"瘦狗产品"通常增长缓慢且市场份额较小,可能无法为企业带来显著的利润。企业应考虑削减对"瘦狗产品"的投资,甚至淘汰这些产品,以释放资源用于更有潜力的产品。

(4)核心竞争力分析。

核心竞争力分析旨在帮助组织确定其在特定领域或市场上的核心竞争优势。核心竞争力是指组织在某些关键领域拥有独特的能力、知识、技术或资源,这使得它能够在竞争中脱颖而出。

通过识别和强化核心竞争力,组织可以实现持续竞争优势。以苹果公司为例,其核心竞争力之一便是创新能力,苹果不断推出设计新颖、技术先进的产品,如 Mac、iPod 和 iPhone 等,这些创新使得苹果公司的产品在市场中独树一帜。

识别组织的核心能力和资源,然后确定如何将它们应用于产品开发、市场进攻或其他战略活动,以增强竞争优势。以可口可乐为例,该公司利用其强大的品牌影响力和全球化的营销策略,成功地将产品推向全球市场。可口可乐的核心竞争力在于其品牌价值和全球化的市场策略。它通过精心打造品牌形象,结合广泛的市场营销活动,使得可口可乐成为世界上认知度最高的品牌之一。

企业应当深入剖析自身的核心竞争力,并巧妙地将其融入产品开发、市场策略等战略活动中,构建和提升自身的竞争优势。通过不断审视和调整战略，确保核心竞争力与市场需求保持同步，从而在激烈的商业竞争中保持领先地位。

（5）VRIO 分析。

VRIO 模型是一项重要的战略分析工具，巴尼（Barney）和赖特（Wright）基于自研基础理论（RBV）提出①，从静态的角度探讨了如何利用人力资源来获取竞争优势。它不仅是一个理论模型，更是一种实用的战略工具，为企业家和管理者们提供了一种全新的视角，以审视和评价企业内部的资源和能力。

VRIO 分析框架的核心在于四个维度的评估：价值、稀缺性、难以模仿性和组织。这一框架的作用在于，它能让企业更清晰地认识到自己所拥有的资源和能力在市场中的定位。

①"价值"帮助企业识别哪些资源和能力是对客户有价值的，是能够满足市场需求的。以华为为例，其持续的技术创新能力就是极具价值的资源。华为不断推出领先的通信技术，满足了国内外市场对于高速、稳定网络连接的需求，这种技术能力为华为带来了巨大的商业价值。

②"稀缺性"让企业明白哪些资源是独有的、不常见的，从而有可能构成竞争优势。比亚迪在电动汽车电池和电机技术上的突破，使其在新能源汽车领域具有独特的优势，让比亚迪在市场上占据了有利的地位。

③"难以模仿性"则揭示了哪些资源或能力是不易被竞争对手复制的，这是保持长期竞争优势的关键。例如，谷歌的搜索算法就是其难以被模仿的核心能力之一。尽管有许多搜索引擎公司试图模仿，但谷歌的算法复杂性和持续优化能力使其始终保持领先地位。

④"组织"则强调了企业内部如何有效地利用这些资源和能力，通过合理的组织结构和流程，将其转化为实际的竞争优势。例如，字节跳动通过扁平化的管理结构和灵活的工作方式，充分激发了员工的创新能力和工

---

① Barney J B, Wright P M. On Becoming a Strategic Partner: The Role of Human Resources in Gaining Competitive Advantage [J]. Human Resource Management, 1998, 37 (1): 31-46.

作热情。这种组织模式使得字节跳动能够快速响应市场变化，持续推出受欢迎的产品和服务。

VRIO模型及其分析框架为企业提供了一种全面而深入的自检方式。它不仅能帮助企业认清自身的优势和劣势，更能指导企业如何根据自身的资源和能力制定合适的竞争战略，从而在激烈的市场竞争中脱颖而出。

2.2.2 关键要素

大学生创业过程中的成功与否取决于多个关键要素，其中包括财务、人力、知识和技能资源。财务资源是创业者启动和维护业务所需的重要支持，而人力资源则构建了团队和协作的基础。此外，大学生创业者所拥有的知识和技能资源是创新和竞争力的关键来源。通过有效地获取、管理和利用这些资源，大学生创业者可以提高业务成功的机会，实现他们的创业目标。

2.2.2.1 资源

掌握资源是创业成功的关键指标，资源的种类也很多，包括财务、人力、智力和技能等，每一种资源都有独特的功能，创业者需要汇聚多种资源，形成资源要素的有效集合，才能实现创业的有效实践。"空手套白狼"并非不使用资源，而是使用了更多的隐性资源，与外界明显可以看到的财务和人力相比，创业意识、创业知识和创业者具备的技能等都可以看作是隐性资源，这些资源往往发挥着独特的作用，成为创业成功与否的关键。

（1）财务资源。通常是指创业者开始某项业务活动的启动资金。使用用途也比较广泛，包括购买设备、支付员工薪水、采购原材料和进行市场营销等。对于大学生创业者来说，财务资源可能来自多种渠道，如个人储蓄、家庭支持、天使投资、风险投资或政府资助。在分析中，可以探讨大学生创业者如何获取和管理财务资源，以及这些资源如何影响他们的业务发展。

（2）人力资源。创业者往往不是以个体出现，一个具有共同目标的创业团队是创业成功的关键因素。大学生创业者可能需要合作伙伴、员工或志愿者来协助他们实现目标。人力资源管理包括招聘、培训、激励和绩效管理等方面，这些都是成功创业的关键要素。可以分析大学生创业者如何吸引和保留人才，以及团队协作对业务的影响。

（3）知识和技能。创业者需要具备丰富的知识和技能资源，这些资源可以在创业过程中发挥重要作用。创业者可能具备行业专业知识、市场分析技能、产品开发技术或营销技巧，这些知识和技能可以帮助他们更好地理解市场机会、开发创新产品或服务，并有效管理业务。分析大学生创业者如何运用他们的知识和技能，以及不断学习和提升的重要性是有益的。

2.2.2.2　能力

资源，作为企业赖以生存与发展的基础支撑，在创业道路上发挥着不可替代的作用。对于每一位创业者而言，深入理解和有效利用这些资源，无疑是通往成功的关键一步。然而，我们必须清醒地认识到，资源的存在本身并不等同于企业的成功。如何将这些资源转化为实际的生产力，如何将它们转化为推动企业持续发展的动力，这背后需要的是一系列能力的支撑。领导力、管理能力和创新能力，正是我们聚焦的三个核心能力领域。它们不仅关乎创业的成功与否，更是个人和团队不断成长、不断进步的基石。只有不断提升这些能力，我们才能在激烈的市场竞争中立于不败之地，实现企业的长远发展。

（1）领导力。领导力对大学生创业者来说是短时间不易掌握的关键因素。不是简单地指挥大家干活，而是要真正能激发团队成员的潜力和热情，让团队更有凝聚力。需要学会倾听每个人的想法，尊重每个人的特长，这样大家才能心往一处想，劲往一处使。而且，还要有敏锐的洞察力，能发现市场上的好机会，给团队定个明确的目标和计划。这样，大家才能一起努力，不断前进，取得更好的成绩。所以说，领导力不只是能力，更是一种责任和担当。

（2）管理能力。管理能力涉及规划、组织、指导和控制企业资源的能力。有效的管理不仅包括日常运营的组织，还包括对长期目标的规划和实施。大学生创业者在管理上的挑战在于如何在资源有限的情况下最大化效率和生产力。这不仅要求他们具备出色的时间管理和财务管理技能，还需要有效地组织和动员团队。

（3）创新能力。创新能力是在快速变化的市场中生存和繁荣的关键。它涉及识别新机会、开发新的解决方案和改进现有产品或服务的能力。对于大学生创业者而言，创新不仅是技术或产品的创新，更是商业模式、市场策略甚至企业文化的创新。培养创新思维意味着敢于冒险，勇于尝试新方法，并持续学习和适应。

在创业的旅程中，领导力、管理能力和创新能力是相互关联且互补的。领导力引导方向，管理能力确保高效运作，而创新能力推动持续成长和竞争优势。大学生创业者应该在这三个方面持续自我提升，以应对不断变化的商业环境和挑战。

2.2.2.3 文化和价值观

资源提供了必要的物质基础，能力则是将这些资源高效利用的关键。然而，没有合适的企业文化和价值观，即使是最丰富的资源和最出色的能力也可能无法发挥其最大效用。因此，在接下来的部分中，我们将探讨这些文化和价值观要素，分析它们如何塑造大学生创业者的思维方式和行为模式，以及它们对企业成功的影响。这一部分将是理解大学生创业全貌的关键，因为它不仅关系到企业的现实运作，还关系到企业的长期愿景和目标的实现。在这一部分，我们将重点讨论三个核心要素：创业精神、团队合作和风险承受度。

（1）创业精神。创业精神是推动创业活动的基础。它涉及创新、积极主动和持续追求机会的态度。对大学生创业者来说，培养一种积极进取的创业心态是成功的关键。这意味着不仅要在技术或产品上创新，还要在商业模式和市场策略上展现创造性思维。

（2）团队合作。团队合作是企业文化的核心。它指的是团队成员之间的相互协作和支持。在创业环境中，团队合作不仅涉及共享资源和知识，还包括共同面对挑战和庆祝成功。一个高效的团队能够加速决策过程，促进创新，同时提高执行力。

（3）风险承受度。风险承受度是创业过程中不可或缺的一部分。这涉及对不确定性的认识和接受程度，以及在面对潜在失败时的心理准备。大学生创业者需要学会评估和管理风险，同时在风险与机遇之间找到平衡。

文化和价值观在大学生创业过程中扮演着至关重要的角色。创业精神激发动力和创新，团队合作增强执行力和效率，而适当的风险承受度则确保企业能够在不确定性中把握机遇。通过培养这些文化和价值观，大学生创业者能够为其企业打下坚实的基础，为未来的成功奠定基石。

2.2.3　内部环境对创业的影响

在大学生创业的过程中，内部环境的作用不容忽视。内部环境，包括企业的资源、能力、文化和价值观，是影响创业成功的关键因素。这些元素不仅决定了企业能够如何运作，而且在很大程度上塑造了企业的战略方向和实施策略。理解并有效利用内部环境可以为创业项目提供坚实的基础，增加其成功的可能性。

（1）评估内部资源和能力对创业成功的影响。资源和能力是创业成功的基石。资源包括财务资源、人力资源、知识和技能，而能力则涉及如何有效地利用这些资源。资源为企业提供了必要的物质和知识基础，但如果没有相应的能力，如领导力、管理能力和创新能力，这些资源可能无法被充分利用。因此，大学生创业者需要不仅关注资源的积累，更要关注如何提升和运用这些资源的能力。

（2）内部文化如何塑造创业方向和策略。企业文化和价值观是指导企业方向和策略制定的另一个重要因素。一个积极的企业文化，例如，强调创业精神、团队合作和适度的风险承担，可以促进创新和团队协作，增强企业应对市场变化的能力。大学生创业者在制定商业策略时，应考虑如何培育和维护一种有利于创业目标的企业文化。

综上所述，内部环境对大学生创业具有深远的影响。通过评估和优化内部资源和能力，以及塑造积极的企业文化和价值观，创业者能够为其企业的成长和成功打下坚实的基础。这些要素的综合作用，决定了企业能否在竞争激烈的市场中站稳脚跟，并持续发展。

2.2.4　自我评估方法

正确评估和利用自身的资源和优势是大学生创业成功的关键。自我评估是一个系统性的过程，它帮助创业者识别自己的强项、弱点，以及可利用的内部资源。这一过程不仅涉及对自身能力的认识，还包括了对可用资源的全面理解。

（1）识别个人优势和弱点。第一步是进行自我反思，识别个人的优势和弱点。这可以通过 SWOT 分析（优势、劣势、机会、威胁）来实现。大学生创业者应该评估自己的技能、知识、经验和个人特质，例如，领导力、团队合作能力或创新思维。

（2）理解和评估可用资源。接下来的步骤是理解和评估可用资源。这包括财务资源、人脉资源、技术资源和其他任何可以支持创业项目的资源。评估个人的经济状况，理解可获得的资金来源，以及分析技术和市场相关的知识和技能。

（3）制定资源和优势利用计划。一旦识别了个人的优势和可用资源，下一步是制定如何利用这些优势和资源的计划。这涉及设置具体的目标，以及制定实现这些目标的战略和行动计划。创业者应考虑如何将个人优势与企业目标相结合，以及如何最大化资源的使用效率。

（4）持续的自我评估和调整。自我评估是一个持续的过程，随着企业发展和外部环境变化，创业者需要不断地重新评估自己的优势、弱点和资源。这可能意味着调整策略，以适应新的市场条件或内部变化。

通过以上步骤，大学生创业者可以更有效地识别和利用自身的资源和优势。这不仅有助于他们在创业过程中作出更明智的决策，还可以增加他们成功的机会。

2.3　市场调研方法

在探索大学生创业环境与市场机会的分析中，市场调研是一个不可或缺的环节。市场调研不仅帮助创业者理解目标市场的动态，还能揭示潜在的机会和挑战。市场调研的过程涉及多个步骤，包括确定调研目标、收集和分析数据，以及根据调研结果制定策略，本部分将深入探讨市场调研的重要性、调研步骤、数据收集方法和市场调研案例分析，为大学生创业者提供一个全面的市场调研指南。

2.3.1　市场调研的重要性

市场调研在验证创业想法和规划业务方面发挥着至关重要的作用。它不仅是创业过程的起点，也是确保企业长期可持续发展的关键步骤。

市场调研首先帮助创业者验证和精炼他们的创业想法。这是一个探索性的过程，目的是确定创业想法是否符合市场需求和客户期望。市场调研数据来源于参与调研的消费者。因为不同企业的目标消费者群体不同，所以企业必须要有明确的市场定位，瞄准特定的消费者。[①] 通过市场调研，创业者可以了解目标市场的大小、潜在客户的需求、购买习惯以及竞争环境。这些信息对于评估创业想法的可行性和盈利潜力至关重要。

一旦创业想法得到验证，市场调研则转向帮助创业者规划业务策略。这包括产品定位、定价策略、推广方法和销售渠道的选择。市场调研提供的数据和洞察为制定具体的业务计划提供了坚实的基础。此外，市场调研还可以揭示潜在的市场趋势和机会，帮助企业预测和适应市场变化。

2.3.2 调研步骤

进行市场调研是一个分阶段的过程，涉及市场细分、需求分析和竞争分析等关键步骤。每一步都旨在为创业者提供对市场的深入理解，从而帮助他们制定更有效的业务策略。

（1）市场细分：识别和定义目标市场。市场细分是市场调研的首要步骤。市场细分涉及将广泛的市场划分为具有相似需求和特征的细分市场。这一过程帮助创业者明确他们的目标市场，从而能够更有效地定位产品和服务。市场细分可以基于多种因素，包括地理位置、人口统计特征、心理特征和行为特征。

（2）需求分析：评估市场需求和客户偏好。一旦目标市场被确定，下一步是进行需求分析，这包括评估市场的总体需求大小、潜在客户的具体需求以及他们的购买偏好。这一步骤对于创新产品或服务的开发尤其重要。通过需求分析，创业者可以确定市场中存在的需求缺口，以及他们的产品或服务如何满足这些需求。

（3）竞争分析：了解竞争对手和市场地位。最后一步是竞争分析，这涉及评估主要竞争对手的优势和劣势，以及自身在市场中的相对地位。这

---

① 刘超. 基于贝叶斯方法的市场调研分析［J］. 统计与决策，2015（5）：85–87.

不仅包括直接竞争对手的分析,还要考虑潜在的新进入者和替代产品。竞争分析帮助创业者识别市场中的机会和威胁,以及如何在竞争中获得优势。

2.3.3 数据收集方法

在市场调研过程中,数据收集是获取市场洞察的关键环节。收集市场信息的方法有多种。如查阅法、交流法、索取法、咨询法、调研法、计算机检索法等。其中最基本的收集第一手资料的方法是市场调研。一般而言,市场调研分四个步骤:一是明确调研目的、内容和对象;二是制定调研的方法和策略;三是进行实际调研;四是调研信息的回收与整理。① 选择合适的数据收集方法对于确保调研结果的准确性和可靠性至关重要。

(1)调查。调查是一种广泛使用的数据收集方法,它可以是在线调查、电话调查或面对面调查。调查通常包含一系列标准化的问题,旨在收集量化数据。调查方法适用于收集关于客户偏好、市场趋势和消费行为的大量数据。

(2)访谈。访谈是另一种重要的数据收集方法,可以是结构化的、半结构化的或非结构化的。访谈通常涉及与目标群体或行业专家的面对面对话,以深入了解他们的观点和经验。访谈特别适用于探索新的市场机会或评估复杂的市场问题。

(3)焦点小组。焦点小组是一种集体访谈形式,通常涉及一组人就特定主题进行讨论。这种方法有助于收集关于产品、服务或广告等的直接反馈。焦点小组特别适合于测试新产品概念或广告宣传材料。

(4)观察法。观察法是通过观察和记录人们在自然环境中的行为来收集数据的方法。这种方法避免了调查和访谈中可能出现的自我报告偏差。观察法适合于研究消费者购买过程或使用产品的实际使用方。有效的数据

---

① 罗作汉.企业市场调研的方法和策略[J].经济师,2000(3):41-46.

收集是市场调研成功的基础。通过运用调查、访谈、焦点小组和观察法等多种方法，创业者可以获得关于市场和消费者行为的全面和深入的理解。

2.3.4 市场调研案例分析

市场调研的有效性可以通过具体的案例来展示。以下是一个示例案例，说明了如何进行有效的市场调研以及如何根据调研结果作出决策。假设一个大学生创业团队计划推出一款新的健康饮品。他们的目标市场是追求健康生活方式的年轻消费者。为了确保产品能满足市场需求，团队决定进行全面的市场调研。调研步骤如下：

（1）市场细分：团队首先进行了市场细分，确定了目标消费群体为25~35岁的健康意识较强的城市青年。

（2）需求分析：通过在线问卷调查，团队收集了目标消费群体对健康饮品的偏好、消费习惯和购买动机等数据。

（3）竞争分析：通过网络搜索和市场访谈，团队分析了主要竞争对手的产品特点、市场策略和消费者评价。第一，数据分析与决策。调研结果显示，目标消费者更倾向于自然成分和低糖的健康饮品。同时，竞争分析揭示了市场上缺乏针对特定健康需求的个性化饮品。基于这些发现，团队决定开发一系列以自然成分为主，可根据个人健康需求定制的健康饮品。第二，实施与反馈。产品推出后，团队继续通过社交媒体和顾客反馈收集数据，以优化产品和市场策略。这种持续的市场调研帮助团队及时调整产品和营销策略，从而更好地满足市场需求。

此案例展示了市场调研在创业过程中的重要作用。通过对市场细分、需求和竞争进行深入分析，创业团队能够更准确地定位产品并制定有效的市场策略。同时，案例也强调了持续调研的重要性，以确保产品和策略与市场动态保持一致。

在大学生创业的过程中，面临的主要挑战不仅来自外部的市场竞争和经济波动，也源自内部资源的管理和战略规划的有效性。为了克服这些挑战，综合运用宏观环境分析、内部环境分析和市场调研方法显得尤为重要。

2.3.5 结语

宏观环境分析使创业者能够理解和预测经济、政治、社会和技术趋势如何影响其业务。这种分析有助于他们适应外部环境的变化，抓住时机，规避风险。

内部环境分析则关注于企业内部的资源、能力、文化和价值观。通过深入理解这些内部因素，创业者可以最大化利用自身的优势，弥补弱点，从而提高企业的竞争力和适应性。

市场调研方法的运用则是连接外部市场和内部能力的桥梁。通过市场调研，创业者可以获得关于目标市场、消费者行为、竞争对手和行业趋势的宝贵信息。这些信息对于产品定位、市场策略制定和业务决策至关重要。

总体来说，大学生创业者在面对市场机遇和挑战时，需要具备对宏观环境的敏锐洞察，对内部资源和能力的深刻理解，以及对市场动态的持续关注。只有综合运用各种分析方法，才能在不断变化的商业世界中站稳脚跟，实现可持续发展。在创业的道路上，这种全面的分析能力将是通往成功的关键。

第3章
新零售视角下大学生创业团队组建策略

新零售视角下,大学生创业团队的组建策略尤为重要。新零售模式以其线上线下深度融合的特点,要求创业团队不仅具备扎实的专业知识,还需灵活运用大数据、人工智能等先进技术,以优化消费者体验为核心目标。一方面,团队成员的选择至关重要,他们应来自不同领域,拥有市场营销、数据分析、技术开发等多元化背景,以应对新零售领域不断变化的挑战。团队成员间应建立高效的沟通机制,通过分享与交流,确保各类信息的畅通无阻,进而提升决策速度与准确度。另一方面,需要深入市场调研,团队需紧密关注消费者需求与行业动态,精准定位目标市场,制定切实可行的营销策略。同时,团队还要积极寻求外部资源支持,与投资人建立良好关系,邀请行业导师提供指导,为创业项目注入活力。此外,团队成员应保持较强的市场洞察力,时刻关注自身经营领域的最新动态,不断学习新知识,提升团队整体竞争力。通过持续创新与实践,团队将能够在新零售市场中脱颖而出,实现创业梦想。总之,大学生创业团队在新零售视角下,应充分发挥自身优势,不断完善组建策略,努力成为新时代市场中的佼佼者。

3.1 为什么要组建团队

大学生的创业不能仅仅依靠个人，以往的经验表明创业成功与否与创业团队的建设是否合理具有重要联系。[①] 创业者组建团队是最常见的一种组织形式，组建团队的目的也很明确，就是为了分担创业的风险、增加创业的成功概论。通过组建团队，可以将各个成员的资源进行整合和共享，包括资金、技术、人脉等。这些资源的汇聚能够弥补单一创业者资源的不足，为创业项目提供更多的支持和保障。因此，在创业过程中，组建一个优秀的团队是至关重要的。

3.1.1 团队的概念与组成要素

3.1.1.1 团队的概念

对于团队（team）的界定，主要强调了三个核心要素：共同目标、愉快的工作氛围和追求高品质的结果。共同目标凝聚了团队成员的力量，愉快的工作氛围则提升了团队的效能，而追求高品质的结果则确保了团队的卓越表现。这些要素共同构成了成功团队的基础，指引我们建设和管理高效、和谐的团队。团队是成员间知识与技能的协同集合，通过合作解决问题，共同迈向既定目标，而创业团队则更为特殊，它由少数技能互补的创业者组成，他们不仅共享创业愿景，更通过明确的责任分工与协作机制，共同追求高品质的成果。这样的共同体不仅注重目标的实现，更强调团队成员间的信任与默契，为创业之路的顺利前行奠定了坚

[①] 王晓晔. 大学生创业团队建设探究［J］. 教育与职业，2013（15）：106–108.

实基础。

3.1.1.2 团队的组成要素

一般而言，创业团队需具备五个重要的团队组成要素，称为"5P"，一个优秀的创业团队应该在这五个方面都具备相应的能力和素质，以确保在创业的道路上能够稳步前行，最终实现创业成功。

（1）目标（purpose）：创业团队应该有一个既定的共同目标，目标是创业团队的灵魂和指南。一个明确的目标不仅为团队指明了前进的方向，也为成员们提供了共同努力的焦点。阿里巴巴的初衷是"让天下没有难做的生意"[①]，这一目标激发了团队成员的无限潜能，共同推动了公司的快速发展。一个清晰、具体且富有挑战性的目标，能够激发团队成员的斗志，使他们在面对困难时能够坚持不懈，直至成功。

（2）人（people）：目标是通过人员来实现的，所以人员的选择是创业团队中非常重要的一个部分。一个优秀的创业团队需要拥有具备不同技能和经验的人才，他们能够在各自的领域发挥专长，共同应对创业过程中的各种挑战。谷歌的创始人们分别擅长技术、管理和市场，他们的互补性使得谷歌在创立之初就展现出了强大的竞争力。同时，团队成员之间的默契和合作精神也是关键，只有相互信任、支持，才能形成强大的团队凝聚力。

（3）定位（place）：定位是创业团队在市场中的独特地位。一个清晰的定位能够帮助团队找到自己的目标市场和客户群体，从而制定有针对性的市场策略。特斯拉最初定位为高端电动汽车制造商[②]，通过精准的市场定位和创新的产品策略，成功吸引了众多消费者的关注。一个准确的定位不仅能够使团队在市场中脱颖而出，还能够为团队的长远发展奠定坚

---

① 阿里巴巴："让天下没有难做的生意"马云帝国的兴盛与危机［J］. 上海经济，2013（Z1）：22-25.

② 刘霞. 硅谷工程师们的"改装车"［N］. 科技日报，2011-09-18（2）.

实的基础。

（4）权限（power）：创业团队中领导人的权力大小与其团队的发展阶段和创业实体所在行业相关。合理的权限分配能够确保团队成员在各自的职责范围内充分发挥作用，同时避免决策上的混乱和冲突。例如，苹果公司的创始人乔布斯在团队中拥有绝对的决策权[1]，他的领导力和决断力使得苹果能够在关键时刻作出正确的决策。然而，这并不意味着其他团队成员没有发言权，相反，他们通过提出自己的建议和意见，共同为团队的发展贡献力量。

（5）计划（plan）：计划是创业团队实现目标的具体行动方案。一份完善的计划应该包括市场分析、产品策略、营销策略、财务规划等多个方面，以确保团队能够有序地推进创业进程。例如，亚马逊在创立之初就制定了详细的商业计划[2]，包括产品定位、市场策略、物流体系等各个方面，这些计划为亚马逊的快速发展提供了有力的保障。一个详尽的计划不仅能够指导团队成员的具体工作，还能够帮助团队在面对变化时作出及时调整，确保目标的顺利实现。

3.1.2 创业团队的类型

从不同的视角、创业层次和人员组成结构，可以划分为不同类型的创业团队，我们常用的一种简单分类方法，根据创业人员的组成进行分类，主要分为：星状创业团队（star team）、网状创业团队（net team）和从网状创业团队中演化而来的虚拟星状创业团队（virtual star team）。[3]

---

[1] 贾丽. 乔布斯谢幕 库克走向前台 苹果亚洲市场版图加速扩张［N］. 证券日报，2011 - 08 - 29（C01）.

[2] 张锐. 杰夫·贝索斯：执掌"亚马逊"的电商大亨［J］. 对外经贸实务，2015（10）：14 - 18.

[3] 杨忠东. 创业经之"如何组建创业团队"［J］. 四川教育学院学报，2012，28（5）：43 - 47.

3.1.2.1 星状创业团队

顾名思义,星状创业团队,就像夜空中的一颗明星,以一位核心领导者为中心,由该领导者基于自身创业理念和需要组建团队,成员间关系可能熟悉,也可能陌生,团队成员主要为团队提供支持和执行具体任务。[①] 其他团队成员则围绕其周围,共同协作。尤其形象的解析便可知晓,这个创业核心人物发挥着至关重要的作用,其他团队队员主要是发挥辅助作用,而这里的团队成员可能是认识的,也可能是不认识的,主要是根据团队的需要来组建。这种创业团队也是最常见的,其显著特点是组织结构紧密、程序简单、决策迅速、组织效率高,但也可能因为过度依赖核心领导者而导致创新不足。

3.1.2.2 网状创业团队

网状创业团队则呈现出一种更为开放和多元的结构。创业团队的成员以亲友、同学、同事和朋友等关系密切的人员为主,就某一个创业想法达成共识后开始共同创业。[②] 团队成员之间通过紧密的联系和协作,形成一个错综复杂的网络。团队成员在交往过程中共同认可某一创业想法,并就创业达成了共识以后,开始共同进行创业。在创业团队组成时,没有明显的核心人物,团队成员依据各自的特点自发组织角色定位,彼此扮演协作或伙伴角色。这种创业团队的特点就是团队成员都有着一定的经验积累,互相之间可以形成较好的支撑,但也面临着没有核心、结构松散等问题。

3.1.2.3 虚拟星状创业团队

虚拟星状创业团队是由网状创业团队演化而来,基本上是前两种的中

[①②] 胡俊峰,周襲. 大学生创业团队建设机制研究 [J]. 科技创业月刊, 2011, 24 (12): 20-22.

间形态。既有一位核心领导者负责整体战略规划和决策，又充分利用了团队成员的多样性和创新能力。核心人物从某种意义上说是整个团队的代言人，而不是主导型人物，其在团队中的行为必须充分考虑其他团队成员的意见，不如星状创业团队中的核心主导人物那样有权威。这种团队类型在新零售创业中具有很高的应用潜力。

3.1.3　组建团队的优势

"人多力量大，众人拾柴火焰高"深刻揭示了个人与团队之间力量的对比，强调了团队合作在实现目标过程中的重要性。个人的力量，无论多么强大，终究是有限的，而创业团队的力量则能够汇聚众人的智慧与力量，共同攻克难题，实现目标。组建新零售创业团队主要有以下优势：

（1）整合资源要素。新零售创业团队能够汇集不同领域的人才和资源，形成强大的合力。团队成员各自擅长的领域和拥有的资源可以相互补充，共同为项目的推进提供有力支持。这种资源整合的优势有助于团队在激烈的市场竞争中脱颖而出，实现快速发展。

（2）完善商业计划。俗话说"三个臭皮匠顶个诸葛亮"，团队成员的多样性意味着他们可以从不同的角度审视和思考问题。在制定创业计划和策略时，团队成员可以相互讨论、碰撞思维，从而制定出更加完善、切实可行的计划。这种集体智慧的力量有助于团队在创业过程中少走弯路，提高成功率。

（3）提高工作效率。不可否认，新零售创业团队通过明确的分工和协作，能够充分发挥每个成员的专业能力，实现工作效率的最大化。团队成员之间的默契配合和高效沟通有助于快速解决项目中遇到的问题，推动项目顺利进行。同时，团队的工作氛围和激励机制也能激发成员的积极性和创造力，进一步提升工作效率。

（4）提升防范能力。有困难一起扛，创业过程中难免会遇到各种困难和挑战,新零售创业团队能够通过集体智慧和力量共同应对。团队成员之间的支持和鼓励有助于增强团队的凝聚力和向心力,使团队在面对压力和挑战时能够保持冷静、坚定前行。此外,团队的多元化背景也意味着团队拥有更强的风险识别和应对能力,能够在风险来临时迅速作出调整,降低风险对团队的影响。

(5)快速获取信息。新零售背景下各类信息更新迅速,市场变化莫测。新零售创业团队通过分工合作,能够更广泛地收集和分析行业信息,及时掌握市场动态和趋势。这种信息优势有助于团队在竞争中抢占先机,制定更加精准的市场策略和产品方案。尤其新零售创业团队,更需要注重信息的收集与使用,确保各环节的流畅,让数据"活"起来,形成科学有效迅速的商品方案,为客户提供更为个性化的服务。

3.2 创业团队建设与资源整合

创业团队的建设对于新零售创业团队至关重要,一个优秀的创业团队能够汇聚各种资源要素和干事创业的力量,在面对市场的机遇与挑战时,团队成员可以发挥更为重要的作用,为创业团队注入动力,推动解决问题,提供优质服务和产品。创业过程中,重要的一环就是资源要素的整合利用,资源要素来自很多方面,有形的无形的都有,资源要素的整合要对不同来源、不同层次、不同结构、不同内容和不同作用的资源要素进行识别,然后选择在创业不同发展阶段最适合的资源要素组合,促进资源要素的有机融合,发挥资源要素的最大效能,帮助团队扩大规模、降低成本、增加收入,进而帮助新零售创业团队实现竞争力、知名度和利润值的多重收获。

3.2.1 优秀创业合作伙伴通常应具备的素质

要组建创业团队,就要选择优秀的创业合作伙伴。那么,哪些人可以作为候选人呢？一般来讲，一个优秀的创业合作伙伴应具备如下特点[①]：

（1）诚信。诚信是合作的基石。没有诚信，任何合作都难以长久。在创业过程中，诚信能够确保各方坦诚相待，共同面对挑战。

（2）果断。在快速变化的商业环境中，果断的决策能力能够帮助团队抓住机遇，应对挑战。

（3）成熟与韧劲。创业之路充满坎坷，成熟的心态和韧劲能够让人在困境中保持冷静，坚持下去。

（4）专注。很多人思想新潮、想法很多，总是"这山望着那山高"。而专注于核心业务，避免盲目扩张和跟风，是创业成功的关键。一个真正专注的合作伙伴能够带来稳定的贡献和长远的价值。

（5）认真。认真的工作态度能够确保项目的质量和进度，避免因疏忽而导致的失败。

（6）开朗。开朗的性格能够营造积极向上的团队氛围，激发团队成员的创造力和潜力。

（7）现实。既有远大理想，又能脚踏实地的人，能够带领团队在现实中稳步前进，逐步实现目标。

（8）讲效率。在竞争激烈的商业环境中，高效率是成功的关键。一个讲效率的合作伙伴能够带动整个团队提高工作效率，赢得更多机会。

（9）忠诚于角色。忠诚于自己的角色和职责，能够确保团队内部的和谐与稳定。每个成员都应该明确自己的定位，为团队的共同目标而努力。

（10）不虚荣。不追求虚荣和表面的风光，能够让人更加专注于实际的业务和发展。

（11）不狂妄。保持谦虚和谨慎的态度，不断学习和进步，是创业成功的必要条件。狂妄自大只会让人失去理智，作出错误的决策。

[①] 孙睿，董春华. 大学生创业教育 [M]. 北京：中国时代经济出版社，2013：104-106.

3.2.2 组建优秀创业团队的要点

组成新零售创业团队与管理团队,是成功创业者不可或缺的核心能力。在创业初期,创业团队主创成员的构成对创业项目的发展方向与速度起决定性作用,创业者需要考察合伙人是否具备创业经验或背景,对项目和团队是否有认同感,创业动机是否以成就动机为主,是否具备易沟通、善学习、开放的合作心态和主人翁意识等特质,同时创业者需要根据创业项目的规模选择合适数量的合伙人。[①] 在这一过程中,创业远景与共同信念起着至关重要的作用。创业者需明确并阐述富有吸引力的创业远景,以凝聚团队成员的共识与向心力,引领他们共同奋斗。同时,培养并维护共同信念,确保团队成员秉持相同的价值观和行为准则,形成默契和信任,减少冲突,提升团队效率。通过构建共同的目标与企业文化,创业者能够激发团队成员的潜力,发挥团队的整体优势,共同推动新零售创业项目的成功实施。要组建一个成功的创业团队,应特别注意以下几点。

3.2.2.1 彼此了解

在新零售创业团队中,成员间的相互了解与熟知是团队成功的基石。团队成员需深入剖析自身,清晰认识自身的优势与不足,同时,也要对其他成员的长处和短处了如指掌。这种相互间的深度了解,能够有效预防因彼此不熟悉而引发的矛盾和纠纷,从而加强团队的向心力与凝聚力。当团队成员能够相互信任、取长补短时,团队的协作效率将大幅提升,整体战斗力也将得到显著增强。因此,新零售创业团队的成功,离不开每个成员对彼此的深入了解与熟悉。请注意,我们这里所说的了解是真正了解,而不是仅仅浮在面上的了解。例如,尽管许多大学生创业时选择的合作伙伴

---

① 黄雪娇. 大学生创业团队特征对创业绩效的影响研究:以"创青春"全国大学生创业大赛优秀创业团队为例 [J]. 教育教学论坛, 2018 (40): 1-4.

都是亲戚、同学、朋友、校友等,但还是很快就失败了,其根本原因在于:虽然他们选择的合作伙伴都是他的"熟人",但是他对这些"熟人"并不真正了解。

3.2.2.2 相互信任

在选择新零售团队的创业伙伴时,创业者对对方的人品和能力的考察至关重要。其中,人品更是关键中的关键,它是建立信任和合作关系的基石。初创企业倒闭率居高不下,也暴露出创业团队内部的不团结和猜疑。这充分说明了人品在创业过程中的重要性。一个值得信赖的伙伴,能够带来稳定的合作关系和强大的团队凝聚力,共同面对挑战,共谋发展。新零售创业者应优先选择那些具有诚信、责任心和团队精神的创业伙伴。他们不仅能够在关键时刻给予支持,还能够与团队共同成长,共同实现创业目标。相反,缺乏人品的伙伴可能会成为团队发展的障碍,甚至导致整个项目的失败。因此,在组建新零售团队时,创业者应深入考察每个潜在伙伴的人品,确保团队能够稳定、高效地运作,共同开创美好的创业未来。

3.2.2.3 理念与目标一致

在新零售创业团队的构建中,确保每个团队成员对共同确立的创业目标、分配制度、管理规范、发展理念以及企业文化等核心要素的深度认同,显得尤为关键。这种认同不仅是团队成员间建立坚固信任、形成默契配合的基础,更是团队在市场竞争中保持持久凝聚力和强大战斗力的保障。只有当团队成员对团队的核心价值观和发展方向有着清晰而深刻的理解,并对此抱有坚定支持时,他们才能在面对挑战和困难时保持坚韧不拔的毅力,共同克服前进道路上的种种障碍。同时,对企业长期经营的坚定信心也是团队成员不可或缺的品质,它能够激发团队成员的积极性与创造力,推动企业不断向前,实现更加辉煌的未来。因此,新零售创业团队的领导者在组建团队时,应格外注重培养团队成员的认同感和信心,通过深入有效的沟通和协作，使团队成员"心往一处想、劲往一处使"，共同为实现团队的宏伟目标而不懈努力。

3.2.2.4 取长补短，共同发展

从人力资源管理的专业视角出发，建立一支优势互补的新零售创业团队对于确保团队稳定和持续发展具有举足轻重的意义。然而，多项研究揭示，许多创业团队在初创阶段，往往过于聚焦于成员间的技术相似性或共同兴趣，而忽视了在管理、营销、财务等关键职能上的能力互补。这种片面性可能导致团队在后续运营中遭遇重重困境，甚至面临解体的风险。

一个卓越的新零售创业团队，应当是一个多元且互补的精英集合。其中，"领袖"是团队的灵魂人物，负责引领方向、激发团队潜能，为团队提供强大的精神支柱；"管家"则是团队日常运营的守护者，确保各项事务井然有序，为团队提供稳定的运营环境；"财务总管"是团队的经济大脑，负责资金筹措、预算规划及风险控制，为团队提供坚实的经济保障；"营销总监"则是市场拓展的先锋，负责品牌推广、客户关系维护等关键任务，为团队开疆拓土。因此，在组建新零售创业团队时，人力资源管理者应深入洞察每个成员的专业背景和能力特长，精心挑选并合理配置团队成员，确保他们在专业能力上形成互补。同时，还应注重培养团队成员间的协作精神和沟通能力，使他们能够在共同的目标下形成合力，共同推动团队的持续发展和创新。只有这样，新零售创业团队才能在激烈的市场竞争中立于不败之地，实现长期的稳定发展。

3.2.3 创业资源的概念和作用

3.2.3.1 创业资源的概念

所谓创业资源，是一个广泛而综合的概念，它涵盖了创业过程中所需

的所有资源要素的总和，包括有形资产和无形资产，如资金、设备、场地、技术、知识、品牌、人脉等。在新零售创业过程中包括创业团队成员所拥有的所有资源要素和可支持资源，如专业技能、经验、社交网络等，以及创业团队成员的性格、兴趣和价值取向等，就可以成为创业资源要素的重要组成部分。

基于资源要素的重要性，创业者在创业初期，一定要想方设法增加资源要素的获取渠道，努力为创业项目和新创企业提供帮助，这个阶段更重要的是加强量的积累，首先实现"量"的优势，当你拥有其他创业者所不具备的"量"的积累时，就增加了更多资源要素组合的可能，为创业成功增加更多的砝码。当然，资源要素的整合不是简单的累加，或者几个要素的排列组合，应该注重创业要素之间的内在联系，已经创业者所处的环境，综合地选择最优要素，最大可能地发挥这些资源要素的价值。

3.2.3.2 资源要素的作用

所谓创业要素，也就是创业活动所必须具有的实质或本质、组成部分。[①] 资源要素在创业的不同阶段，发挥着不同的作用，那么识别企业的成长过程就很重要，除了常规的环境分析之外，需要创业者具有敏锐的洞察力，对市场作出准确的判读。此外企业成长过程，资源要素的获取与作用发挥也是一门"大学问"，需要创业团队共同努力，选取最适合创业者的。

我们首先将创业过程分为两个阶段，即企业创立之前的机会识别过程和企业创立之后的企业成长过程，再分别考察创业资源在每个阶段中如何发挥作用。

（1）机会识别过程。机会识别与创业资源密不可分。从直观的含义上看，机会识别是要分析、考查、评价可能的潜在创业机会。创业机会的存在本质上是部分创业者能够发现其他人未能发现的特定资源的价值的现象。

---

① 刘霞. 创业要素研究述评 [J]. 商业时代，2010（4）：49-50.

例如，在同样的产品或者盈利模式下，一些人会付诸行动去创业，其他人却往往放任机会流失；有些人会经营得很成功，而另一些人却会遭受损失。对后者来说，往往是缺乏必要的创业资源的缘故。

（2）企业成长过程。在企业成长的过程中，创业资源仍然发挥着重要作用。一方面，创业者仍需要积极地从外界获取创业资源；另一方面，已经获取的创业资源在企业发展过程中逐渐被整合、利用。资源整合对于创业过程的促进作用是通过创业战略的制订和实施来实现的。丰富的创业资源是企业战略制定和实施的基础和保障，同时，充分的创业资源还可以适当校正企业的战略方向，帮助新创企业选择正确的创业战略。因此，企业获取的创业资源越多，创业战略的实施也越有利。

需要提及的是，新创企业所拥有的创业资源必须加以有效整合，才能形成企业的核心竞争优势。资源整合，就是把企业所拥有的自然资源、信息资源和知识资源在时间和空间上加以合理配置、重新组合，以实现资源效用的最大化。必须注意的是，这种资源效用的最大化，并非简单地将各项资源各安其位、各司其职，而是能够通过重新整合规划，创造企业独特的核心竞争力，实现企业在市场上的竞争优势。[1]

3.2.4 创业资源的分类与途径和技能

3.2.4.1 创业资源的分类

创业资源是新企业创立及成长过程中必需的资源，可以从不同角度进行分类。尽管学术界对于创业资源类型的界定尚未有统一标准，但是目前对创业资源的多视角分类有助于人们理解创业资源的来源、构成以及资源的获取与整合。目前，对创业资源的分类一般有以下三种情况。

---

[1] 刘阳，杨艳平. 创业资源配置对企业绩效的影响效应研究：来自吉林省企业的微观证据[J]. 税务与经济，2023（6）：102–110.

（1）按来源分类，创业资源可以分为自有资源和外部资源。

①自有资源。自有资源指的是创业者或创业团队自身所拥有的一系列资源要素，它们可以直接用于支持创业活动。资源要素包括但不限于创业者自有资金、独家的技术专利、精心获取的创业机会信息、精心构建的营销网络、掌控的实物资产以及卓越的管理技能等。有时，创业者所发现的创业机会本身，就是他们手中最宝贵的创业资源。

自有资源不仅可以通过外部获取，更可以在企业内部进行精心培育和开发。创业者可以运用一系列策略，在内部孕育出无形的资产，如品牌价值、企业文化等，这些无形资产将成为企业独特的竞争优势。同时，通过定期的员工培训，企业能够不断提升员工的专业技能和综合素质，使他们成为企业发展的重要支撑。企业还可以积极促进内部学习，鼓励员工之间的知识分享和经验交流，从而激发创新思维，为企业带来源源不断的资源和活力。通过这种方式，企业不仅能够获得宝贵的资源，更能够在竞争激烈的市场中保持领先地位。

②外部资源。外部资源是指创业者从外部获取的各种资源，包括从朋友、亲戚、商业伙伴或其他投资者筹集到的投资资金、经营空间、设备或其他原材料等，或通过提供未来服务、机会等换取到的资源。外部资源是实现企业成长的重要来源。由于企业受自有资源"瓶颈"的影响，需要吸取适合本企业发展的新鲜资源，其中的关键是拥有资源的使用权并能控制或影响资源的部署。自有资源的拥有状况（特别是技术和人力资源）会影响外部资源的获得和运用。

（2）按形态分类，创业资源可以分为有形资源和无形资源。

①有形资源。有形资源是具有物质形态的、价值可用货币度量的资源，如组织赖以存在的自然资源以及建筑物、机器设备、原材料、产品、资金等。

②无形资源。无形资源是具有非物质形态的、价值难以用货币精确度量的资源，如大数据资源、人力资源、政策资源以及企业的信誉、形象、专利、商标等。无形资源往往是撬动有形资源的重要手段。

（3）按作用分类，新零售创业资源是企业在成长过程中不可或缺的重要支撑，它们按照对企业发展的作用可以细致划分为以下几类：

①场地资源。这是新零售创业的基础要素，涵盖了实体店铺的位置选择、仓储物流设施的布局以及线上平台的搭建等。优质的场地资源不仅有助于提升顾客购物体验，还能增强品牌形象，为企业创造更多的商业价值。

②资金资源。资金是新零售企业持续运营的关键，包括初始启动资金、运营周转资金以及扩大规模的投资资金等。充足的资金能够确保企业正常运转，应对市场变化，抓住发展机遇。

③人才资源。人才是新零售创业的核心，涵盖了从高层管理到基层员工的各个层面。优秀的人才团队具备创新能力和执行力，能够推动企业不断进步，实现战略目标。同时，创业者的价值观和信念更是新创企业的基石。

④管理资源。管理资源涉及企业的组织架构设计、流程优化、制度完善等方面。高效的管理能够提升企业的运营效率，降低内耗，增强团队凝聚力。

⑤科技资源。科技在新零售领域，尤为重要。这包括大数据分析、人工智能、物联网等先进技术的应用，能够帮助企业精准把握市场趋势，优化顾客体验，提升竞争力。

⑥政策资源。对新零售行业的扶持政策和优惠措施。良好的政策环境能够降低企业的运营成本，增强企业的抗风险能力，为新零售创业者发展提供有力保障。

⑦信息资源。信息资源涵盖了市场动态、消费者需求、竞争对手情报等多个方面。准确的信息能够帮助新零售创业者作出正确的决策，抓住市场机遇，提升市场竞争力。

⑧文化资源。文化资源体现了企业的价值观、品牌理念和文化底蕴。丰富的文化资源能够增强企业的软实力，提升品牌形象，吸引更多消费者的认同和忠诚；同时，文化资源也包括企业文化氛围。

⑨品牌资源。品牌资源是新零售企业的重要资产,包括品牌知名度、美誉度和忠诚度等。强大的品牌能够为企业带来稳定的客流和市场份额,是企业在竞争中立于不败之地的重要保障。

3.2.4.2　创业资源获取的途径和技能

(1) 获取的途径。

创业资源的获取主要来源于两个方面:一是创业者自身拥有的自有资源,二是通过外部渠道获取的外部资源。

在获取创业资源的过程中,创业者可以通过多种途径进行。市场途径是其中的一种,它指的是创业者通过支付一定的费用,在市场上购买所需的资源。这种方式虽然直接明了,但对于初创企业来说,资金压力可能较大。另一种途径是非市场途径,它主要依赖于社会关系网络。通过这种方式,创业者能够以最小的代价甚至无偿获取到所需的资源。尤其是在创业初期,资金相对紧张的情况下,非市场途径成为创业者获取资源的重要途径。创业者可以通过与合作伙伴、亲朋好友、业界专家等建立联系,借助他们的力量和资源来推动创业进程。

值得注意的是,无论是市场途径还是非市场途径,获取外部资源的关键都在于创业者能够拥有资源的使用权或具备控制和影响资源配置的能力。只有这样,才能确保资源的有效利用和创业项目的顺利推进。创业资源获取的关键往往取决于企业的软实力。无形资源往往是撬动有形资源的重要杠杆[①]。

(2) 创业资源获取的技能。

新零售创业的核心在于发现并抓住市场中的新机遇。随着消费者行为的变化和科技的进步,新零售领域不断涌现出新的商业模式和市场需求。创业者需要具备敏锐的市场洞察力和前瞻性思维,从中发现潜在的商业机

---

① 张鑫. 乡村旅游本土创业的创业资源、创业动机与创业战略关系研究 [D]. 成都:四川师范大学,2023.

会，并将其转化为具有竞争力的商业模式。仅有商业机会并不足以支撑新零售创业的成功，一个优秀的创业团队是实现商业机会的关键。

新零售创业团队需要具备多元化的能力，包括市场营销、供应链管理、数据分析、技术开发等多个方面。团队成员之间需要密切协作，形成合力，共同推动创业项目的进展。同时，资源的获取和利用也是新零售创业不可或缺的一环。资金、技术、人才、场地等资源对于创业项目的推进至关重要。创业者需要精心策划资源获取策略，积极寻求合作伙伴和投资人，确保项目所需资源的充足供应。此外，创业者还需要善于利用现有资源，通过优化资源配置和降低运营成本，提升创业项目的竞争力。在新零售创业过程中，动态平衡的能力同样不可或缺。随着市场的变化和竞争的加剧，创业者需要不断调整和优化商业模式、团队结构和资源配置，以适应新的市场环境。这种动态平衡的能力要求创业者具备敏锐的市场洞察力和灵活的应变能力，能够在复杂多变的市场环境中保持冷静和清醒的头脑。

3.2.5　创业资源的利用与整合

创业者能否成功地发现机会，进而推动创业活动向前发展，通常取决于他们掌握和能整合到的资源，以及对资源的利用能力。许多创业者早期所能获取与利用的资源都相当匮乏，而优秀的创业者在创业过程中所体现出的卓越创业技能之一，就是创造性地整合、转换和利用资源，尤其是那种能够创造持续竞争优势的战略资源，并由此成功地发现创业机会，推进创业过程向前发展。

在蒙牛创业初期，牛根生和他的团队面临着一个巨大的挑战：显性的资源几乎为零，资金、奶源、厂房、销售渠道等一无所有。然而，正是他们巧妙地利用隐性资源，如人脉资源、信誉资源和内部团队的智力资源，成功地将各种显性资源一一整合起来，最终实现了惊人的增长。牛根生深知资源整合在创业资源开发中的重要性，他强调：蒙牛的企业文化中有4

个98%——资源的98%是整合、品牌的98%是文化、经营的98%是人性、矛盾的98%是误会。① 这一理念在蒙牛的创业历程中得到了充分体现。在资源整合方面，牛根生和他的团队发挥了出色的能力。他们利用自己在伊利创建的人脉资源，与供应商、合作伙伴建立了紧密的合作关系，确保了奶源的稳定供应和销售渠道的拓展。同时，他们借助自身的信誉资源，赢得了消费者的信任和认可。由此可见资源整合在创业资源开发中的重要性。

蒙牛的成功案例充分展示了资源整合在创业资源开发中的重要性。对于初创企业来说，显性资源的匮乏是常态，但只要善于利用隐性资源并进行有效的整合，就能够实现快速的发展和成长。因此，创业者应该注重培养自己的资源整合能力，积极寻求合作伙伴和投资人，同时注重内部团队的建设和智力资源的开发，为企业的长远发展奠定坚实的基础。

3.2.5.1 有效利用自有资源

大部分创业者因为受到有限资源的约束，被迫寻找创造性的方式开发商机去建立企业，并推动企业的发展，学术界用"步步为营"（bootstrapping）一词来描述这一过程中创业者利用资源的方法。这个方法主要是指在缺乏资源的情况下，创业者分多个阶段投入资源，并且在每个阶段或决策点投入最小的资源，因此也被称为"步步为营法"。美国学者杰弗里·康沃尔（Jeffery Cornwall）指出，步步为营不仅是一种做事最经济的方法，而且是在有限资源的约束下获取满意收益的方法，该策略不仅适用于小企业，同样适用于高成长企业和高潜力企业。②

步步为营法作为一种创业策略，其核心在于通过成本最小化来优化资源配置，降低管理成本。该策略的运用必须审慎且原则性强，否则过度追求成本降低可能会损害产品和服务的质量，进而制约企业的长远发展。在实际操作中，一些创业者为了短期的生存和利润，可能会忽视环境保护、

---

① 牛根生."蒙牛模式"的十六个"支点"[J]. 北方经济，2007（23）：22-23.
② 胡楠，郭勇，丁伟，等. 大学生创新创业指导[M]. 北京：人民邮电出版社：2017.

盗用他人知识产权或以次充好。这些短视行为虽然可能在短期内带来利润，但长远来看，它们会损害企业的声誉和竞争力，甚至可能导致企业陷入法律纠纷，从而严重影响企业的发展。

在运用步步为营法时，创业者必须坚守原则，确保在降低成本的同时不损害产品和服务的质量。同时，步步为营策略也强调自力更生，减少对外部资源的依赖，充分发挥内部资金的作用。这有助于降低经营风险，增强对新创企业的控制力。步步为营不仅是一种经济高效的做事方法，更是创业者在资源有限的情况下实现理想目标的途径。在有限资源的约束下，创业者需要巧妙运用步步为营策略，以获取满意的收益。这种策略有助于培养创业者审慎控制和管理的经营理念，对企业的成长和向稳健成熟发展期过渡具有重要意义。

在兼顾企业使命的情况下，创业者运用步步为营法时仍有很大可供选择的余地。例如，创业者可以通过申请政府创立的创业园或创业孵化器，享受那里的免费办公室，与其他创业者一起共享办公设备等，也可以利用兼职人员、招聘实习生。总之，在实现创业目标的过程中，创业者能够独辟蹊径地找到许多降低成本的方法。

3.2.5.2 创造性地拼凑资源

在创业情境下，资源约束是创业者面临的首要问题，大多数创业者都缺乏资源来开发创业商机。那么，创业者如何利用手头现有的、零散的、在他人看来没有什么价值的资源，富有创造力地构想资源的新用途，并且用它们来发现机会或支持初创企业的成长呢？资源拼凑理论在创业研究领域的拓展应用已经发展成为一种新的理论分析范式，该理论有助于系统解释创业者在资源紧缺的创业情境下，如何利用手头现有、零散和看似没有什么价值的资源来开发新的创业机会和支持创业成长。[1] 资源拼凑成为推进

---

[1] 梁强，罗英光，谢舜龙. 基于资源拼凑理论的创业资源价值实现研究与未来展望 [J]. 外国经济与管理，2013，35 (5)：14-22.

企业发展的重要模式，主要是由于目前企业的组织相对较为冗杂，创新力度不足，并且企业通过资源拼凑，可以更好地解决资源短缺或者约束问题。[①] 资源拼凑理论在创业实践中展现出其独特的价值，其核心概念包括"凑合利用""突破资源约束""即兴创作"，深刻揭示了创业者在资源有限条件下的创新精神和应对策略。

"凑合利用"不仅是简单地利用手头资源，更是一种对资源的深度挖掘和创新性利用。创业者需要发挥想象力，发现资源中潜藏的新价值，将其转化为实现新目的和开发新商机的有力工具。这种对资源的灵活应用，既体现了创业者的智慧，也是资源拼凑理论的核心体现。

"突破资源约束"则进一步强调了创业者在面对资源、环境或制度约束时的主动性和创新性。创业者不应被现有的资源限制所束缚，而应积极探索新的资源利用方式，以突破传统模式的限制。这种突破不仅有助于实现创业目标，更能够凸显创业者的创新意识和可持续创业能力。

而"即兴创作"则是在"凑合利用"和"突破资源约束"的基础上，对创业者能力的一种更高要求。在创业过程中，情况往往千变万化，创业者需要即兴发挥，根据实际情况快速作出决策并付诸行动。这种即兴创作的能力，不仅有助于创业者灵活应对各种挑战，也是实现创业目标的关键。

3.2.5.3 发挥资源的杠杆效应

资源的杠杆效应是指以最小的付出获取最大收获的现象，通常有以下表现形式。

第一，利用一种资源换取其他资源。

第二，创造性地利用别人认为无用的资源。

第三，能够比别人有更长的时间占用资源。

[①] 杨文华. 商业模式创新、资源拼凑与社会联系的相关性研究 [J]. 商业经济研究, 2019 (23)：66-69.

第四，借用他人或其他公司的资源来达成创业者自身的目的。

第五，用一种富裕资源弥补一种稀缺资源，使其产生更高的附加值。

杠杆效应对推动创业活动具有重要的意义，因此创业者要在创业过程中训练自己发挥资源杠杆效应的能力。

对于创业者来说，由于初期资金缺乏、时间紧迫，最容易产生杠杆效应的资源就是创业者自身的素质和能力以及社会资源等非物质资源。就创业者的素质与能力来说，如果创业者具有能够识别一种没有被完全利用的资源的能力、将某种资源运用于特殊方面的能力及说服资源拥有者让渡使用权的能力，这都能使资源发挥出杠杆效应。[1] 就社会资源的杠杆效应来说，社会资源存在于社会结构之中，为人们进行交易、协作提供了便利。在外部联系人之间，社会交往频繁的创业者所获取的相关商业信息更加丰富，这有助于提升创业者对特定商业活动的深入认识和理解，从而使创业者更容易识别出常规活动中难以被其他人发现的顾客需求，进而更容易获得财务和物质资源——这正是其杠杆作用所在。[2]

3.3　创业团队的运行与发展

新零售创业团队的运行涉及多个关键方面，其中团队建设与管理尤为关键。一个高效、协作的团队能够凝聚人心，形成共同的目标和价值观，为创业项目的成功奠定坚实基础。然而，一些团队往往过于关注生产管理、市场、服务等环节，却忽视了团队建设与管理的重要性。从长期发展来看，团队建设和管理的缺失可能导致沟通不畅、协作不力，进而阻碍创业进程。因此，新零售创业团队应平衡各项管理重点，注重团队建设与管理，通过

---

[1] 杨翠萍."互联网＋"思维下高校图书馆大学生创业资源整合服务研究[J].晋图学刊，2018（5）：21-27.

[2] 张晓蕊，马晓娣，岳志春.大学生创业基础[M].北京：北京理工大学出版社，2019.

有效的沟通、协作和激励机制，打造高效、团结的团队，为创业成功提供有力保障。

3.3.1 提升团队领导

提升团队领导力主要有树立共同的目标，凝聚团队力量；善于对队员赋权，提升成员的责任感；明确优先次序，发挥团队能量；关注团队成员，引导情绪能量。

3.3.1.1 关注目标

一个优秀的团队成员必须要有强烈的目标意识，不仅对自己目前的工作有明确的计划，而且对于自己的职业生涯、人生发展也有合理的规划。成功最重要的是知道自己究竟想要什么。因此成功的首要因素是制定一套明确、具体而且可以衡量的目标和计划。必须让每个成员都明确目标，知道自己的工作是实现这个目标必不可少的一部分，以便提高他的使命感。

3.3.1.2 善于授权

一个人若没有承担全部的责任，通常是不会全力以赴的。只有下属自己提出方案并承诺，才会承担所有的责任，才会全力以赴地认真完成；不肯授权就等于剥夺了下属工作的权利，降低了下属的责任感。

3.3.1.3 明确优先次序

同样的空间，放置东西的先后顺序不同，结局就大相径庭；同样的时间，工作安排的顺序不同，结果也千差万别。最重要的事情一定要排在第一位。做事不分轻重缓急的人，终难有所作为。我们应该时刻清楚自己要做什么，更为关键的是，必须知道什么是最重要的，而且要首先把它付诸实践。

3.3.1.4 引导情绪

作为领导,应该明白,你所管辖的部下对于是非曲直自有其独立的判断,既不需要你去告诉他们什么是对的,你也几乎无法从是非层面上改变他们的原有判断,他们只不过是隐藏于心不表露出来罢了。聪明的领导者能做的、应做的是什么?就是引导,利用人性去引导。所谓大道无形,是指思考力以及基于思考力的前瞻判断和正确决策,或者更进一步还包括领导者心态的开放性与思维的权变性。领导者思考的势能不但可以转化为企业发展的动能,而且还可以形成影响或者推动市场的动能。

3.3.2 理顺团队中的人际关系

3.3.2.1 打造和谐氛围

俗话说,"良言一句三冬暖,恶语伤人六月寒"。适度的赞美不需要付出代价和力气,却能给人一种支持和力量。它可以让人建立自信,鼓起勇气,克服困难。在日常管理工作中,管理者要学会用赞美、激励的方法对员工进行正面激励,这样会收到事半功倍的效果。

对下属和员工的错误保持宽容是一个优秀领导者的美德。在员工犯错时以宽容面对他们的错误,不一味地责怪,在批评的同时给予适当的肯定,变责怪为激励,变惩罚为鼓励,让员工在接受惩罚时怀着感激之情,进而达到激励的目的。对员工的激励把握好了,你将会成为一名出色的管理者。

3.3.2.2 建立成员与管理层之间的信任

信任有五大维度:正直、能力、责任、沟通、约束。在社会科学中,信任被认为是一种依赖关系。如果两个人能在战斗中彼此把自己的后背交给对方（将自己看不到的区域的安全交付给对方），那就是最高的信任。

管理领域中的人际信任，是一个多层次、多维度的概念，它不仅涉及人际的基本互动，还拓展至团队和组织之间的合作关系。一般要具备六个要素。

（1）依赖性。依赖性是人际信任的基础。在任何一个交互关系中，无论是员工与企业的薪酬关系，还是团队成员之间的任务协作，都存在着一种相互依赖的关系。这种依赖关系说明，双方之间存在着共同的利益点，需要通过对方的行动来实现己方的目标。这种相互性，使得信任成为双方合作的必要前提。

（2）心理感受。人际信任是一种心理活动的产物，它深受个人价值观、态度、心情及情绪的影响。每个人对信任的理解和感受都是独特的，这取决于他们的个人经验和心理状态。因此，建立信任需要考虑到个体的心理差异，通过理解和尊重对方的感受来增进彼此的信任。

（3）风险性。信任总是伴随着一定的风险。当我们选择信任他人或企业时，就意味着我们愿意承担可能因对方行为而带来的伤害风险。这种风险意识是人际信任的重要组成部分，它提醒我们在建立信任关系时要保持清醒的头脑和谨慎的态度。

（4）善意。善意是人际信任中的另一个关键要素。它意味着信任者相信被信任者不会伤害自己，并会保护自己的利益。这种善意的表现，进一步体现在被信任者会优先考虑信任者或双方的共同利益，而非仅仅追求个人利益。善意是建立和维护信任关系的重要基础。

（5）理性。我们不能盲目地相信他人，而需要通过收集和分析信息来评估对方的可信性。例如，我们可以通过了解对方的口碑、能力和可靠性等方面来作出决策。同时，我们还需要根据自己的信任倾向来权衡是否信任对方。这种理性决策的过程有助于我们避免信任危机或滥用信任的情况。

（6）情感。个人的情感状态会影响信任经验，并影响对被信任者的可信性的判断，建设信任与破坏信任有一个明确的对称性。如果双方的信任关系削弱或者破裂，会直接导致合作关系的削弱或者破裂。个人的情感状态会直接影响到我们对信任关系的感知和判断。当我们感到愉快、满足时，我们更容易相信他人；而当我们感到焦虑、不安时，我们可能会更加谨慎地对待信任关系。因此，建立信任关系时，我们需要关注对方的情感需求，通过积极的情感交流来增进彼此的信任。

那么作为团队的管理者，要建立起信任的桥梁，首先要付出许多的努力，因为契约关系在开始的时候，员工和企业两者之间都会有一些推测和期望，这些都会使得员工对领导者不信任和故意隐瞒消息。要了解员工的真实意图，团队管理者就要认真聆听，给员工们一次被聆听的机会，要从中感受到员工的真实意图、需要和期望。

3.3.3 解决团队中存在的问题

3.3.3.1 优先解决系统中存在的问题

在企业管理实践中，刚性的制度并不能阻止员工犯错误。因此处罚就会无休止地继续下去，与员工犯错误之间形成恶性博弈，结果是员工的行为并未得到有效的好转，而质量或者管理也无丝毫的改善。

在团队管理中，我们会面临很多问题，千万不能把运气成分渗入决策和管理中去，更不能把含有运气成分的结果作为管理的目标，例如，生产安全问题、稳定问题等。如果像那个猎人一样心存侥幸，就会把管理和解决问题当作买彩票，企业的成功概率就变得飘忽不定。

那么，如何从思想观念上抓住要害，解决团队中存在的问题呢？

首先，要抓住问题的本质，即一定要明确团队要解决什么问题，一个不明白要解决什么问题的团队，就会失去方向。要做到这一点，需要团队成员具备敏锐的观察力、分析问题的能力和明确的目标。

其次，在解决问题的过程中从全局着眼，运筹帷幄之中，决胜千里之外，在每一个细节上下足功夫，执行到位。

3.3.3.2　在管理中解决实际问题

企业的发展壮大确实并非单凭管理者之力，而是需要全体员工的共同努力和智慧的汇聚。众人拾柴火焰高，只有群策群力，企业才能不断前行，迈向更加辉煌的未来。在这个过程中，领导者的角色至关重要。一个出色的领导者，不仅要有卓越的领导才能和战略眼光，更要懂得如何合理授权，让下属能够充分发挥自己的才能和智慧。授权不仅是将权力下放，更是对下属的信任和尊重，同时也是对下属能力和潜力的认可。

合理授权可以带来诸多好处。能让领导者从烦琐的日常事务中解脱出来，有更多的时间和精力去关注企业的战略发展和重大决策。领导者就能更好地发挥自己的优势，为企业的发展贡献更多的智慧和力量。合理授权有助于培养下属的工作能力和责任感。当下属被赋予一定的权力和责任时，他们会更加努力地工作，不断提升自己的能力和素质。这不仅有利于下属的个人成长，也能为企业培养更多的人才，为企业的长远发展打下坚实的基础。

此外，合理授权还能提高员工的士气和满意度。领导者应采用授权式管理方法，增加双向互动融合，善于听取和采纳意见建议，引导被领导者之间主动交流经验做法，促进共同进步。[①] 当员工感受到领导者的信任和尊重时，他们会更加积极地投入工作中，为企业的发展贡献自己的力量。这种积极的氛围和团队精神，将成为推动企业不断前行的强大动力。然而，授权并非一蹴而就的事情，需要领导者具备高超的领导艺术和智慧。领导者要根据下属的能力和特点进行合理授权，既要避免权力过于集中导致决策失误，又要防止权力下放过度导致管理失控。领导者

---

① 秦靖然，李秉臻，陈瑞洋，等. 生命周期理论视角下领导者转型治理适应与引领［J］. 领导科学，2024（1）：140－143.

还要对授权过程进行监督和指导，确保下属能够正确行使权力，达到预期的工作效果。参与式管理者听得多说得少，他们经常做的是走出办公室去观察、去感觉，而不是坐在办公室里闭门造车，冥思苦想。他们深知分权可调动员工积极性，所以他们尽量减少控制，让下属对自己的工作有更大的控制权。他们的这种观念能够促进其他人的合作，让更多的人得到成长和进步。

3.3.3.3 合理运用团队成员的多样性

我们都知道，世界上找不出两片完全一样的叶子，而人也是，每个人有每个人的特点和能力，世界正因为多样性而变得丰富多彩，无论是铁杵还是针，都一样可贵，铁杵有铁杵的作用，针有针的价值。你当你一流的铁杵，去做能发挥铁杵作用的工作；我当我的一流的针，去做能发挥缝衣针作用的工作，坚决不去做那种错位又无效的劳动。如今，我们必须思考三个问题。

第一，你知不知道你每天都在做些什么？有的人可能只是在"瞎忙"，没有明确的目标和计划。他们可能只是为了生计而工作，而没有深入思考自己的职业发展和个人成长。因此，我们需要时刻审视自己的工作，确保我们正在朝着正确的方向前进，并且有所收获。

第二，你究竟愿意从事什么样的工作？很多人可能并没有真正思考过自己的兴趣和激情所在，他们可能只是盲目追求热门职业或者高薪工作，而忽略了自己内心的真实想法。因此，我们需要深入了解自己的兴趣和价值观，找到真正适合自己的职业方向，这样才能在工作中发挥出最大的潜力。

第三，你究竟擅长做什么工作？有很多人并不清楚自己的长处和优势所在，他们可能只是在不断地尝试和摸索中前进，而没有充分利用自己的天赋和才能。因此，我们需要通过自我评估和反思，发现自己的长处和优势，并在职业生涯中充分发挥它们。

3.3.4 建立适宜的组织环境

3.3.4.1 组织氛围

和谐、融洽的组织环境,会使员工们的心情愉快,工作积极性格外高涨,使整个公司的业绩不断提高。

让员工满意主要包括两个方面:一是待遇优厚。建立健全并切实落实员工的福利。二是为员工创造各种发展自己的机会,对他们实行成长管理,可以激发出员工发展自己能力的愿望,同时提高积极性,从而全身心投入工作。

因此,一个员工能力再强,如果他不愿意付出,或不能付出,他就不能为企业创造价值,而一个愿意、能够为企业全身心付出的员工,即使能力稍逊一筹,也能够创造出最大的价值来,这就是我们常常说的"用二流人才办一流事情"。这也需要企业为员工提供一个能够充分发挥才能的机制和环境,团队和谐民主的氛围很重要。当一个人愿意做自己的工作,能够充满激情、尽情发挥的时候,他便会全身心地投入。这时候,他的自发性、创造性、专注精神等便会在工作的过程中表现出来。

3.3.4.2 诚信氛围

诚信经营、信守承诺,有利于企业在激烈的市场竞争中塑造让顾客可信任的形象,在消费者心目中建立良好的口碑。诚信作为一种无形资产,与企业其他方面的优势一起共同形成强大的市场竞争力。[1] 企业家不能丧失道德底线和良心,企业不能不顾信誉和诚信。企业家和企业应从思想、心灵及文化上建立和提高自己的价值体系。这个价值体系并非高深莫测,而是做人和做企业的基本法则是爱心、勇气、自律、宽容、诚信、团队、坚

---

[1] 吴建伟. 企业诚信问题的经济学分析 [J]. 征信, 2013, 31 (9): 58-60.

持和努力。而 2008 年由美国次贷危机引发的国际金融危机,让世界上大多数经济体都遭受了沉重的打击。这一系列危机更让我们在反思中认识到,这种危机虽然来自美国金融监管缺位、制度缺失、一些从业者的贪婪、世界金融体系的弊端等,但有一点更应引起人们的足够重视,这就是企业家和企业伦理道德方面的问题,就是诚信的危机。

3.3.4.3 规范管理

我们常说"没有规矩不成方圆",可见先立"规矩"的重要性。在团队管理中,热炉法则就说明了规矩——规章制度的重要性。

"热炉法则"作为一种管理原则,强调规章制度的严肃性和不可侵犯性,制定的一系列规章制度就好像是"烧红的火炉",预先警告(警告性原则)、一触即烫(验证性原则)、不论时间(即时性原则)、人人适用(公平性原则)。[1] 无论在企业还是团队中,都发挥着至关重要的作用。这一法则不仅是对员工行为的规范,更是对组织稳定运转的保障。

(1)预先警告。提醒员工规章制度不仅是组织运行的框架,更是员工行为的指南。通过规章制度教育,员工能够明确知道哪些行为是允许的,哪些行为是禁止的,从而避免触碰红线。这种预防性的教育能够降低违规行为的发生概率,提高组织的整体运营效率。

(2)一触即烫。"热炉法则"的言出必行原则强调规章制度的权威性和不可挑战性。一旦员工违反了规章制度,就必须承担相应的后果。这种明确的惩罚机制能够确保规章制度的严肃性,让员工明白规章制度不是儿戏,必须认真对待。

(3)不论时间。"热炉法则"要求惩处必须及时、公正、有效。当员工违反规章制度时,必须立即进行惩处,不能拖延或姑息。同时,惩处必须公正无私,不论职位高低、资历深浅,只要违规就必须受到处罚。这种

---

[1] 王荣耀,闻建峰. 值得借鉴的"热炉法则"[J]. 经营与管理,1992(10):27.

即时性和公平性的惩处能够维护组织的正义和公平，增强员工对规章制度的信任感和认同感。

（4）人人适用。规章制度作为企业经营活动的信号系统，具有稳定组织运转的重要作用。通过规章制度，企业能够规范员工的行为，确保各项工作按照既定的程序和标准进行。这不仅能够提高工作效率，还能够减少不必要的冲突和误解，增强团队的凝聚力和向心力。

3.3.4.4　参与管理

每个人都会支持企业参与创造的事物。企业若想快速健康发展，就要让她的员工真正拥有"主人翁"的感觉和权力。鼓励员工参与决策和管理，赋予他们某些主人的权力，他们自然会以主人的身份约束自己、表现自己，以忠诚和长期不懈的工作回报企业。

让员工参加企业的决策与管理，可以最大限度地动员企业全体员工，集思广益，例如，在优化产品设计、提高产品质量、降低产品成本及增进福利等经营管理方面出谋献策。当员工亲自参加企业制度目标的制定后，无疑会感到自己为目标的达到负有责任，这甚至会增强他的使命感，使之以极大的热情投入工作。员工更多地关心和参与企业管理，可以强化员工的主人翁意识，从而达到留住人才、稳定员工队伍的目的。员工大量参与企业管理与决策之日，也正是企业欣欣向荣之时。

3.3.4.5　建立合理的结构和流程

"蚁群效应"：减掉工作流程中的多余。蚂蚁做事情很讲流程，并且它们对流程的认识是直接指向工作效率的。所以，蚂蚁世界一直为人类学和社会学的学者所关注，它们的组织体系和快速灵活的运转能力始终是人类学习的楷模。[1]

---

[1] 徐晋，梁米亚. 论蚂蚁效应与数字经济：对羊群效应否命题的分析与应用 [J]. 经济学家，2017（4）：27-35.

简单总结一下可以发现,"蚁群效应"的优势集中表现为以下几方面:

弹性——蚂蚁能够迅速根据环境变化进行调整;

强韧——一个个体的弱势,并不影响整体的高效运作;

组织——无须太多的自上而下的控制或管理,就能自我完成工作。

"蚁群效应"无疑是现代企业在组织发展中梦寐以求的。

观察许多中小型成长企业甚至大中型企业,往往会有共同的现象出现:企业中几乎每个人都忙不过来,但就是整体效率低下,而且也很难找出原因何在,不知该如何改善。"蚁群效应"告诉我们该从两个方面入手寻找原因。

(1)流程系统本身不完善。

流程是企业日常运营的基础。一个企业的效率低下,首先应检查企业的流程是否合理、是否简洁和高效、是否存在有待改进的地方,改进的可能性有多大。

(2)流程上的内容不合理。

流程检查,还应包括检查流程上运行的是什么内容。近年来,许多企业都在优化、再造流程,那么流程上究竟"流"的是什么呢?概括起来有四个方面:物流、信息流、现金流和"文化流"。流程上流动的是企业的个性和特色,也就是企业文化。企业之所以能够在竞争激烈的市场上被顾客识别出来,关键原因是流程上流动着这个企业与众不同的基因,流动着企业的形象代言人,即员工的行为方式,流动着企业基本的价值取向和理念。

许多公司一直持续开展调整结构和流程优化,并将一些约定俗成的"名言警句"固化在程序中,然而一些结构调整和流程优化的效果并未完全达到预期。那么问题到底出在哪里?我们又应该如何看待"流程优化"?建议从以下几个方面思考这个问题。

首先,要解放思想,打破原有的局限性,拓展思维,客观认识。许多人不太理解程序存在的真正用意,认为流程优化是一种束缚,增加了员工的工作量，心里存在抵触情绪。或者会产生另一种误解，以为只有程序明确规定了的事情才是需要执行的，程序没有明确规定的事情都不能或不用执行。程序规定怎么做就怎么做，只要程序没明确规定的，都把它看成"分外"的工作，可以不干的。这样就出现了当发生其他情况时，员工会条件反射般地直接拒绝去做，而不知呈报领导来裁决，于是就出现了可行却未行的状况，影响了执行力。

还有一种情况是，员工发现流程规定以外的问题，也向领导报告了，但领导在了解、判断这些程序中未明确的情况时，经常会因为成本、风险等多方面因素的权衡，而指示"不行"，于是执行者就产生"以后同样的事情不用问，都不行"的印象，以为以后遇到类似情况就可以自行裁决不用上报或解决了。但实际上，例外和异常情况的处理方式会因为时间、地点、环境、上层策略的不同而有改变，因而出现不同的裁决结果。所以为慎重起见，当再次遇到这种情况时，最好再做一下确认。

由此我们可以了解到，流程的合理与优化，要避免人为地自我设限，要学会当出现例外、异常时，报请领导裁示，以此向领导学习对特例、异常事物的判断思考逻辑，提高自己的判断力。否则，流程优化的基本精神将会逐步丧失，系统运作可能会逐渐沦为混乱的局面，势必影响流程的最终效果。

其次，要鼓励员工全员参与，持续改善。人们对流程优化的另一个误解是认为流程优化之后，严格执行程序就可以收到一劳永逸的效果，过于依赖流程管理。然而在实际运行中，很有可能在后期执行时备受打击，于是又心灰意冷，一蹶不振，认为流程优化是"鸡肋"，食之无味，弃之可惜。那么，流程优化后为什么没有达到预期的效果呢？

实践是检验真理的唯一标准，流程的合理优化也是如此。流程优化过程中会因为种种原因，使评审团队对流程的分析存在一定的盲点，在管理的深度和广度上也掺杂了主观因素，所以确定下来的程序或多或少会存在一些纰漏，而这些纰漏只有在执行时才会暴露出来。另外，流程间错综复杂、交相感应的网络结构使单一的程序很难独善其身，独立运行，而这种流程间衔接程度不高和接口重叠的情况在修订程序时是很难察觉的，这些也需要在流程中验证得出。所以这就需要我们持续不断地发现问题，解决问题，固化经验；然后再发现问题，才能够迅速提升流程优化的效能，也只有这种"坚持让流程管理源于实践，又归于实践"的方式才可能从根本上实现公司管理水平的整体提升。

最后，从表面上看，问题可能出在流程优化制度本身，而根源却在企业人员的自我设限思维和不够完善的流程体系现状。这种现象会直接导致个别流程可行却又不行，优化却未见优化的情况。既然程序是人定的，也是人改的，那就更需要全员参与，落实执行，不断发现问题，勇于纠正，持续完善。企业可以加大教育力度，尽量提高员工责任心，但企业管理还得靠制度、靠流程、靠控制，根本的东西还是要制定好制度，设计好流程，加强检验与控制。

我们处在一个不断变革和快速发展的时代，唯一不变的就是变化。但如果没有连续性，变化变革就没有任何意义。而如果一切都在时时刻刻地发生着变化而失去了连续性，那就会导致混乱。谁都不愿意在一个结构和程序混乱的团队或社会中工作和生存，对于谋求生存和发展的组织亦然。评判一个企业的好坏，依据的是其产品和服务，而不是它所做的变革。因此，流程合理优化的诀窍是对需要改革的那些事情和环节下手，同时又谨慎地维持其余合理的部分，千万不要误以为变革就是要"推倒一切、打破一切"，这样并不能立即建立起一套崭新合理的新秩序、新流程，因为要获得管理的连续性并不比改革容易，没有连续性，就无法管理变化。

第 4 章
大学生创业模式选择

在新零售的视角下,大学生创业模式的选择变得尤为重要。新零售作为线上线下融合的商业形态,需要创业者具备一些核心素质,敏锐的市场洞察力、创新能力,提出新颖、独特的商业模式和产品服务,同时,还要有很强的团队协作能力和技术运用能力。大学生应紧密结合新零售的特点,关注线上线下的融合,及时选择适合自身发展的创业方向。开展系统化教学活动,有利于增强学生对数字化专业技术创新应用的能力,使学生对工作技能精益求精,增强学生创新创业知识的储备等,为其毕业之后投身数字经济领域或者成功创业奠定基础,进而促进我国数字经济的发展。[①] 商业模式主要是采用 O2O 模式,实现线上线下的无缝对接,找到属于自己的盈利点,通过计算机技术和大数据处理,准确找到客户需求,为消费者提供优质商品和服务,并形成稳定的客户关系,目前常见的共享经济、私域经济、社群经济等都是值得关注的新模式。但也要注意,商业模式不是一个"自变量",而是一个"因变量",创业者要密切关注经济、社会、科技的快速发展,及时了解市场、关注市场、深入市场,通过自身素质的提升,不断优化创业方向,努力实现创业梦想。

---

① 胡伟. 数字经济背景下高职院校学生创业素质的提升策略[J]. 重庆电力高等专科学校学报,2024,29(1):75-78.

4.1 创业素质分析

大学生创业单凭一腔热血是不够的,创业热情是重要的前置条件之一,但创业者自身,尤其是大学生创业者,需要综合考虑自身所具有的各项素质,才能更好地施展才华,达到创业成功的目的。创业素质并不是一蹴而就的,而是需要在日常学习和实践中不断积累和提升的。对于想要创业的大学生来说,除了掌握专业知识外,还应该注重培养自己的创新思维、团队协作能力、市场洞察力等关键素质,才能走稳未来的创业之路。

4.1.1 大学生创业应该具备的一些素质

自国家实施"大众创业,万众创新"战略以来,各高校更加重视对大学生的创新创业教育,采取了相关措施,在一定程度上强化了大学生创新创业意识,但由于学生身份的局限性以及受传统观念的影响,大部分学生依旧存在"守旧"思想,缺乏创新创业的自觉意识和思想动机。[1]大学生创业应该具备的素质是一个综合体,特别要注意的是,创业素质并非一个创业者个体都要具备的素质,而是创业团队所需要具备的所有创业素养的总和,这里我们可以进行一个形象的比喻就是"木桶效应",在创业之初,尽可能地补充短板,形成较强的创业实力,是创业者需要重点考虑的内容,而不是仅仅关注个体素质的发展。创业素质的提升需要学校根据实际,不断优化创新创业教育,打通理论与实践"最后一公里"。我们要不断深化大学生创新创业素质与能力培养的教育理念。创新创业思想教育的核心是教育理念,包括基础通识教育、交叉创新教育、创新创业教育

---

[1] 顾自卫. 大学生创新创业素质能力培养与提升策略 [J]. 中国市场,2022(6):98-99.

等方面。① 大学生创业团队模式下,可以采用"参与赛事、承接项目培养自主能力,会议交流、校企合作训练社交能力,阶段考核、表彰先进磨砺生存能力,项目分组、责任到人锻炼领导能力,以老带新、梯队接力传承创业技能"等方法,提升大学生创业能力。② 同时,提升大学生创业素质,是不断学习、实践和反思的过程,通过长期的实践经验积累、不断地总结经验教训,大学生创业者逐步具备这样的能力,为创业成功打下好的基础,形成具有可塑性、竞争力和不可替代的创业团队。

4.1.1.1 一定的创新思维与创意能力

创业者需要具备创新的思维方式,能够提出新颖、有市场潜力的创意和想法。他们应该具备观察和分析问题的能力,能够从不同的角度寻找解决方案,并勇于尝试新的方法和思路。例如,学习材料专业的小王同学,他观察到市场上对环保产品的需求日益增长,于是决定创办一家专注于环保材料研发和生产的企业。小王不仅具备创新思维,能够从不同角度思考问题,还勇于尝试新的技术和方法。他带领团队开发出了一种新型环保材料,这种材料不仅具有优异的性能,而且能够降低环境污染。通过不断地创新和研发,他们的产品逐渐在市场上占据了一席之地,实现了可观的商业效益。

(1) 主要特点。

创新思维是指能够突破传统思维模式,产生新颖、有价值的想法和解决方案。创意能力则是将创新思维转化为具体可行的创意和实施方案。这两项能力能够帮助创业者发现市场机会,提出创新的产品或服务,从而在竞争激烈的市场中脱颖而出。

---

① 张嬿妮,舒盼,王凯."新工科"专业大学生创新创业素质能力培养体系构建[J]. 大学,2023(28):133-136.
② 朱昌平,谢秀坤,等. 团队模式下大学生创业能力培养的探索[J]. 高等工程教育研究,2015(3):33-37,82.

（2）提升办法与路径。

多角度思考：尝试从不同的角度和层面去思考问题，打破思维定式，寻找新的解决方案。

学习案例：研究成功的创业案例，了解他们是如何通过创新思维和创意能力取得成功的，从中汲取经验和灵感。

参加竞赛：参与各种创新创意类竞赛，通过参加比赛和实践锻炼，不断提升自己的创新思维和创意能力。

4.1.1.2 具有坚定的决心和毅力

创业过程中会遇到各种困难和挑战，创业者需要有坚定的决心和毅力，能够坚持不懈地追求自己的目标，并克服各种障碍。例如，学习计算机专业的小李同学，他希望通过互联网科技改变人们的生活方式。然而，在创业初期，他面临着资金短缺、团队不稳、市场竞争激烈等诸多问题。然而，他并没有放弃，他坚信自己的理念和目标，不断寻找解决方案，积极应对各种挑战。通过不懈的努力和坚持，小李的公司逐渐走出了困境，并获得了消费者的认可。他的成功充分展示了坚定的决心和毅力在创业过程中的重要性。

（1）主要特点。

坚定的决心和毅力是创业者在面对困难和挑战时能够保持坚定信念、不屈不挠的品质。创业过程中会遇到各种阻碍和困难，只有具备坚定的决心和毅力，才能不断克服障碍，最终实现创业目标。

（2）提升办法与路径。

设定明确目标：制定清晰、具体的创业目标，使自己有明确的方向和动力。

培养自律性：通过日常的自律训练，如坚持锻炼、学习等，培养自己的毅力和耐力。

接受挑战：主动接受各种挑战和困难，从中锻炼自己的意志力和应对能力。

4.1.1.3 一定的团队合作与领导能力

创业者通常需要组建一个团队来共同实现创业目标。因此，他需要具备良好的团队合作能力和领导才能，能够激发团队成员的积极性和创造力，促进团队的协作和进步。例如，小张同学是一位有着领导才能的大学生创业者，他深知一个人的力量是有限的，只有团队合作才能实现更大的目标。因此，在创业过程中，他需要更加注重团队的建设和管理，积极与团队成员沟通交流，激发他们的积极性和创造力。同时，他还具备良好的领导能力，能够带领团队朝着共同的目标前进。通过团队合作和领导能力的发挥，他们的产品在市场竞争中脱颖而出，取得了显著的业绩。

（1）主要特点。

团队合作是指与他人协作、共同完成任务的能力，而领导能力则是带领团队、指引方向的能力。在创业过程中，创业者需要组建一个高效的团队，并发挥自己的领导才能，激发团队成员的积极性和创造力。

（2）提升办法与路径。

参与团队项目：通过参与团队项目，学习与他人协作、分工合作的技巧和方法。

学习领导技巧：阅读相关书籍、参加领导力培训，学习如何带领团队、制定目标、激励成员等技巧。

实践经验积累：经常性组队参加比赛或交流，积累实际领导团队的经验，不断总结反思，提升自己的领导能力和团队协作能力。

4.1.1.4 具有敏锐的市场洞察力

创业者需要敏锐地把握市场趋势和消费者需求，能够发现市场机会并制定相应的商业策略。他们应该具备市场调研和分析的能力，以便作出正确的决策。例如，小赵是一名经济管理类专业大学生创业者，他注意到健康饮食在当前社会越来越受到人们的关注。于是，他决定创办一家健康饮食餐厅。在市场调研和分析的基础上，小赵精准地把握了消费者的需求和喜好，并据此制定了相应的菜品和营销策略。由于他的餐厅提供的食品健康美味且符合消费者的需求，因此迅速获得了市场的认可。

（1）主要特点。

敏锐的市场洞察力是指能够敏锐地把握市场趋势、消费者需求以及竞争态势的能力。对于创业者来说，只有深入了解市场，才能制定出符合市场需求的商业策略。

（2）提升办法与路径。

进行市场调研：定期进行市场调研，了解行业发展趋势、消费者需求变化以及竞争对手的动态。

关注行业动态：关注行业资讯、参加行业会议，了解最新的技术、产品和市场动态。

学习数据分析：掌握数据分析技能，通过使用数据分析工具，用数据来洞察市场趋势和消费者行为。

4.1.1.5 一定的财务管理与风险控制能力

创业涉及资金的投入和运营，创业者需要具备一定的财务管理知识，能够合理规划和利用资金，控制成本，降低风险。同时，他们还需要具备风险意识，能够识别和评估潜在的风险，并采取相应的措施进行防范和控制。例如，一位注重财务管理的大学生创业者，他深知创业过程中资金的合理规划和利用至关重要。因此，在创业初期，他就制定了详细的财务计划，并严格按照计划执行。同时，他还注重成本控制和风险管理，通过合理的预算和风险控制措施，有效地降低了公司的经营风险。正是因为具备了财务管理和风险控制能力，他的公司在面临市场波动和经济风险时能够保持稳健的发展态势。

（1）主要特点。

财务管理与风险控制能力是指创业者需要具备一定的财务知识和风险

管理意识，能够合理规划和使用资金，降低创业风险。这有利于企业的稳健发展和盈利能力的提升。

（2）提升办法与路径。

学习财务知识：通过自学或参加相关课程，掌握基本的财务知识和财务管理技能。

制定财务计划：在创业初期就制定详细的财务计划，包括预算、成本控制和盈利预期等。

风险控制意识培养：了解常见的创业风险，学习如何评估风险、制定风险控制措施，并在实践中不断总结经验。

4.1.1.6　较好的学习能力与适应能力

创业是一个不断学习和适应的过程。创业者需要具备快速学习的能力，不断吸收新的知识和技能，以应对市场的变化和挑战。同时，他们还需要具备适应变化的能力，能够灵活调整自己的战略和计划，以适应外部环境的变化。例如，小陈在创业过程中不断学习和适应市场的变化。他积极参加各种创业培训和交流活动，不断提升自己的专业素养和市场敏感度。同时，他还注重观察和分析市场趋势，灵活调整自己的经营策略和产品方向。正是因为具备了强大的学习能力和适应能力，小陈的公司能够在激烈的市场竞争中不断壮大，实现可持续发展。

（1）主要特点。

学习能力是指创业者需要具备快速学习新知识和新技能的能力，以适应不断变化的市场环境。适应能力则是指面对市场变化、竞争压力等外部因素时能够灵活调整自己的战略和计划的能力。

（2）提升办法与路径。

保持学习状态：保持持续学习的习惯，通过阅读、在线课程、参加讲座等方式不断获取新知识。

拓宽知识领域：不仅关注本行业的知识，还要关注相关领域的发展动态和技术趋势。

实践锻炼：通过实际创业过程中的挑战和机遇来锻炼自己的适应能力和应变能力。

4.1.1.7 新零售创业者所需具备的其他素质

大学生创新创业是时代发展的要求，是国家进步的需要，要"应势而谋、因势而动、顺势而为"。当代大学生既要有发现问题的眼光，又要有解决问题的智慧，更要有突破思维禁锢的勇气和开拓创新的精神。[①] 数字经济背景下大学生创业素质主要由互联网创新意识、包容性创业精神、数字化创业能力等要素构成。[②] 除了上述的素质能力外，新零售创业者作为新型商业领域的先行者，不仅要面对市场的快速变化和激烈的竞争，还需应对各种创业过程中可能出现的挑战和压力。因此，他们除了需要掌握市场洞察力、创新能力、团队协作能力等核心素质外，还应具备扎实的身体素质、技能素质和心理素质。

（1）身体素质。顾名思义，创业者需要一个健康的体魄，这也是新零售创业者开展创业活动的基础。创业过程往往需要投入大量的时间和精力，从市场调研、产品开发、营销推广到客户服务，每一个环节都需要创业者亲自参与。因此，良好的身体素质能够帮助创业者保持充沛的精力，应对创业过程中的各种挑战。创业者应该注重锻炼身体，保持健康的生活习惯，为创业之路提供坚实的身体保障。

（2）技能素质。新零售是一个综合的领域，涉及线上线下融合、大数据分析、人工智能应用等多个方面，创业者需要具备相关的技能和知识，以便在市场中立于不败之地。新零售创业团队可以通过学习课程、参加培训、实践锻炼等方式，不断提升自己在营销、运营、技术等方面的能力。同时，新

---

① 顾自卫. 大学生创新创业素质能力培养与提升策略 [J]. 中国市场，2022（6）：98-99.
② 胡伟. 数字经济背景下高职院校学生创业素质的提升策略 [J]. 重庆电力高等专科学校学报，2024，29（1）：75-78.

零售创业者要随时关注行业动态和新技术发展,不断更新自己的知识体系。

(3)心理素质。该素质是创业者的重要保障,新零售是一个新的领域,面对很多未知,创业过程中难免会遇到挫折和困难,甚至经常要面临调整策略或失败的风险。因此,新零售创业者需要具备坚韧不拔的意志、乐观向上的心态。他们要学会调整自己的心态,保持冷静和理智,从失败中吸取教训,不断总结经验,为未来的创业之路积累宝贵的财富。

4.1.2 大学生创业的优势与劣势

大学生在新零售领域创业具备多重优势。从内在层面看,他们思维活跃,富有创新力,能快速捕捉市场趋势,提出新颖的商业构想。同时,他们拥有较强的学习能力和团队协作精神,能够快速适应新零售环境,与团队成员共同应对各种挑战。从外在层面看,新零售市场蓬勃发展,为大学生创业者提供了丰富的机遇。政府和社会对大学生创业给予诸多支持,包括资金扶持、创业指导等,为他们的创业之路提供了有力保障。然而,劣势亦不容忽视,大学生通常缺乏实际的市场经验和资源积累,在应对市场竞争和供应链管理等方面可能面临挑战。同时,新零售市场竞争激烈,要求创业者具备敏锐的市场洞察力和快速应对能力。

4.1.2.1 大学生创业的优势

一般可以把大学生创业优势分为自身优势和外在优势两个方面进行阐述。

(1)内在优势。

①具备创新思维。他们常常能跳出传统框架,提出新颖的商业模式和解决方案。有的大学生团队通过深度分析消费者行为,创新性地推出了一款结合线上线下购物体验的新零售 App,不仅提升了用户购物便利性,还通过精准营销实现了销售增长。拼多多的创始团队由几位年轻的大学生组成,他们敏锐地捕捉到了社交电商的潜力,通过创新的"拼团"模式,吸

引了大量消费者。这种模式不仅降低了商品价格,还通过社交分享的方式扩大了品牌影响力,实现了快速增长。①

②学习能力较强。新零售领域涉及众多新技术和新知识,大学生能够快速掌握并应用。例如,在数据分析方面,大学生创业者通过学习相关课程和实践操作,成功运用大数据分析工具来洞察市场趋势,为产品开发和营销策略提供有力支持。

③注重团队协作。大学生擅长沟通、分工与协作,能够组建高效、凝聚力强的团队。例如,小米之家的成功离不开其高效的团队协作。② 小米之家的团队成员之间分工明确、配合默契,能够迅速应对市场变化和消费者需求。他们通过团队协作,共同完成了产品设计、市场推广、客户服务等一系列工作,为小米之家的快速发展奠定了坚实基础。新零售创业项目团队中,大学生成员们各司其职,共同应对各种挑战,通过协作完成了项目从策划到落地的全过程,进而实现共同的目标。

④适应能力较好。面对新事物,大学生能够很快适应,特别是互联网时代,大学生一直都与网络空间打交道,很清楚地了解不同阶段网络空间的"热点",通过抓住这些"热点",很快可以包装成为新零售的"卖点",不断地刺激消费者,形成新的购买需求,并取得较好的消费体验。

(2) 外在优势。

大学生在新零售领域创业,除了拥有内在优势外,还具备诸多外在优势。

①政策支持。国家和地方政府纷纷出台了一系列创业扶持政策,鼓励大学生创业创新。"每日优鲜"作为一家由年轻人创办的新零售生鲜电商平台,在创业初期就获得了政府提供的创业补贴和税收减免等支持,这些政策大大降低了其创业成本,为公司的快速成长奠定了基础。③

---

① 郑刚,林文丰. 拼多多:在电商红海中快速逆袭 [J]. 清华管理评论,2018 (9):105 - 112.
② 龚进辉. 小米之家无法代表新零售的未来 [J]. 互联网经济,2018 (5):79.
③ 滕春仙. 新零售背景下社区生鲜电商商业模式研究:以"每日优鲜"为例 [J]. 经济师,2021 (6):219 - 220,222.

②校内资源。汇聚了丰富的学科优势，实现了多元学科的综合、交叉与渗透，是孕育科学知识创新的摇篮。这里，不同领域的知识相互碰撞、融合，激发出无数创新的火花。这些创新成果不仅代表着学术的突破，更是对社会经济发展的有力推动。通过深入挖掘和有效利用校内资源，我们能够不断产出具有深远影响力的科技创新性成果，为社会的进步与发展贡献力量。

③技术进步。为大学生创业提供了有力支撑。例如，某高校张同学的团队利用大数据和人工智能技术，开发了一款智能推荐系统，能够根据消费者的购物历史记录和偏好，精准推送个性化的商品信息，提升了用户体验和销售效率。

④伙伴资源。大学生创业者往往能够借助学校、校友会等资源，与业界领军企业建立合作关系，获取更多的资源和支持。许多大学生创业者通过学校、校友会等渠道，与企业建立了合作关系。以"泡泡玛特"为例[①]，这家大学生创办的"潮玩"品牌，通过与知名知识产权（IP）拥有者合作和引入战略投资者，获得了更多的资源和支持。这些合作伙伴不仅为泡泡玛特提供了优质的商品和渠道资源，还为其品牌推广和市场拓展提供了有力支持。

4.1.2.2　大学生创业的劣势

制约大学生创业的因素很多，除了自身因素外，还有很多外在因素。

（1）自身因素。

自身因素主要包括以下四点：

缺乏一定的创业经验，由于大学生在校期间主要接触的是理论知识，虽然部分学生通过兼职等方式获得了一定的实践经验，但这些经验往往与市场所要求的创业经验存在差距。创业需要的不仅是技术或产品方面的知识，更重要的是对市场、客户、竞争对手等的深入了解和判断。缺乏这样

---

① 王倩. 泡泡玛特，如何跳出"盲盒"[J]. 商学院，2022（5）：52–55.

的经验，大学生在创业过程中可能会遇到更多的困难和挑战。

创业知识不够系统化，创业需要综合性的知识，包括创业手续、产品专利、财务、管理、法律、沟通、心理等各个方面。大学生在创业时，往往因为对某些方面知识的缺乏而导致决策失误或行动不力。例如，不了解如何签协议或国家的基本优惠政策，可能会导致合同风险或错失政策红利；商业计划书目的不明确或文字表达能力欠缺，可能会影响融资或合作伙伴的选择。

政策信息了解不充分，虽然网络发达，但很多大学生并没有充分利用这些资源去了解创业政策。政策信息对于创业来说至关重要，它不仅可以为创业者提供指导和支持，还可以帮助创业者规避风险。因此，大学生在创业前应该充分了解相关政策，以便更好地利用政策红利。

心理承受力有待加强，创业过程中会遇到各种困难和挑战，这需要创业者具备良好的心理素质和抗压能力。如果大学生在面对困难时容易放弃或产生挫败感，那么他们的创业之路可能会因此而中断。因此，大学生在创业前应该做好心理准备，培养自己的心理承受力和抗压能力。

（2）外在因素。

政府政策落实不是很理想。当前，尽管国家出台了一系列鼓励大学生自主创业的优惠政策，但在实际操作中，这些政策往往难以落地，执行效果也不尽如人意。尤其在经营领域、融资渠道和税收优惠等关键环节，大学生创业者常常无法真正享受到政策的红利。在经营领域，尽管政策放宽了市场准入，但行业规范和细则的不明确使得大学生创业者在选择方向时感到迷茫。缺乏专业指导和市场分析，他们的创业之路充满了不确定性和风险。融资渠道的问题同样不容忽视。虽然政策鼓励金融机构提供贷款支持，但烦琐的审批流程和严格的担保要求让许多大学生创业者望而却步。资金短缺成为制约他们发展的重要因素。税收优惠方面，由于政策的复杂性和基层行政单位理解的偏差，许多大学生创业者并未能享受到应有的税收优惠。这不仅增加了他们的经济压力，也削弱了他们的创业信心。

创业投资介入程度不是很理想。创业投资机构在选定投资对象时，会全面评估企业的管理团队实力、盈利能力及增长潜力，同时考察其社会责任意识及高科技背景。只有经过深入调查与综合分析，确保投资安全与回报，投资机构才会做出决策。创投机构一旦选定了投资对象，就会为其提供相关的资金、增值服务以及对其监督管理，帮助企业更好地发展和壮大。近些年，我国创业投资发展态势良好，特别是北京、深圳，创业投资机构的发展态势良好。除政府创立的创业投资机构外，民间投资机构、上市公司和大公司所属的投资机构大量涌现。投资对象也呈现出多元化发展趋势，除了对单一的企业投资外，还投资金融资产、房地产等。因此，大学生在创业过程中，应争取创业投资机构在资金、增值服务方面的支持以保证创业的成功。

4.2　大学生创业的方向与领域

当前，大学生创业的方向与领域呈现多元化、创新化的特点。随着科技的不断进步和市场的快速变化，大学生创业的机遇与挑战并存。在新零售领域，随着互联网技术的飞速发展，传统零售业面临着巨大的挑战，但同时也孕育着巨大的机遇。新零售通过整合线上线下资源，提供个性化、智能化的购物体验，为消费者带来了全新的购物方式。大学生创业在新零售领域，可以探索线上线下融合的模式，打造独特的品牌形象，提供便捷高效的购物服务。例如，开设无人便利店、智能货柜等，利用先进的技术手段提升购物体验，满足消费者的多元化需求。新科技领域也是大学生创业的热门选择，随着人工智能、大数据、云计算等技术的快速发展，新科技领域为创业者提供了广阔的创新空间。大学生创业在新科技领域，可以关注人工智能的应用场景，如智能家居、智能医疗等；也可以探索大数据的挖掘与分析，为企业提供更精准的市场洞察；还可以研究云计算技术的发展趋势，为企业提供稳定高效的云服务。大学生创业在新零售和新科技领域具有广阔的发展前景和无限的机遇，创业者需要紧密结合市场需求和技术发展趋势，不断探索创新，以实现个人价值和社会价值的双重提升。同时，政府和社会各界也应给予大学生创业更多的关注和支持，共同推动创业创新事业的发展。

4.2.1 大学生创业的方向

大学生创业的方向涵盖多个领域，但都要结合经济社会发展水平、国家政策、地方特色和自身能力，当前，可以考虑将重点聚焦在服务乡村振兴领域、高科技创新领域、高端服务业领域、连锁加盟领域等四个领域。

4.2.1.1 服务乡村振兴领域

在当前国家大力推动乡村振兴的战略背景下，服务乡村振兴领域不仅成为大学生创业的重要方向，更是他们施展才华、实现社会价值的广阔舞台。涵盖了农业技术创新、农产品电商、乡村旅游等多个子领域，为大学生提供了多元化的创业选择。在农业技术创新方面，大学生们积极投身到智能化农业系统的研发中。利用物联网、大数据、人工智能等前沿技术，开发出智能化的农业管理系统，实现了对农田环境、作物生长状况等信息的实时监测与智能分析。这些系统能够精确指导农业生产，提高农业生产效率，降低资源消耗，为乡村农业的可持续发展注入了新的活力。农产品电商领域则是大学生们将乡村优质农产品推向全国的重要渠道。通过建立电商平台，将乡村的特色农产品进行线上销售，打破了地域限制，让更多人品尝到乡村的美味。同时，还通过精准营销、品牌推广等手段，提升了农产品的知名度和附加值，为乡村经济的发展注入了新的动力。乡村旅游领域则是大学生们挖掘乡村文化、推动乡村经济发展的又一重要途径。结合乡村的自然风光、人文历史等资源，开发出独具特色的乡村旅游产品，吸引了大量游客前来体验。这不仅为乡村带来了可观的旅游收入，还促进了乡村文化的传承与发展，推动了乡村经济的多元化发展。例如，有的大学生团队利用自身的技术优势，开发了一款智能化的农业管理系统，通过精确的数据分析和智能决策，帮助农民实现了农作物的精准种植和高效管理，大大提高了农业生产效益。还有的大学生则通过电商平台，将乡村的特色农产品如蜂蜜、茶叶、干果等销往全国各地，不仅让更多人品尝到了乡村的美味，也为农民带来了丰厚的收入。

4.2.1.2 高科技创新领域

高科技创新领域一直以来都是大学生创业的热门方向之一，它以其独特的技术优势和市场潜力，吸引着越来越多的青年才俊投身其中。不仅涵盖了人工智能、大数据、生物科技等多个前沿科技领域，更是一个融合了创新思维与实践能力的舞台。在人工智能领域，大学生们通过自主研发，不断突破技术瓶颈，开发出了一系列具有创新性和市场竞争力的产品。其中，智能语音助手便是其中的佼佼者。这类产品利用先进的语音识别和自然语言处理技术，实现了用户与设备的便捷高效交互。用户只需通过简单的语音指令，就能完成信息查询、日程安排、智能家居控制等多项任务，极大地提升了生活的便捷性和智能化水平。在大数据领域，大学生们则通过数据挖掘和分析，为各行各业提供了精准的市场洞察和决策支持。利用大数据技术，对海量数据进行收集、整理和分析，从而发现其中的规律和趋势，为企业制定市场战略、优化产品设计提供了有力支持。同时，还通过数据可视化技术，将复杂的数据信息以直观、易懂的方式呈现出来，帮助用户更好地理解数据和利用数据。生物科技领域利用生物科学技术，研发出了新型生物材料、生物药物等创新产品，为医疗、环保等领域提供了新的解决方案。这些产品不仅具有高效、安全、环保等特点，还能够解决一些传统方法难以解决的问题，为人类社会的可持续发展作出了积极贡献。大学生在高科技创新领域的创业过程中，注重跨学科的合作与交流，积极与不同领域的专家、学者和企业合作，共同探索新的技术方向和市场应用。这种跨学科的合作与交流不仅有助于拓宽大学生的视野和思路，还能够加速科技创新的进程，推动整个行业的进步和发展。

4.2.1.3　高端服务业领域

随着经济的迅猛发展和消费结构的不断升级，高端服务业领域成为大学生创业的新宠。不仅涵盖了金融服务、教育咨询、健康管理等多个核心板块，还涵盖了艺术收藏、私人管家等一系列精细化服务项目。通过提供专业化、个性化的服务，满足消费者日益增长的高端需求。在金融服务方面，大学生创业团队可以瞄准市场中的个性化、差异化需求，通过深度了解客户的财务状况和投资目标，为客户提供量身定制的金融解决方案。这些方案不仅包括了资产配置、风险控制等传统服务，还可以融入智能投顾、大数据分析等先进技术，帮助客户实现资产的保值增值。教育咨询领域大学生利用自身的专业背景和丰富经验，为家长和学生提供全方位的教育咨询服务。从择校建议、课程规划到升学指导，都能提供精准、专业的建议，帮助孩子们更好地成长和发展。有的大学生团队瞄准了高端教育市场的空白，创办了特色鲜明的高端教育机构。结合国内外优质教育资源，为学生提供定制化的教育服务，包括一对一辅导、精英班课程等。这些服务不仅提高了学生的学习效果，也赢得了家长的高度认可。在健康管理方面，大学生创业团队紧跟健康产业的发展趋势，为消费者提供个性化的健康管理服务。通过制订个性化的健康计划、提供专业的营养指导、组织健康讲座等方式，帮助客户改善生活方式、提高健康水平。通过开设专业的健康管理中心，运用先进的健康检测设备和科学的评估方法，为消费者提供全面的健康管理服务，从健康风险评估、疾病预防到康复指导，都能提供专业的建议和帮助，让消费者享受到更加健康、高品质的生活。这些服务不仅满足了消费者对健康的需求，也推动了健康产业的快速发展。

4.2.1.4 连锁加盟领域

连锁加盟模式因其独特的优势，如投资少、风险低、回报稳定等，成为众多大学生创业者的首选方案。该模式不仅为初出茅庐的大学生创业者提供了可靠的创业平台，降低了他们在创业过程中的风险，使他们能够更专注于提升服务质量与经营效率。在连锁加盟领域，大学生们拥有丰富的选择，可以选择加盟各类知名品牌，借助品牌的知名度和影响力，快速打开市场，获得消费者的认可。这些知名品牌通常拥有成熟的经营模式和管理体系，为创业者提供了完善的运营支持和培训指导，帮助他们更好地应对市场挑战。以咖啡行业为例，许多大学生选择加盟知名咖啡品牌，通过精细化的管理和优质的服务，成功吸引了大量消费者。他们不仅注重咖啡的口感与品质，还关注店面的装修风格和顾客的消费体验，努力打造出一个温馨、舒适的休闲空间。通过不断地优化服务和提升品质，他们逐渐赢得了消费者的信任和支持，实现了自己的创业梦想。

4.2.2 大学生网络创业的可选领域

4.2.2.1 搜索引擎

作为互联网的核心服务之一，一直以来都发挥着不可或缺的作用，帮助用户在海量的网络世界中精准定位所需内容。对于大学生创业者而言，搜索引擎领域不仅提供了广阔的创业空间，更是实现自我价值和技术创新的舞台。大学生创业者可以运用最新的技术手段，开发更加智能化、个性化的搜索引擎。可以利用自然语言处理技术，让搜索引擎更加理解用户的查询意图，提供更加精准的搜索结果。同时，通过引入机器学习算法，搜索引擎可以根据用户的搜索历史、兴趣爱好等信息，为用户推荐个性化的内容，提升用户体验。此外，大学生创业者还可以关注搜索引擎的效率和速度。在追求准确性的同时，可以通过优化算法、提升服务器性能等方式，提高搜索引擎的响应速度，让用户能够更快地获取所需信息。

4.2.2.2 即时通信

即时通信在当前的数字化社会中占据着举足轻重的地位，它不仅是人们日常沟通的重要工具，更是连接人与人之间的桥梁。大学生创业者可以努力开发出具有独特功能和优质用户体验的即时通信应用。为了吸引更多用户，需要不断创新，从信息安全、群聊功能、娱乐元素等多个方面入手。在信息安全方面，可以采用先进的加密技术，确保用户聊天内容的隐私性和安全性，让用户无后顾之忧地进行沟通。在群聊功能方面，可以优化群聊界面和交互方式，使群聊更加便捷高效，满足用户多样化的沟通需求。同时，还可以增加更多娱乐元素，如表情包、语音消息、视频通话等，让聊天变得更加生动有趣。

4.2.2.3 短视频

近年来迅速崛起，成为人们获取信息和娱乐的重要渠道。这一趋势不仅改变了人们的生活方式，也为大学生创业者提供了丰富的创业机会。在短视频领域，大学生创业者可以发挥创意，开发具有独特内容和风格的短视频应用。可以根据目标用户群体的喜好和需求，制定精准的内容策略，打造个性化的短视频平台。例如，可以针对年轻人群体推出潮流、时尚的短视频内容，或者针对特定领域推出专业、权威的短视频内容，满足不同用户的观看需求。同时，结合算法推荐技术，大学生创业者可以为用户提供个性化的观看体验，通过对用户的行为数据进行分析和挖掘，算法可以精准地推荐符合用户兴趣的短视频内容，提高用户的观看满意度和黏性。这种个性化的推荐方式，不仅可以让用户更加方便地获取自己喜欢的内容，还可以为创业者带来更多的流量和收益。

4.2.2.4 网络游戏

网络游戏领域，具有巨大的市场潜力和广阔的发展前景，对于大学生创业者而言，这是一个充满机遇与挑战的领域。大学生创业者可以发挥无限的创意和想象力，开发出各种具有趣味性和吸引力的网络游戏。他们可以从游戏的故事背景、角色设定、游戏机制等多个方面入手，打造出独具特色的游戏作品。同时，结合社交元素，创业者可以打造互动性强的游戏平台，让玩家们在游戏中结交新朋友、分享游戏乐趣，从而增强游戏的黏性和用户忠诚度。当然，网络游戏行业的竞争也异常激烈。为了在这个市场中脱颖而出，大学生创业者需要不断学习和探索新的技术和理念，不断提升游戏的品质和用户体验。此外，还需要关注市场动态和玩家需求，及时调整游戏策略，以满足市场的不断变化和玩家的多样化需求。

4.2.2.5 潮音乐

"潮音乐"，作为当代年轻文化的重要组成部分，正以其独特的魅力吸引着无数人的关注和喜爱。对于富有创意和激情的大学生创业者来说，可以开发一款独具特色的潮音乐应用，为用户带来全新的音乐体验。首先，这款应用需要提供丰富的音乐资源，涵盖各种流派和风格的音乐作品，满足不同用户的音乐品位。无论是流行金曲、摇滚乐、古典音乐还是民谣，用户都能在这款应用中找到自己喜欢的音乐。其次，独特的音乐推荐功能，通过对用户的听歌历史和喜好进行分析，应用可以智能地为用户推荐符合其品位的音乐作品。这样，用户不仅能轻松发现新的音乐，还能在推荐中感受到应用的个性化关怀。此外，需要具备社交功能，用户可以在应用中关注自己喜欢的歌手或音乐人，了解他们的最新动态和作品。同时，用户还可以与其他音乐爱好者分享自己的听歌心得和感受，交流音乐方面的见解和体验。通过社交互动增强应用的趣味性和互动性，也让用户更加深入地感受到音乐的魅力和力量。

4.2.2.6 新闻平台

新闻，作为人们了解世界、洞察社会的重要窗口，一直以来都承载着传递信息、引导舆论的重要使命。在信息化时代，新闻平台更是成为人们获取信息的主要途径之一。对于大学生创业者而言，开发一个具有独特视角和深度分析的新闻平台，首先需要有高质量的新闻内容和评论。这意味着大学生创业者需要组建一支专业、高效的新闻创业团队，应该具备敏锐的洞察力、扎实的新闻素养和出色的写作能力，能够及时发现、报道和分析各类新闻事件。同时，新闻平台还需要注重内容的多样性和时效性，以满足不同用户的阅读需求。除了内容质量，新闻平台的独特视角和深度分析也是吸引用户的关键。在海量信息中，用户往往更关注那些能够为他们提供独特见解和深度思考的内容。因此，大学生创业者需要在新闻报道和评论中注入自己的独特观点和思考，通过对新闻事件的深入剖析和解读，引导用户更好地理解和认识这个世界。此外，新闻平台还需要注重用户体验和互动交流。一个优秀的新闻平台应该具备简洁明了的界面设计、流畅便捷的操作体验以及丰富多样的互动功能，如用户评论、点赞、分享等。这些功能不仅可以增加用户的参与感和黏性，还可以帮助平台更好地了解用户需求，优化内容和服务。提升平台影响力，通过与其他媒体的合作、开展线上线下活动、利用社交媒体进行推广等方式，扩大平台的知名度和影响力，吸引更多用户的关注和参与。

4.2.2.7 个性购物

作为消费升级和个性化需求增长的产物，正逐渐在市场中占据一席之地，也是新零售时代到来的重要表现。在这个时代，人们不再满足于传统的购物模式，而是追求更加独特、符合个人品位的商品和购物体验。因此，个性购物平台越来越受到人们的青睐。对于富有创意和激情的大学生创业者来说，可以结合自身的兴趣和专长，开发具有独特商品和个性化推荐功能的购物平台。在商品选择上，他们可以从世界各地搜集别具一格的商品，或是与小众品牌合作，为用户带来别具一格的购物选择。而个性化推荐功能，则是提升用户体验的关键。通过对用户的购物历史、浏览记录、喜好偏好等数据进行深度分析，平台可以为用户推荐符合其个人品位的商品，让购物变得更加轻松、高效。这种个性化的购物体验，不仅能够满足用户的个性化需求，还能够增强用户对平台的忠诚度和黏性。

4.2.2.8 求职平台

大学生就业，无疑是社会各界共同瞩目的焦点，如何帮助大学生更精准、更高效地找到合适的工作，成为一项亟待解决的挑战。而开发一个专业的求职平台，无疑是解决这一问题的有效途径。该平台不仅是一个信息发布的窗口，更是一个连接大学生与企业的桥梁。它提供便捷的求职信息发布服务，让各类企业和用人单位能够迅速找到符合自己需求的人才。同时，平台还具备简历投递和面试安排等功能，使得求职过程变得更加流畅和高效。大学生创业者凭借对求职市场的深入了解和对技术的掌握，去打造一个功能全面、用户体验卓越的求职平台。特别要注重平台的易用性和实用性，确保用户能够轻松上手，快速找到心仪的工作。同时，还要不断优化平台功能，提升服务质量，以满足大学生日益增长的求职需求。

4.2.2.9 交友平台

社交，作为人类与生俱来的基本需求，在大学生活中更是显得尤为关键。对大学校园的年轻人来说，结识新朋友、建立广泛的社交圈不仅是生活的一部分，更是个人成长的重要推动力。在这个背景下，大学生创业者可以凭借敏锐的洞察力和创新的技术手段，开发一款具有独特社交模式和互动功能的交友平台。这一平台旨在打破传统社交的局限性，提供更加多元、便捷的交友方式，以满足大学生们社交需求。平台可以设计多样化的交友活动，如线上聊天室、兴趣小组、线下聚会等，让用户能够根据自己的喜好和需求，轻松参与到各种社交活动中。同时，通过引入智能算法和数据分析技术，平台还可以结合大学生的兴趣爱好和性格特点，为用户推荐合适的交友对象，帮助他们更容易地找到志同道合的朋友。平台还可以提供丰富的互动功能，如语音聊天、视频通话、礼物赠送等，让用户能够更深入地了解彼此，建立更加紧密的社交关系。通过这些功能的组合与运用，交友平台将成为一个充满活力、充满机遇的社交场所，为大学生们提供一个展示自我、结交朋友的广阔舞台。

4.2.2.10 在线教育

这一新兴的教育模式，已经逐渐成为推动教育现代化与普及化的重要力量。对于大学生创业者来说，可以通过开发在线教育平台，为广大学生提供更加多元、高效的学习体验。这款在线教育平台，将汇集海量的课程资源，涵盖文学、数学、科学、艺术等多个学科和领域，满足不同学生的个性化学习需求。无论你是对文学有浓厚的兴趣，还是对科技充满好奇，都能在这个平台上找到合适的学习资源。除了课程资源，平台还将提供一系列学习工具和学习方法指导，帮助学生更好地掌握学习技巧，提升学习效率。无论是制订学习计划，还是进行在线测试，都能在这个平台上轻松实现。更重要的是，在线教育平台能够打破地域限制，让优质教育资源得以共享。无论你身处繁华的都市，还是偏远的乡村，都能通过这个平台，接触到最先进的教育理念和方法，享受到最优质的教育资源。

4.3 大学生创业商业模式选择

大学生创业商业模式选择是一个关键且复杂的决策过程，它涉及市场定位、产品策略、盈利模式等多个方面。市场定位是商业模式选择的基础。大学生创业者需要深入了解目标市场的需求、竞争态势以及潜在机会。通过对市场的调研和分析，创业者可以确定自己的产品或服务在市场中的定位，进而选择适合的商业模式。产品策略是商业模式选择的核心。大学生创业者需要根据市场需求和自身资源能力，确定自己的产品或服务类型、特点和优势。这涉及产品的研发、设计、生产、销售等多个环节。创业者需要仔细考虑产品的定价策略、渠道策略以及推广策略，以确保产品在市场中的竞争力和盈利能力。盈利模式的选择是商业模式选择中的关键环节。大学生创业者需要明确企业的收入来源和成本结构，并制定出合理的盈利计划。盈利模式的选择应该与企业的市场定位和产品策略相匹配，以确保企业的可持续发展。除了以上几个方面，大学生创业者还需要考虑其他因素，例如，合作伙伴的选择、供应链管理、运营模式等。这些因素都会对商业模式的选择产生影响，因此创业者需要综合考虑各种因素，制定出最适合自己的商业模式。

4.3.1 商业模式的概念

随着消费者需求的不断变化和市场竞争的日益激烈，零售企业需要不断创新商业模式以提高竞争力，增加客户满意度，突破成长的天花板，降低选择和试错成本，并最大化发挥资源作用、杠杆的力量以及创新模式的效用。① 商业模式是关于如何组织资源、交付价值和获取利润的方法。创新商业模式涉及多个关键方面，包括价值主张、收入模式、渠道和分销、客户关系以及资源和合作伙伴关系。② 赢利模式指企业探索并获得经济效益的方法，是企业商业模式中的一个重要组成部分。崔毅在《赢利模式》一书中从系统论角度给赢利模式的定义为："企业系统内由若干

---

① 赵斌杰，王远乐，梁家栋. 先动型市场导向下服务主导逻辑对零售企业商业模式创新的影响[J]. 商业经济研究，2024（7）：148-151.
② 余丽. 数智化资源、供应链协同与零售企业商业模式创新[J]. 商业经济研究，2024（7）：156-159.

结构要素组成的结构链，以及企业这个结构系统与外部环境的耦合关系。"[①] 对于期刊、论文中出现的"赢利""盈利""营利"不同词，此处将对其进行辨析。盈利中的"盈"对"亏"，即"盈利"为去除成本后仍有剩余；而"赢利"的"赢"对"输"，指的是不管有无剩余，能获得收入就是"赢利"；"营利"则为主观谋求利润。企业若要在市场中立足，就必须找到适合自身发展的"赢利"模式。只有获得了长久生存的资本，企业才能不断进行创新，扩大市场规模。

在现代市场经济中，随着商业运营成本的日益攀升，大学生创业者在创立和运营企业时所面临的固定成本也相应增加。这不仅推高了企业的负债率，还增大了经营风险。因此，对于大学生创业者而言，实现持续的利润增长成为他们经营企业的核心目标。而实现这一目标的关键，就在于设计和制定一个合理的商业模式。商业模式，简单来说，就是企业如何将内部供给与外部需求有效结合，从而实现盈利的策略和方法。这种结合越合理，投入产出比就越大，意味着创业者能够以更少的投入获取更多的收益；同时，结合得越紧密，管理效率也越高，各部门之间的协同作用更为显著；再者，结合的持久性越强，企业的竞争力也就越稳固，能够在激烈的市场竞争中保持领先地位。赢利模式的设计，可以从内外两个方面进行考虑。外部因素主要包括市场机会、行业趋势、消费者需求等，这些因素构成了企业盈利的外部环境。内部因素则涉及企业的资产状况、软实力（如品牌、技术、文化等）以及运营经验等，这些因素决定了企业内部的供给能力。

在这里我们把商业模式理解为为实现客户价值最大化，创业者们致力于整合企业内外的各种要素，构建一套完整且高效的运行系统，该系统独具核心竞争力。通过不断优化实现形式，精准满足客户需求，确保客户价值得到充分实现。同时，还注重确保系统的持续盈利能力，从而为客户提

[①] 崔毅. 赢利模式[M]. 北京：清华大学出版社，2007.

供一个全面而长远的解决方案。形成一个既能满足客户当前需求，又能预见并应对未来挑战的企业运行体系，以实现双方的共赢和可持续发展。

4.3.2 商业模式的选择

4.3.2.1 新零售商业模式的主要特征

新零售商业模式的主要特征包括创新性、差异性、线上线下融合、数据驱动、消费者体验为核心、物流优化以及社交功能和人工智能的应用等。这些特征共同构成了新零售商业模式的独特优势和竞争力，推动了零售行业的创新和发展。

（1）创新性。必须提供全新的产品或服务，或是能够开创新的产业领域，抑或是能以独树一帜的方式提供已有的产品或服务。这种创新性是吸引消费者、占领市场份额的关键，也是企业在激烈的市场竞争中脱颖而出的重要手段。

（2）差异性。一个成功的商业模式在多个要素上应与其他企业存在显著差异，而不仅仅是细微的差别。这些要素可能包括市场定位、营销策略、运营流程、成本控制等，它们共同构成了企业的核心竞争力，使企业在行业中具有独特的竞争优势。

（3）盈利性。良好的业绩表现是衡量商业模式成功与否的重要指标。这主要体现在成本控制、盈利能力以及独特竞争优势等方面。一个成功的商业模式应该能够有效地控制成本，实现稳定的盈利，并在市场中展现出独特的竞争优势，从而确保企业的长期稳定发展。

（4）融合性。线上线下融合是新零售商业模式的核心特点。强调线上与线下零售业务的互补和整合，通过线上商城、线下实体店、无人售货等多种形式，满足消费者多样化的购物需求，实现无缝衔接的购物体验。这种融合不仅提升了消费者的购物便利性，也为企业带来了更多的销售渠道和机会。

(5) 体验感。新零售模式以提升消费者体验为核心目标,通过优化购物流程、提供丰富的商品选择、营造舒适的购物环境等方式,让消费者享受到更加便捷、舒适和愉悦的购物体验。这种体验至上的理念有助于增强消费者对品牌的忠诚度和信任度。

(6) 时效性。一方面是交流互动的及时有效,另一方面是物流的快速到达。通过智能化仓储和物流管理,企业可以实现库存和配送的优化,降低成本并提高效率。这种物流优化不仅提高了企业的运营效率,也为消费者提供了更加快速、准确的配送服务。

(7) 智能化。新零售商业模式还注重社交功能和人工智能的应用,通过社交媒体等渠道与消费者进行互动和沟通,企业可以更好地了解消费者需求并提供更加个性化的服务。同时,人工智能的应用也在新零售领域发挥着越来越重要的作用,例如,智能客服、智能推荐等,为消费者提供更加便捷和智能的购物体验。

4.3.2.2 主要商业模式

新零售商业模式是一种融合了线上线下、数据、物流等多种要素的全新商业模式,其核心在于通过先进技术手段实现对消费者需求的精准把握,提供更加个性化、便捷的购物体验。其主要商业模式有以下几种。

(1) 直供商业模式。

直供商业模式是指生产商直接面向终端消费者提供产品或服务,减少了中间环节,使消费者能够更直接地获取商品,同时也降低了成本。生产商可以直接与消费者建立联系,快速获取市场反馈,更好地满足消费者需求。例如,小米的直销模式就是一个典型的直供商业模式。[1] 小米通过官方网站、自营电商平台等直接销售产品,减少了中间商环节,为消费者提供

---

[1] 董洁林,陈娟. 互联网时代制造商如何重塑与用户的关系:基于小米商业模式的案例研究 [J]. 中国软科学,2015 (8):22-33.

更具性价比的产品。但是对于生产商而言，直供模式需要投入更多的资源和精力在销售和物流上，可能增加了运营成本。同时，由于直接面对消费者，对产品的品质和服务的要求也更高。

对于初创企业来说，直供商业模式可能是一个较为适合的选择。这种模式能够减少中间环节，降低成本，使大学生创业者能够更直接地与消费者建立联系。同时，由于大学生通常对新技术和社交媒体有较高的敏感度，他们可以利用这些平台更好地推广自己的产品或服务，提高品牌知名度。然而，直供模式也对创业者的运营能力提出了较高的要求。大学生创业者需要具备一定的市场营销、物流管理和客户服务能力，以确保产品的顺畅销售和良好的消费者体验。此外，直供模式可能还需要较大的初始投资，用于建立自己的销售网络和物流体系。

（2）总代理制商业模式。

在这种模式下，品牌方选择一家或多家公司作为其产品或服务的总代理，由总代理负责在特定区域内进行销售和推广。通过总代理，品牌方可以专注于产品研发和品牌建设，而将销售和分销工作交给专业的代理公司，降低了市场进入的风险和成本。许多国际品牌在进入中国市场时，会选择与中国本土的公司进行合作，作为其在中国的总代理，负责产品的销售和分销。不过，品牌方与总代理之间的合作需要建立在信任的基础上，一旦代理公司出现问题，可能会对整个销售网络造成影响。此外，品牌方对市场的直接控制力也会相对减弱。

总代理制商业模式对于缺乏市场经验和资源的大学生创业者来说，可能是一个较为稳妥的选择。通过与有经验的代理公司合作，创业者可以借助其市场渠道和销售经验，快速进入市场并获得一定的销售额。然而，这种模式也可能导致创业者对市场的控制力较弱，无法直接获取消费者反馈和需求信息。

（3）联销体商业模式。

联销体商业模式是指多个企业或个人组成联合体，共同销售商品或服务，共享收益和风险。联销体模式可以实现资源共享、风险共担，多个企业或个人联合在一起，共同面对市场挑战，提高了市场竞争力。在一些大型购物中心或商业街，常常可以看到多个品牌或商家联合在一起，形成一个联销体，共同吸引消费者，提高销售效果。由于联销体内部可能存在利益分配不均、合作意愿不一致等问题，如果协调不当，可能会影响整体的销售效果。

联销体商业模式则可以帮助大学生创业者与其他企业或个人形成合作联盟，共同面对市场挑战。通过资源共享和风险共担，可以降低创业风险并提高市场竞争力。但是，协调不同合作方之间的利益关系和合作意愿可能会成为一项挑战。

（4）仓储式商业模式。

仓储式商业模式以大型仓库为销售场所，提供大量商品供消费者选择，通常以低价和大量销售为特点，可以吸引大量消费者，提高销售额。同时，大型仓库也提供了丰富的商品选择，满足了消费者的多样化需求。例如，开市客（Costco）就是一个典型的仓储式商业模式代表。[1] Costco 以大型仓储式超市为形式，提供大量商品供消费者选择，并通过会员制实现低价销售。现实中，仓储式模式需要大量的库存和仓储空间，增加了运营成本。同时，由于商品种类繁多，管理难度也相应增加。

（5）专卖式商业模式。

专卖式商业模式是指专注于某一类或某一品牌的商品销售，可以提供更加专业化和个性化的服务。消费者对品牌的认知度和忠诚度也往往更高。例如，苹果专卖店就是一个专卖式商业模式的代表。[2] 苹果专卖店只销售苹果品牌的产品，并提供专业的产品咨询和售后服务，为消费者提供高品质的购物体验。相比而言，专卖店的经营范围相对较窄，一旦市场发生变化或消费者需求发生变化，可能会面临销售下滑的风险。此外，专卖店的建

---

[1] 齐丹蓉. 开市客仓储批发商业模式研究 [J]. 投资与创业, 2022, 33（8）: 48 – 50.
[2] 易明. 当诺基亚遇见苹果 [J]. 企业管理, 2011（12）: 60 – 62.

设和运营成本也相对较高。

（6）复合式商业模式。

复合式商业模式是指企业同时采用多种商业模式，可以实现线上线下、不同渠道和业态的互补和协同，提高了销售效率和消费者体验。例如，阿里巴巴就是一个典型的复合式商业模式代表。[①] 阿里巴巴不仅拥有线上电商平台，还涉足了线下零售、物流、金融等多个领域，实现了多元化的商业模式布局。由于复合式模式需要企业具备强大的资源整合能力和管理能力，否则可能会导致业务过于复杂、管理混乱。此外，不同业务之间的协调也需要投入大量的精力和资源。对于初创者来说，可以作为长远的准备，一般不作为起步阶段的首选。

4.3.3 商业模式设计

在新零售视角下，大学生创业者在设计商业模式时，应当遵循知己、知彼和有招三个核心原则，以确保商业模式的合理性和有效性。

（1）"知己"——清楚自身所处行业的一般属性，给企业合理定位。"知己"意味着大学生创业者需要深入了解自身所处行业的一般属性，包括行业趋势、市场规模、竞争格局以及消费者需求等。通过市场调研和数据分析，创业者可以对企业进行合理的定位，明确自己的优势和劣势，以及在市场中的定位。这有助于创业者确定自己的目标客户群体、产品或服务特点以及市场推广策略，为后续的商业模式设计奠定基础。假设大学生小李想开一家线上书店。在"知己"阶段，他首先分析了图书行业的市场规模、增长趋势以及主要的竞争对手。他发现，虽然传统书店面临挑战，但线上图书市场仍在增长，尤其是针对特定读者群体的细分市场。基于这个分析，小李将自己的书店定位为专注于某一文学流派的线上书店，以吸

---

① 张艳，王秦，张苏雁. 互联网背景下零售商业模式创新发展路径的实践与经验：基于阿里巴巴的案例分析［J］. 当代经济管理，2020，42（12）：16－22.

引特定的读者群体。

（2）"知彼"——找到自己企业的盈利点，进而设计合理的商业模式。"知彼"是能够找到自身企业的盈利点，从而实现合理的商业模式设计。盈利点是企业在市场中获得利润的关键环节，创业者需要仔细分析自己的产品或服务，确定哪些环节能够产生价值，并制定相应的定价策略。同时，创业者还需要考虑如何降低成本、提高效率，以确保盈利点的可持续性。在商业模式设计中，创业者可以借鉴行业内的成功案例，并结合自身实际情况进行创新，以形成具有竞争力的商业模式。以小李的线上书店为例，在"知彼"阶段，他计算了每本书的采购成本、运营成本以及期望的利润率。他发现，除了直接销售图书外，还可以通过提供会员服务、推荐相关书籍或举办线上活动等方式增加收入。同时，通过优化供应链和采用自动化工具，他可以降低运营成本，提高盈利能力。

（3）"有招"——商业模式的运营与管理，并积极付诸行动。"有招"即有办法对自己的商业模式的运营与管理，并积极付诸行动。商业模式的设计只是第一步，更重要的是如何将其有效地运营和管理。创业者需要制定详细的运营计划，包括市场推广、销售渠道、物流配送、客户服务等方面。同时，创业者还需要建立有效的团队和管理机制，确保各项工作的顺利进行。在运营过程中，创业者需要密切关注市场动态和消费者反馈，及时调整策略，不断优化商业模式。以小李的线上书店为例，在书店运营时，他采用了多种策略来推广自己的品牌。他利用社交媒体进行营销，与文学博主合作进行推广，并在自己的书店网站上提供高质量的图书评论和推荐。为了提高客户满意度，他建立了完善的客户服务体系，包括快速响应客户的咨询和投诉，以及提供灵活的退换货政策。同时，他不断优化物流配送，确保客户能够及时收到购买的图书。

4.3.4 大学生创业融资模式

在新零售视角下，大学生创业战略对于创业融资模式的选择具有显著影响。不同的创业战略需要不同的融资策略来支持其实现。

4.3.4.1 紧缩型创业战略下的大学生创业融资模式选择

紧缩型创业战略强调收缩和撤退，以减少成本、提高效率，并应对可能的市场挑战。在这种战略下，大学生创业者的融资模式选择应着重于资金的有效利用和风险控制。

（1）亲情融资与金融机构贷款。由于紧缩型战略需要严格控制成本，亲情融资和金融机构贷款可能是较为合适的融资方式。亲情融资具有低成本、低风险的特点，而金融机构贷款可以提供稳定的资金支持，帮助创业者在紧缩期间维持运营。

（2）政府扶持与创业基金。此外，政府扶持资金和创业基金也是不错的选择。这些资金通常具有较低的利息或免息，且有助于提升创业者的信誉度，进而吸引其他投资者。

4.3.4.2 稳健型创业战略下的大学生创业融资模式选择

稳健型创业战略注重保存实力、稳定发展，并有效控制经营风险。在这种战略下，大学生创业者的融资模式选择应强调稳定性和可持续性。

（1）合伙融资与风险投资。稳健型战略下，寻找合伙人或吸引风险投资是较为合适的融资方式。合伙人可以提供资金支持并分担风险，而风险投资机构则能为创业者提供资金和专业指导，助力企业稳健发展。

（2）众筹与天使投资。众筹和天使投资也是稳健型战略下的可行选择。众筹可以通过网络平台广泛吸引小额投资者，降低单一投资者的风险；而天使投资则能为创业者提供早期的资金支持，帮助企业应对初创期的困难。

4.3.4.3 增长型创业战略下的大学生创业融资模式选择

增长型创业战略旨在扩大产销规模、提高竞争地位，以实现快速发展。在这种战略下，大学生创业者的融资模式选择应着重于资金的快速获取和高效利用。

（1）资本市场融资。增长型战略需要大量的资金支持，因此资本市场融资是一个重要的选择。通过在股票市场或债券市场发行股票或债券，创业者可以快速筹集大量资金，支持企业的快速扩张。

（2）私募股权与战略投资。私募股权和战略投资也是增长型战略下的重要融资方式。私募股权机构可以为企业提供大额资金，并帮助企业优化管理、拓展市场；而战略投资者则可能带来行业资源、技术支持等，助力企业实现快速增长。

不同创业战略下的大学生创业融资模式选择具有不同的特点。在紧缩型战略下，应注重资金的有效利用和风险控制；在稳健型战略下，应强调稳定性和可持续性；在增长型战略下，则应着重于资金的快速获取和高效利用。创业者在选择融资模式时，应根据自身战略定位和市场环境进行综合考虑，以实现最佳的融资效果。

第 5 章
新零售视角下大学生创业平台搭建路径

新零售视角下大学生创业平台的搭建需要高校、企业、政府等多方共同努力。通过构建高校创业平台基本模式、新零售共创空间以及多元共生的孵化器实践实训建设,为大学生创造一个良好的创业环境,它不仅能够帮助大学生将创意转化为商业价值,还可以助力他们在新零售时代实现创业梦想。一方面,高校创业平台是新零售视角下大学生创业的起点。高校创业平台的基本模式主要包括创业教育、项目孵化、资源整合等方面。通过创业教育,高校能够为学生打下坚实的创业理论基础,培养其创新思维和创业精神。项目孵化则是高校创业平台的核心,它能够为有潜力的创业项目提供资金支持、导师指导和场地设施,帮助学生将创业梦想转化为现实。高校必须主动加强与社会的联系和沟通、努力创建与社会互动的完善机制、推进教学和评价体系改革,才能不断完善高校创业型人才培养体系。[①] 资源要素整合则能够帮助学生解决创业过程中遇到的各种难题,提升创业成功率。另一方面,新零售共创空间的构建与实现是大学生创业平台搭建的关键环节。共创空间不仅是一个物理空间,更是一个集创意、交流、合作于一体的平台。在共创空间中,大学生可以与其他创业者、行业专家、

---

① 张美凤,赵映振,蒋锋. 关于大学生创业特征的调查与思考[J]. 中国高教研究,2001(10):55-56.

投资人等进行深入交流,分享创业经验,寻求合作机会。同时,共创空间还能够提供新零售相关的技术支持和市场分析,帮助大学生更好地把握市场趋势,优化商业模式。此外,多元共生的孵化器实践实训建设是大学生创业平台持续发展的重要保障。孵化器能够为学生提供从创意到产品再到市场的全链条服务,帮助其在实践中不断成长。多元共生的孵化器实践实训建设意味着孵化器应该与各类企业、机构建立合作关系,共同为大学生提供实践机会和实训资源。这样不仅能够提升学生的实践能力,还能够促进产学研的深度融合,推动新零售行业的创新发展。

5.1 高校创业平台基本模式

高校创业平台的基本模式是一个多元化、层次化的创新生态系统,有利于激发学生的创业热情,培养他们的创业能力,并为他们提供从创意到实现、从初创到成长的全过程支持。创业学院作为平台的起点,负责传授创业理论知识,培养学生的创新思维和创业意识。孵化基地则提供了一个安全、稳定的环境,让初创项目在导师的指导下进行初步的市场测试和产品打磨。创业园成为项目进一步发展和壮大的摇篮。立体多样的创业平台不仅为高校大学生创业者提供了全方位的支持,也有效促进了高校与社会的产学研深度融合,成为推动区域经济发展的重要引擎。

5.1.1 创业孵化机构与平台的类型

5.1.1.1 创业学院

创业学院是开展创新创业教育的教学部门。主要负责学校创新创业教育规划、组织及实施工作,包含创新创业教育规划、创新创业与就业课程与教材建设、创新创业导师队伍建设、创新创业实践训练项目建设与管理、创新创业理论研究、创新创业教育活动等工作。以美国艾奥瓦州的北爱荷华社区学院（NIACC）为例[1]，该学院构建了较为完善的创新创业生态系统，有效推动了乡村振兴，实现路径包括创业服务平台的建设、帕帕约翰创业中心的功能和运行模式；在创业教育体系的建设方面，主推全校性创业教育模式，涵盖学位、证书等学分式项目以及针对乡村创业者的非学分式项目；创业服务体系和合作伙伴建设方面的工作，包括与区域大学创业中心的合作、各级政府对乡村创业的支持、创业网络平台的搭建、非营利机构的广泛参与和创业融资渠道的探索等。

5.1.1.2 孵化基地

孵化基地一般是由政府主导搭建的制度化、智能化服务平台，经过地方人力资源和社会保障部门与财政部门的严格认定，旨在为初创小微企业和个体创业者提供稳定的生产经营场所，同时辅以专业的创业指导服务和限时政策扶持。作为一类具备持续孵化与培育创业主体功能的创业载体，它不断推动着创业创新的发展。

创业孵化基地主要为高校毕业生、城镇登记失业人员、返乡农民工、复转退伍军人等各类城乡劳动者自主创业提供低成本的孵化服务。除国家明文限制行业（建筑业、房屋中介、典当、桑拿、按摩、网吧、氧吧、美容美发、酒吧等）外，均可申请进入创业孵化基地孵化创业。[2] 以北京联合大学商务学院为例[3]，商务学院为确保创新创业孵化基地发挥在学院营建创新创业生态园的核心作用，从基地的运营管理上一开始就采用了企业化运营方式。孵化基地以"创业筹备期""创业发展期""创业成长期"三个

---

[1] 沈陆娟. 创业型学院创新创业生态系统促进乡村振兴路径研究：以美国 NIACC 乡村社区学院为例 [J]. 中国职业技术教育，2020（4）：61-69，82.

[2] 杨香港. Y 市创业孵化基地财政专项补助资金绩效评价研究 [D]. 长沙：中南大学，2022.

[3] 孙桂生，刘国立. 大学生创新创业孵化基地建设探讨：基于北京联合大学商务学院的案例分析 [J]. 中国高校科技，2018（Z1）：139-141.

不同时段的入孵团队进行分期分时段的各有侧重地提供咨询服务和管理。孵化基地还为每个入孵团队都固定一名创业导师全程跟踪"观察"，做到参与而不干涉团队运营、决策。固定创业导师的主要任务是收集、提炼入孵企业创业历程，积累形成提升为创业教学案例。

5.1.1.3 创业园

创业园是指鼓励和支持各地在符合土地利用总体规划和城乡规划的前提下，整合土地资源，盘活闲置场地、厂房和农村家庭农场等设施建设创业园，以区域优势资源为基础，吸纳各类创业群体开展创业，对高校毕业生、返乡农民工入园创业给予重点扶持，提供低租金或免租金、低收费或零收费、"一站式"服务的创业平台，降低创业成本，减少创业风险，提高创业成功率。[1] 以深圳大学城创业园为例，该创业园于2007年9月成立，是深圳市南山区科技局主导成立的国家级科技企业孵化器，是深圳市国际知识创新村的策源地和三区融合示范园区，总孵化面积达3.5万平方米。秉承扶持科技型中小企业创新创业的宗旨，坚守服务社会、服务企业的情怀，大学城从无到有、从小到大，成功孵化了大疆创新、绿米、莫廷、中科力函等多家创新型科技企业。作为深圳首批国家级科技企业孵化器，大学城创业园面向国内外大学生创业团队、社会青年创客团体和科技创新企业，打造功能设施完备、信息化管理齐全、孵化运营管理体系完备的全链条、一站式科技孵化服务平台。大学城创业园先后被评为国家级科技企业孵化器、广东省创客空间试点单位、"深港创新圈"企业孵化基地、科技部大学生科技创业见习基地、高层次人才实训基地、留学人员创业园、国家备案创客空间等十余项荣誉资质，成为深圳南山北部知识创新区鼓励创新、扶持创业的一面旗帜。大学创业园已累计孵化科技企业550多家，园区在孵企业超过150家，实现产值达36亿元，目前涉及的行业领

---

[1] 李杜情. A创业园品牌营销策略研究［D］. 重庆：重庆理工大学，2023.

域包括互联网及新一代信息技术、节能环保、生命健康、高端装备和智能硬件等。[①] 在天津青年创业园，自 2011 年 5 月开园至 2019 年 4 月，累计注册企业 1777 户（其中红桥区 1607 户，河东区 113 户，南开区 57 户），经认定和正在认定的科技型企业超过 600 家，已认定天津市高新技术企业 11 户，国家高新技术企业 8 户，收入过亿元企业（"小巨人"企业）1 户。吸引 3000 余名青年创业，带动就业过万人。2018 全年认定市级科企 98 家，约占红桥区认定总数的 52.1%；入库国家科企 113 家，约占红桥区当年认定总数的 48.3%，园区内民营小微企业实现高速发展。园区企业多为文化创意、互联网、物联网、智能制造、新媒体、3D 打印服务及新材料等科技服务、生产服务、创业服务、就业服务、商务服务以及科技和文化融合的新兴领域；多家创业企业代表天津参加全国创新创业大赛、中国创翼全国创业创新大赛、挑战杯全国大学生创新创业大赛并均获佳绩。自 2010 年至 2019 年 4 月，创业成功率高达 80% 以上。大学生创业比例高、科技型企业比例高、创业成功率高，已经成为天津青年创业园新的三大特点。[②]

5.1.1.4 科技园

科技园是集知识、技术、人才为一体以及融合科研、教育、生产的高度集中的科技开发区域，是高新技术产业发展的基地和交汇点。一般由地区政府牵头投资，周围大学、研究机构参加，银行、保险公司、相关的各种基金和投资公司入股，共同组织成科技园的管理机构。因此，科技园是将具有研究、开发、转化功能的知识型组织以及寻找新技术的公司在某一地域（一般在大学周围）集合在一起，使之形成一个学术气氛活跃、商业气息浓厚的特殊区域。[③] 以北京大学科技园（简称"北大科

[①] 园区简介 [EB/OL]. http://ttest.szubp.com.cn/home/about/index/code/about_us.html, 2024-04-23.

[②] 园区简介 [EB/OL]. http://www.tjqn.cn/? m=home&c=Lists&a=index&tid=8, 2019-05-05.

[③] 刘敬豪. 科技园区生活性服务设施配置评估方法与提升策略研究 [D]. 北京：北京建筑大学, 2023.

技园")为例,北大科技园本部位于北京中关村核心区,北京大学校园东北角,以创新中心大厦为主要载体,围绕北大周边,孵化空间达17.76万平方米,功能区涵盖"985工程"教学区、科研区、孵化与产业区及配套服务区。以电子信息、生物制药、现代设计等战略性新兴产业为方向,是北京大学科技成果转化、科技企业孵化、创新创业人才培育和高科技产业化发展的重点基地。[①] 北大科技园于2020年推出了科技产业化人才学习社群与成长平台——北领online(北大科技园科技产业未来领袖计划),常态化开设"北领"全国班以及技术经纪等专题班,以人才培养驱动成果转化和企业发展,培养了一批科技产业化领军型人才与技术转移复合型人才。在园区发展建设方面,北大科技园采用典型的"一校多园"模式,提出以北大元素与品牌形象为核心的园区经营与管理、"校地合作、协同创新"的发展战略和路径。该战略的核心内容是建设精品园区,打造"城市创新名片",在深入挖掘北京大学优势资源的基础之上,广泛地与全国各地地方政府密切沟通合作,开辟分园区,把北京大学的产学研优质成果推广辐射到全国。目前,北大科技园的建设运营园区遍及北京、广州等国内核心城市,通过这些园区,加上当地特色资源优势,为地方企业对接北京大学技术资源、北京大学科技成果支持地方经济社会发展奠定了扎实基础,双方实现了高度资源共享。

5.1.2 大学生创业认定体系的构建

大学生创业认定体系的构建是一个复杂且多维度的过程,它涉及政策制定、资源分配、创业教育以及评估机制等多个方面。在当前政府对大学生创业给予高度重视的背景下,构建一个科学、公正且有效的大学生创业认定体系显得尤为重要。

---

① 园区介绍[EB/OL]. http://www.pkusp.com/Article/201806/201806290002.shtml,2018-06-29.

5.1.2.1 创业认定体系构建的原则

构建大学生创业认定体系是一项复杂且重要的任务，它涉及对大学生创业活动的全面评估和认定。在构建这一体系时，应遵循一系列基本原则，以确保其科学性、公正性和有效性。

（1）主体性原则。在创业认定活动中，主体性原则强调大学生创业者在认定体系中的主体地位。在构建认定体系时，应充分尊重创业者的个性和需求，以创业者的实际表现和创业成果为核心进行评价。这要求认定体系能够真实反映创业者的能力、贡献和潜力，避免主观臆断和偏见。有利于激发大学生的创业热情和创新精神，鼓励他们积极参与创业活动，实现自我价值。

（2）连续性原则。创业活动是一个连续的过程，连续性原则要求大学生创业认定体系应具有一定的稳定性和可持续性。这意味着认定体系在设计和实施过程中，应考虑到长期发展的需要，确保在不同阶段都能保持一致性和连贯性。通过连续性原则，可以确保认定体系的稳定性和可靠性，避免频繁变动对创业者和认定工作造成不必要的困扰和影响。

（3）目标导向原则。目标导向原则意味着大学生创业认定体系应明确其目标和导向，即促进大学生创业活动的健康发展。认定体系应围绕创业教育的目标进行设置，关注创业者的创新能力和创业实践成果。能够确保认定体系与创业教育的整体目标保持一致，引导创业者朝着正确的方向发展，提高创业成功率。

（4）可行性原则。可行性原则要求大学生创业认定体系应具有可操作性和实践性。这意味着认定体系在设计时应考虑到实际操作的便利性和可行性，避免过于复杂或难以实施的问题。有利于认定体系在实际中得到有效应用，为创业者和相关部门提供准确、可靠的认定结果。

（5）可拓展性。可拓展性原则强调大学生创业认定体系应具备一定的灵活性和可扩展性。随着创业环境的不断变化和创业教育的不断发展，认定体系需要能够适应新的情况和需求，进行必要的调整和完善。有利于认定体系与时俱进，保持其生命力和适应性，为未来的创业活动提供有力的支持。

5.1.2.2　创业能力的评价指标体系构建

新零售视角下，大学生创业能力评价指标的构建是一个系统且深入的过程。这涉及对原始指标的收集与整理、精选指标的筛选与确定，以及评价模型的构建与应用。

（1）原始指标。

原始指标主要是通过文献研究、样本调查等方式获取，涵盖了大学生创业者在新零售视角下所需的各种能力和素质。指标可以从多个维度进行划分，包括但不限于以下几个方面：

①创新能力：包括创新思维、创新能力、创新实践等，反映创业者在新零售领域中的创新能力和创新意识。

②市场洞察能力：包括市场敏感度、消费者行为分析能力等，体现创业者对市场趋势和消费者需求的把握能力。

③团队协作能力：包括团队沟通能力、团队管理能力等，反映创业者组建和管理团队的能力。

④资源整合能力：包括资金筹措能力、供应链管理能力等，体现创业者整合各种资源以支持创业活动的能力。

⑤风险管理能力：包括风险评估能力、风险应对能力等，反映创业者对创业过程中可能出现的风险的认识和应对能力。

（2）精选指标。

在原始指标的基础上，需要进一步筛选出更具代表性和可操作性的精选指标。这些精选指标应能够全面、准确地反映创业者的能力水平，并且在实际操作中易于获取和衡量。精选指标的筛选过程应遵循以下原则：

①代表性原则：所选指标应能够代表创业者在各个能力维度上的表现，

避免重复和冗余。

②可操作性原则：所选指标应具有明确的定义和衡量标准，便于实际操作和数据分析。

③相关性原则：所选指标应与新零售视角下的创业活动密切相关，能够反映创业者在实际创业过程中的能力表现。

通过对原始指标的筛选和整合，可以形成一套具有代表性和可操作性的精选指标，为后续的评价模型构建提供基础。

（3）评价模型。

基于精选指标构建而成，用于对大学生创业者的能力水平进行量化和比较。在构建评价模型时，可以考虑采用以下方法和技术：

①权重分配：根据每个精选指标的重要性和影响力，为其分配相应的权重。这可以通过专家打分、问卷调查等方式进行。

②数据采集：通过问卷调查、访谈、实地考察等方式收集创业者在各个指标上的表现数据。

③数据分析：采用统计分析、模糊评价、层次分析等方法对收集到的数据进行处理和分析，得出创业者在各个指标上的得分。

④综合评价：根据每个指标的得分和权重，计算创业者的综合得分，从而对其能力水平进行综合评价。

评价模型的构建需要考虑模型的准确性、可靠性和实用性等方面，以确保评价结果能够真实反映创业者的能力水平，并为创业教育和创业支持提供有针对性的建议和指导。

5.2 新零售共创空间的构建与实现

在新零售视角下，共创空间的构建是对传统模式的升级与拓展。它既保留了现有方式的精髓，又增加了诸多灵活性，以适应不断变化的市场需求。共创空间的构建形式多元,涉及学校、企业、政府及个体之间的交叉融合,旨在打造适合创业者发展的商业模式。新零售倾向于打破传统买卖双方的物理界限,强调线上线下的无缝融合与消费者体验的升级。因此,新零售视角下的共创空间,更多地表现为一个内容丰富而形态简洁的共创体。它不仅是实体运行的平台,更是创业者思想碰撞、资源共享、创新发展的摇篮。在打造新零售共创空间时,关键在于如何更好地运用现有方式,并结合新零售的理念,创造出更具活力与潜力的商业模式。通过优化空间布局、提升服务品质、加强合作交流,共创空间将成为推动新零售发展的重要平台。

5.2.1 校企合作

5.2.1.1 校企合作内涵与特征

(1) 校企合作的基本内涵。

校企合作,顾名思义,是学校与企业建立的一种合作模式。校企合作教学模式是一种以社会需求为导向的运行机制,在人才培养过程中既有学校参与,也有企业参与,由企业与学校共同研究制订科学的教学计划。校企合作,其根本目的在于通过学校与企业的合作,促进学校教育管理理念的实现与企业发展目标的实现,培养大量高素质技能型人才,服务地方经济社会发展。校企合作是一种注重培养质量,注重在校学习与企业实践,注重学校与企业资源、信息共享的"双赢"模式。通过校企合作模式,教育界和企业界联合培养人才,改变以课堂为中心的传统人才培养模式,从单纯的学校教育向学校教育与企业实践相结合转变。[1]

(2) 校企合作的特征。

校企合作的核心在于教育的"培养目标"与企业发展的"人才需求"

---

[1] 韦弢勇. 校企合作环境下的职业教育实践教学运行机制 [J]. 教育与职业, 2017 (18): 96–99.

的精准对接，以及教育的"就业需求"与企业发展的"队伍建设"的相辅相成。校企合作具备以下特征。

①人才培养方案精准契合企业用人标准。在校企合作办学中，最为核心的目标在于人才培养需精准反映社会对技术应用型人才的真实需求，并紧密贴合企业的用人标准。因此，高校在制定人才培养方案时，不能闭门造车，也不能拘泥于传统的学科型培养体系。相反，必须深入理解和把握行业及合作企业的用人标准，确保人才培养方案经过行业专家或企业人力资源部门的严格评估，从而精准指导办学实践。在与企业的紧密型合作中，更是需要将人才的"企业个性要求"细化并融入教学培养方案中，使得培养目标更加贴近企业用人实际，真正实现教育产品与社会人才需求的无缝对接。

②育人场所拓展至企业车间一线。校企合作的强大动力源于双方的资源互补与互利共赢。对于高校而言，往往面临缺乏能够满足学生职业能力培养的实训场所这一资源瓶颈。而企业支持学校实验实习设备的更新和升级，成为解决这一问题的关键途径。即便学校能够自主建立模拟车间或实训室，依然难以模拟出真实的企业经营环境。因此，校企合作的一个显著特征便是将教学课堂延伸到企业车间，让学生在真实的工作环境中学习和实践。

③校园文化与企业文化深度融合。在校企合作的过程中，企业文化与校园文化的相互融合，共同构成了技术应用型人才培养的丰富人文环境。除了接受学校的传统教育和校园文化的熏陶，学生还需要深入了解和接纳企业文化，培养与之相匹配的职业精神。这种文化的融合，为学生未来与企业员工的无缝对接奠定了坚实的基础。通过邀请企业管理人员到学校宣讲企业精神、文化，为学生创造与企业直接交流的机会，引导他们自觉培养企业所需的职业道德和团队协作精神。同时，让学生参与企业实习，置身于企业的生产、管理真实环境中，提前感受岗位氛围，不仅能增强学生对企业的归属感，还能促进他们形成服务社会化大生产的自觉意识。

④教学资源与师资力量共享。在校企合作中，高校与企业之间的教学资源与师资力量得以共享。高校可以依托企业的先进技术、设备和生产经验，为学生提供更加贴近实际的学习和实践环境。同时，企业专家和技术人员也可以作为兼职教师或开设讲座，将最新的行业知识和技术传授给学生，丰富教学内容。

⑤科研与技术创新合作。校企合作不仅限于人才培养，还包括科研与技术创新方面的合作。高校可以与企业共同开展科研项目，解决行业中的技术难题，推动技术进步和产业升级。同时，企业也可以借助高校的科研力量，提升自身的技术水平和创新能力。有助于实现产学研一体化，促进科技创新成果的转化和应用。

⑥就业与创业服务对接。校企合作的一个重要目标是实现学生就业与企业招聘的对接。高校可以与企业建立就业服务合作机制，共同开展就业指导、职业规划、实习实训等活动，帮助学生更好地了解市场需求和就业环境。同时，企业也可以为学生提供实习和就业机会，促进学生顺利就业。此外，校企合作还可以支持学生的创业活动，提供创业指导、资金支持和市场资源等方面的帮助，推动学生创新创业。

5.2.1.2　校企合作意义

现阶段高等教育的主题是改革与发展，产学研结合是新时期地方高等教育发展的必由之路，校企合作则是实现产学研结合的重要途径。地方院校与企业的校企合作不仅是企业发展和参与竞争的必然要求，也是我国高等教育改革的重要方向和发展的根本出路。

（1）校企合作协同育人是职业性本质的必然要求，也是教育与生产劳动相结合原则在职业教育中的具体体现。因此，校企合作实现了高等教育的本质回归。

传统学徒制通过"师傅带徒弟""一对一""自愿自助"的方式，在工作过程中传授经验。一方面，在潜移默化中培养学徒的职业技能和情感；

另一方面,"一对一"的模式能根据学徒的个体差异因材施教,强调"做中学、学中做",这是工学合作的雏形。以职业性和实践性相结合的高等教育,与产业界有着天然的联系,地方院校与企业共生共荣、共同发展是特有的规律。

(2)体现"以就业为导向"的办学方针。

"以服务为宗旨,以就业为导向"办学方针的提出,要求教育必须更新人才培养观念,把就业放在极其重要的位置,切实从专业学科本位向职业岗位和就业本位转变,实现教育与就业的对接,而校企合作就是贯彻这一办学方针的有效途径。[①] 校企合作可使地方院校学生获得实际的工作体验,帮助他们顺利就业。

在人才市场上,诸多用人单位希望录用具有一定工作经验的人员,这对一直在学校学习的学生来说是不切实际的,但通过校企合作,使学生在校求学期间能有机会到企业进行一年或者更长时间的顶岗实习,按照企业实际的生产和服务要求参加工作实践,获取工作经验,学生在校期间就具备了企业等用人单位录用新员工所需的工作经验。校企合作能够有效提高学生的职业能力,使毕业生能快速实现由学生向社会人的角色转变。更重要的是,学生的动手能力、综合分析能力、独立完成工作的能力和应变能力等这些职业岗位能力得到了很好的培养和锻炼,这是岗位实践活动以外任何形式无法完成的。

校企合作能够及时帮助学生掌握就业信息,实现学生就业和企业用工的顺利对接。目前,应届毕业生在谋求就业遇到的障碍之一是信息不对称,不能获得必要、及时的就业信息,这在一定程度上导致学生付出很大的经济、时间和机会成本,而不能找到适合自己的就业岗位。通过校企合作,很多学校把握了行业发展趋势,掌握了企业用人需求,实现了"订单式"培养,大大改善了毕业生的就业状况。

---

① 刘薇. 地方高校管理类专业实践教学校地合作模式探析[J]. 学术探索,2012(9):129-131.

(3) 重构人才培养模式。

通过校企合作使教育界和产业界联合培养人才，能彻底改变以课堂为中心的传统人才培养模式，重构以能力为本位的人才培养模式。多年以来形成的以课堂为中心的人才培养模式，注重知识的传授，其中知识的安排又以学科体系为逻辑，注重知识的系统性和完整性。因过分注重理论知识而忽视了职业岗位能力的培养，学生在就业后一般需要较长时间的适应期和再学习期。

这种以学科知识体系为主线、以课堂教学为主要形式的人才培养模式，导致了理论与实践的严重脱节，"学不能致用"的现象造成了资源的极大浪费，越来越不能适应现代经济社会对于人才的要求。因此，从教育的使命出发，注重学生职业能力和素质的培养，就必须构建新的人才培养模式。

校企合作，从单纯的学校教育向学校教育与企业实践相结合转变，构建了以能力为中心的人才培养模式。这种人才培养模式，专业基于市场需求设置，培养目标根据相应职业岗位能力要求确立，注重与社会特别是行业、企业对人才的技能要求相结合，课程的制订及教学的评价，吸收行业、企业专家参与和指导，并根据劳动力市场变化不断调整。校企合作沟通了理论与实践，实现了人才培养从传统的偏重学生知识传授向注重就业能力提高和综合职业素质养成转变，重构了能力本位的人才培养模式，从而切实提高了职业教育人才培养质量。[1]

5.2.1.3 校企合作形式

(1) 产学研联合实验室。学校和企业共同投入资源，建立实验室或研发中心，进行技术研发和创新。通过产学研结合，学校可以获得企业的技术支持和经费支持，而企业则可以获得学校的研发成果和人才支持。

(2) 双聘制。在这种模式下，学校和企业共同聘请一位教授或专家，

---

[1] 王辰. 基于校企合作的广西休闲体育专业人才培养策略研究 [D]. 桂林：广西师范大学，2023.

既可以在学校担任教学任务，也可以在企业中担任技术顾问或研发工作。这样既能加强学校与企业之间的交流与合作，又能促进双方的资源共享和优势互补。

（3）学生实习实训。学生可以在企业中实习，了解企业的运作模式和行业知识，提升自己的实践能力和职业素养。同时，企业也可以通过实习生的表现选拔优秀的人才，为未来的招聘储备力量。

（4）技术转移。企业将自身的技术成果转移给学校，由学校进行进一步的研究和开发，以提升技术水平和创新能力。或者学校的成果到企业转化，也可以实现双方技术共享。学校可以获得更多的研发资源和技术支持，而企业则可以获得学校的创新成果和知识产权。

（5）订单式培养。学校根据企业的用人需求，与企业签订人才培养协议，按照企业的要求定制培养方案，为企业输送符合需求的人才。

（6）校企共建实体。学校与企业共同出资成立实体机构，如培训中心、研发中心等，共同开展人才培养、技术研发等活动。

5.2.2 校地合作

5.2.2.1 校地合作的内涵

校地合作指的是院校与院校地理位置所处区域或其他区域范围内的地方政府、企业等部门的合作。校地合作的目的是处理好院校发展与市场、地方的关系，为高校赢得更大的生存和发展空间。[①] 经济社会的全面进步需要高校提供更多的智力支持，高校自身的发展也要求高校在服务经济社会中获得更大的发展空间。高校只有积极寻求符合本校和当地实际、利于发挥自身服务潜能的有效途径，才能更好地融入地方经济发展，实现双赢。

---

① 何根海，谭甲文. 基于校地合作的应用型本科人才培养的改革与实践 [J]. 中国高教研究，2011（4）：61-63.

5.2.2.2 校地合作的意义

(1) 有利于适应地方经济社会发展所需高素质人才的培养。人才培养是高等院校的根本使命，地方高校应适应地方经济社会发展需要，着力培养信念执着、品德优良、知识丰富、本领过硬的高素质人才。首先，加强校地合作，能够解决人才培养与社会需求之间脱节的问题，根据地方经济发展的需求调整培养方案，形成一种正向反馈机制，减少人才培养与社会需求的差距；其次，加强校地合作，依托地方资源指导学生了解实践、深入实践，树立正确的职业价值观，塑造良好的团队合作精神；最后，加强校地合作，为学生参与科研项目与技术研发提供了机会，引导学生在参与的过程中把理论知识和社会实践紧密结合起来，培养其创新型思维和应用知识解决实际问题的能力。

(2) 有利于提升地方高校科学研究和教学水平。科研、教学工作是高等院校持续发展的生命力。加强校地合作，推进地方高校的科学研究与当地经济、社会发展需求相结合，以应用、开发研究为重点，有助于解决自身在科研经费、科研项目、科研成果转化等方面的问题，从而不断提升地方高校的科研水平，同时进一步促进科研与教学互动，提升教学水平。

(3) 有利于地方高校服务社会职能的充分发挥。地方高校不仅要服务社会，而且要引领社会。加强校地合作，有利于地方高校这一职能的充分发挥。通过充分了解地方对人才的需求情况，有利于地方高校及时更新人才培养模式；结合地方产业结构，调整学科结构、专业结构，促进地方高校学科专业结构与地方产业结构协调发展；以项目为依托，积极参与地方相关产业的重大科研课题，为地方经济社会发展献计献策；充分发挥地方高校的教育资源优势，为地方政府决策提供信息和咨询服务。

(4) 有利于拓展地方高校的文化传承创新功能。地方高校拥有传承地方文化的天然优势。从地方特有资源出发，通过研究开发地方在全国乃至世界上有影响的科学文化遗产和特有资源，丰富祖国的科学文化宝库，把地方的科学文化知识传播出去，这既是地方高校文化传承的基本任务，地方经济、社会发展的基本需求，也是形成地方高校科研特色的重要途径。加强校地合作，积极利用高校在引领和传承先进文化方面的优越条件，引导校内文化向校外转移，把文化建设与广大人民群众的精神文化生活联系在一起，成为推动地方精神文明建设的重要力量。[①]

5.2.3 国外校地合作经验借鉴

高校与地方经济建立起相互需要、相互依存的关系，主要是从西方发达国家开始的。在其发展的过程中，取得了良好的成效，积累了丰富的经验。

从美国高等教育发展历史来看，高校与地方经济发展的主要互动模式经历了以"威斯康星"为代表的高校主导模式—以"硅谷"为代表的"产学研"三结合模式—以"相互作用大学"（interactive university）为代表的地方大学与地方共生模式。[②] 美国威斯康星大学与地方经济建设互动模式的主要特征是以高校为地方经济的单向服务为主导，主要方式体现在三个方面：由高校在各地开设短期课程，将知识推广到大学之外；将各学科专家引进政府，担任顾问及相应的指导和领导工作，为政府各项公共政策提供咨询服务；让大量的研究生和本科生积极参与社会服务，兼任某些部门的工作。美国"硅谷"是以大学为核心的"科技工业园区"，它把高校的教学、科研、生产整合协调起来，形成了独具特色的"产学研"联合体，成为美国高新技术的摇篮。"相互作用大学"作为20世纪90年代美国产生

[①] 包群，梁贺，阳佳余. 主动亲近还是避而远之：政企关系视角下的外商合作对象选择［J］. 经济学（季刊），2021，21（4）：1477-1498.

[②] 曾蔚阳. 从"威斯康星思想"到"相互作用大学"：我国新建地方本科院校战略发展启示［J］. 教育评论，2015（6）：162-164.

的一种新型大学模式,其生长机制是与当地社会经济发展紧密结合并谋求共同的利益,核心精神是"以地方为中心",基本发展战略是使学校与所在社区的企业界、公众及政界建立一种积极的、双向作用的伙伴关系,为实现社区经济繁荣和社会公正的共同目标而努力。

2003年英国颁发了高等教育白皮书《高等教育的未来》[①],为英国高等教育未来的发展描绘了蓝图,提出了"强化大学在支持地区经济发展中的作用"的观点。英国贝尔法斯特女王大学在战略定位上突出自身服务于区域社会经济发展的优势,强化人才培养和社区服务的功能,通过科技成果有效转化和为政府提供政治经济决策咨询,在区域社会经济中发挥不可替代的作用,形成了鲜明的办学特色。此外,法国的工程师培养模式[②]、德国的"双元制"模式[③]等都具有高校与地方经济社会密切合作的特征。

5.2.4　地方高校加强校地合作的有效措施

在高等教育与地方经济社会发展关系日益密切的今天,地方高校必须改变过去相对封闭的发展模式,从促进地方经济社会发展的角度来重新审视自身的人才培养、科学研究、服务社会与文化传承创新等各项职能,加强与地方合作,才能全面提高教育质量。

5.2.4.1　校地合作的模式

目前,我国高校与地方合作形式多样,既有整体合作,也有项目合作结合,各具特色,主要包括以下一些形式:

(1)全面合作模式。高校与地方政府签订全面合作协议,意味着双方

[①] 陈剑琦.2003年英国高等教育白皮书:《高等教育的未来》[J].比较教育研究,2003(6):92-93.
[②] 李兴业.法国高等工程教育培养模式及其启示[J].高等教育研究,1998(2):101-105.
[③] 咸佩心,陈洪捷.德国高校双元制:背景与前景[J].高等教育研究,2022,43(11):96-100.

在人才培养、科技研发、咨询服务等多个领域都将开展深度合作。高校不仅为地方输送人才，还直接参与地方的经济建设和社会发展，为地方提供全方位的智力支持。同时，地方政府和企业也为高校提供实践基地、科研项目等资源，促进高校的科研和教学水平提升。

（2）联合办学模式。高校与地方政府或企业共同出资、共同管理，合作举办学院或专业。这种模式可以充分发挥双方在人才培养方面的优势，实现资源共享和优势互补。通过联合办学，高校可以更好地了解地方和企业的用人需求，调整专业设置和人才培养方案，提高人才培养的针对性和实用性。

（3）城市及区域规划。高校受地方政府委托，参与城市及区域规划的制定和实施。高校要具备较高的规划设计和咨询能力，能够为地方政府提供科学的决策依据和实施方案。通过参与规划工作，高校不仅可以为地方的社会经济发展作出贡献，还可以将规划理念和实践经验融入教学和科研中，提升学生的实践能力和综合素质。

（4）校企合作。高校与企业共同开展科技研发、成果转化、人才培养等活动。通过校企合作，企业可以获得高校的技术支持和人才资源，提高产品的技术含量和市场竞争力；高校则可以了解企业的技术需求和市场动态，调整研究方向和教学内容，提高科研和教学的针对性和实效性。

（5）兴办大学园区或大学城。政府提供优惠政策，吸引或要求高校参与大学园区或大学城的建设。有助于实现高校的集群化发展，提升整个地区的教育水平和影响力。通过共建大学园区或大学城，高校之间可以加强交流与合作，共享资源和成果；也可以为地方的经济社会发展提供强有力的人才支持和智力保障。

（6）其他方式。除了上述几种常见的校企合作形式外，还有许多其他形式的合作方式。例如，高校可以为地方政府或企业提供咨询服务、决策支持等；可以与企业合作开展职业技能培训、继续教育等活动；还可以与企业共同举办文化、体育等活动，增进双方的了解和友谊。

5.2.4.2 实践教学模式

在校地合作的共建平台上,各类专业可以开展多种形式的实践教学模式,这有助于提升学生的实践能力,增强与地方经济社会的联系,实现资源共享和优势互补。

(1) 政府主导的校外实习基地模式。充分利用了政府资源,通过政府的统筹协调,使高校与多个政府部门、国有企业、民营企业建立广泛的联系。这不仅为学生提供了更多的实习机会,让他们能够真正参与到企业的实际运营中,还加强了高校与政府、企业之间的联系。同时,这种模式也有助于解决实习经费紧张的问题,提高了实习的质量。在实习过程中,可以引入"双导师制",即由企业管理人员和高校教师共同指导学生实习。这样不仅可以保证实习的质量,还可以加强高校与企业的合作,促进双方的共同发展。

(2) 开展项目驱动的实践教学环节。项目驱动教学是一种以学生为主体、以项目为载体、以实践为导向的教学方法。在校地合作平台上,地方高校可以根据地方政府或企业的实际需求,设计具有典型性、实时性和实际性的教学项目。这些项目可以来自地方政府的政策研究、企业的技术研发或生产经营难题等。通过项目驱动实践教学,学生可以参与到项目的构思、设计、实施等全过程,锻炼自己的实践能力、创新能力和团队协作能力。同时,这种模式也有助于解决传统教学中理论与实践脱节的问题,提高教学效果。

(3) 建立校地共享的专业实验室。校地共享的专业实验室是校地合作平台上的又一重要实践教学模式。通过共享实验室资源,高校可以与企业共同开展研究,解决企业生产经营中的难题。同时,实验室的建设也可以得到政府的财政支持,减轻高校的经费压力。在实验室的建设和管理过程中,可以引入现代信息技术,构建集成化的实验教学平台,模拟仿真企业环境和业务流程。这样可以让学生在高度仿真的实验环境中进行实践操作,提高实验教学的质量和效果。

由校地共享建立的专业实验室,在构建实验教学体系方面,确实可以采取"基地+平台+模块"的体系结构,这种结构能够充分发挥实验室资源的优势,实现资源的优化配置和高效利用。通过借助信息技术,建设多个与学科大类相关的平台,例如,企业管理平台、会计业务平台、电子商务平台等,可以为学生提供丰富的实践环境。这些平台不仅模拟了企业的真实运营环境,还涵盖了从生产、管理到销售等多个环节的业务流程,使学生能够在高度仿真的环境中进行实践操作。

同时,将这些平台在同一集成化的"网络"平台上分成若干模块进行构建,有助于形成与理论教学体系平行并相互渗透、补充、激发的实验教学体系。这种体系结构既保证了实验教学的系统性和完整性,又能够灵活适应不同专业的实验教学需求。利用高仿真模拟技术,可以构建出与真实企业环境高度相似的模拟仿真环境,包括模拟仿真岗位和业务流程等。在这种环境中,学生可以身临其境地进行角色体验、角色分析,通过实际操作来认识和掌握各项实际业务技能。这种实践方式不仅能够激发学生的学习兴趣和积极性,还能够提高学生的实践能力和解决问题的能力。

5.3 多元化的孵化器实践实训建设

多元化的孵化器实践实训建设是新时代教育与产业发展深度融合的重要体现,通过学校、政府、企业和行业的紧密合作,共同搭建起一个集实践教学、创新创业、人才培养于一体的综合性平台。学校作为人才培养的主要阵地,提供理论知识和专业技能的教育,同时与企业合作开展实践教学活动,使学生能够在实践中深化对理论知识的理解与运用。政府则通过政策支持和资金投入,为孵化器建设提供有力保障,推动产学研深度融合。企业作为市场的主体，为孵化器提供真实的实践环境和资源，与学校共同制订培养计划，参与人才评价，推动人才培养与市场需求的无缝对接。行业则发挥其专业优势，为孵化器提供行业信息和市场趋势分析，促进学校专业建设和教学改革。通过"校政企行"模式的实践，孵化器不仅能够为学生提供丰富的实践机会和优质的创业资源，还能够推动区域经济的创新发展和产业升级。这种模式对于培养具备创新精神和实践能力的高素质人才具有重要意义，也为我国的教育改革和产业发展注入了新的活力。

5.3.1 "校政企行"模式的主要特征

"校政企行"模式指的是高校、政府、企业和行业四方共同参与、协同推进大学生创业教育的模式。这一模式强调各方资源的共享与互补，通过深度合作，为大学生提供全方位的创业支持和服务。主要特征可以从以下几个方面来分析。

（1）多元性。高校、政府、企业和行业四方共同参与，体现了多元主体的参与性。这一模式并非由单一主体主导，而是高校、政府、企业以及行业四方共同参与，共同构建大学生创业的生态环境。每一方都在这个生态系统中发挥着不可或缺的作用，形成了一种多元化的协同力量。

（2）共享性。高校提供教育资源和人才培养服务，政府提供政策支持和资金引导，企业提供实践机会和市场资源，行业则提供行业信息和专业指导。各方资源的有效整合和共享，提高资源要素的利用效率，使得大学生创业活动能够充分利用各种资源，形成优势互补的效应。

（3）互补性。不同主体在大学生创业过程中发挥各自的优势，形成互补效应。

（4）导向性。企业和行业的参与，使得创业教育更加贴近市场需求，能够更好地引导学生了解市场动态，把握创业方向。

5.3.2 "校政企行"模式的运行方式

"校政企行"模式的运行方式是一个多方协同、资源互补的过程,具体体现在以下几个方面:

(1)高校。作为教育的主阵地,高校负责构建完善的创业教育体系。这包括开设创业教育课程,培养学生创新创业的基础知识和技能;设立实践平台,如创业实验室、创业园等,为学生提供模拟创业环境和实际操作的机会。同时,高校还积极与企业、行业合作,共同开展实习实训、项目合作等活动,让学生在实践中深化对理论知识的理解,提升创新创业能力。在新零售视角下,高校将更加注重培养学生的创新精神和创业能力,以适应新零售行业的发展需求。学校将加强创业教育课程的建设,引入新零售相关的课程内容和教学资源,使学生掌握新零售的基本理论和实践技能。此外,高校还将搭建实践平台,如新零售实验室、创业基地等,为学生提供实践机会和创业资源。

(2)政府。政府在"校政企行"模式中扮演着政策引导和支持的角色。政府通过制定创业扶持政策,例如,创业补贴、税收优惠、贷款支持等,降低大学生创业的经济压力和风险。此外,政府还设立创业孵化基地,为大学生提供场地、资金、导师等全方位的支持,帮助大学生顺利启动创业项目。在新零售视角下将继续发挥政策引导和支持作用。政府将出台一系列针对新零售领域的创业扶持政策,包括资金补贴、税收优惠、创业贷款等,以降低大学生创业的风险和成本。此外,政府还将加强与新零售企业的合作,推动产学研深度融合,为大学生创业提供更多实践机会和市场资源。

(3)企业。企业作为市场的主体,为大学生创业提供实践机会和市场资源。企业可以与学校建立校企合作机制,为学生提供实习岗位和就业机会,让学生深入了解企业运营和市场环境。此外,企业还可以参与学校的创业教育项目，与学校共同开展项目研发、技术创新等活动，实现产学研深度融合。在新零售视角下，企业将积极参与大学生创业活动，为大学生提供实践机会和市场资源。企业可以与学校合作开展实习实训项目，让学生深入了解新零售的运营模式和市场需求。同时，企业还可以为大学生提供创业指导和资源支持，帮助他们顺利启动新零售创业项目。此外，企业还可以通过与大学生创业团队的合作，共同开发新产品、拓展新市场，实现共赢发展。

（4）行业组织。行业组织作为行业内的权威机构，拥有丰富的行业资源和专业知识。行业组织可以通过举办创业讲座、论坛等活动，为大学生提供行业信息和市场动态，帮助他们了解行业发展趋势和市场需求。同时，行业组织还可以为大学生创业项目提供专业指导和评估，提高项目的可行性和成功率。在新零售视角下，行业组织可以组织举办新零售创业大赛、论坛等活动，为大学生提供展示和交流的平台。同时，行业组织还可以邀请新零售领域的专家学者和企业家为大学生提供创业指导和建议，帮助他们提升创业能力和成功率。此外，行业组织还可以加强与新零售企业的合作，推动行业内的资源共享和优势互补，为大学生创业提供更多支持和帮助。

5.3.3 "校政企行"模式的发展策略

5.3.3.1 存在的主要不足

（1）合作机制尚不完善。目前，"校政企行"模式在合作机制方面还存在一些问题，如沟通不畅、利益分配不均等，这可能会影响合作的稳定性和效果。

（2）创业教育质量参差不齐。部分学校的创业教育课程和实践平台还不够完善，难以满足学生的实际需求。

（3）政策支持落实不到位。尽管政府出台了一系列支持大学生创业的政策，但在实际执行过程中，部分政策可能难以得到有效落实。

5.3.3.2 提升策略

（1）针对合作机制尚不完善的情况，可以建立定期沟通机制，高校、政府、企业和行业组织应定期召开联席会议，就合作进展、存在问题及改进措施进行交流和讨论，确保各方信息畅通，合作顺利进行。同时，明确各方在合作中的职责和分工，避免出现职责重叠或遗漏的情况，确保合作的高效推进。通过合理的利益分配机制，确保各方在合作中都能获得相应的利益，激发各方的合作积极性。

（2）针对创业教育质量参差不齐的情况，首先，加强师资队伍建设，引进具有丰富创业经验和教育背景的优秀教师，提升创业教育的教学水平。其次，完善课程体系，结合新零售等新兴产业的发展趋势，更新创业教育课程内容，引入更多与实际创业活动相关的课程和实践项目。最后，强化实践平台建设，加大投入，完善创业实践平台的建设，为学生提供更多实践机会和创业资源。

（3）针对政策支持落实不到位的情况，首先，加强政策宣传与解读，加大对创业政策的宣传力度，提高大学生对政策的知晓率和理解度，确保政策能够真正惠及创业者。其次，建立政策执行监督机制，通过建立专门的政策执行监督机制，对政策执行情况进行定期检查和评估，确保政策得到有效落实。最后，加强政策反馈与调整，及时收集大学生对政策执行情况的反馈意见，对政策进行适时调整和优化，确保政策更加符合实际需求。

（4）其他策略。一是加强创业导师队伍的建设，选拔具有丰富创业经验和成功创业案例的导师，为大学生创业提供个性化的指导和帮助。同时，建立导师与学生之间的定期沟通机制，确保导师能够及时了解学生的创业进展和困难，提供有针对性的建议和支持。二是深化产学研用融合，高校、企业、行业组织等各方加强合作，共同开展技术研发、项目合作等活动，推动科研成果的转化和应用。同时,鼓励学生积极参与产学研用项目,通过实践锻炼提升自己的创新创业能力。三是拓展创业融资渠道,高校、政府、企业等各方共同努力,为大学生创业提供更多的资金支持。例如,可以设立创业投资基金,吸引社会资本参与大学生创业;同时,加强与金融机构的合作,为大学生创业提供优惠的贷款政策和金融服务。四是学校在创业教育中注重理论与实践的结合,通过案例分析、模拟创业等方式,让学生更好地理解和掌握创业知识和技能。同时,加强实践环节的设计和实施,为学生提供更多的实践机会和平台,让学生在实践中不断提升自己的创业能力。五是高校积极与国外高校、企业等开展合作,引进先进的创业教育理念和实践经验,同时鼓励学生参与国际创业竞赛、交流活动等,拓宽国际视野,提升创新创业能力。

第 6 章
新零售视角下大学生创业营销策略

在新零售时代背景下,大学生创业在清楚创业基本素养的同时,还要深入理解新零售,特别是其线上线下融合、数据驱动、场景化体验等特点。大学生作为新时代的生力军,要学会在新零售视角下制定有效的创业营销策略。首先,大学生创业者需要深刻理解新零售的内涵和特征。新零售不仅仅是线上线下的简单结合,更是通过大数据、人工智能等先进技术,实现精准营销、优化供应链、提升消费者体验。因此,在制定营销策略时,应充分利用这些技术手段,实现精准定位、精准推广。创业者还应该注重品牌建设,品牌是新零售时代的重要资产,它代表着企业的形象和信誉。大学生创业者在营销过程中,应注重塑造独特的品牌形象,通过品牌故事、品牌文化等方式,与消费者建立情感连接,增强品牌忠诚度。同时,创业者还需关注产品创新。新零售时代,消费者需求日益多元化、个性化。大学生创业者应紧跟市场趋势,不断推出符合消费者需求的新产品,并通过创新营销手段,吸引消费者的关注和购买。此外,利用社交媒体进行营销也是大学生创业者的有效策略。社交媒体具有传播速度快、互动性强等特点,是连接消费者与企业的重要桥梁。创业者可以通过微博、微信、抖音等社交媒体平台,发布产品信息、推广品牌活动,与消费者进行实时互动,提升营销效果。新零售营销涉及多个领域和环节,需要跨部门的协同作战。大学生创业者应充分利用时代机遇,制定有效的营销策略,不断提升自身竞争力。通过品牌建设、产品创新、社交媒体营销以及团队合作和资源整合等方式，实现创业梦想并创造社会价值。

6.1 营销策略概念

市场营销，表面上看似是企业与消费者之间简单的商品或服务交换过程，然而深入探究，便会发现这背后蕴藏着丰富的技巧、策略和手段。要使资源要素交换双方都能从中获得满足，实现双赢，并非易事。市场营销需要精准定位目标市场，需要创业者对潜在消费者进行深入的研究，了解他们的需求、偏好和购买行为。只有明确了目标市场，创业者才能制定出有针对性的营销策略，从而更有效地触达并吸引消费者。

6.1.1 基本含义

营销是人们对现实社会中发生的某种群体活动与行为的称呼。由于这种活动或行为只存在于市场之中，也就将营销称为"市场营销"。这里若无特定含义，就用"营销"一词。那么营销是什么？

6.1.1.1 营销是一种目标明确需求导向的社会行为

营销不仅要求营销者寻找已存在的某种需要并设法满足它，而且还要激发各类被营销者即顾客没有提出的某些需要，使顾客关注并响应企业的营销行为。[①] 任何生产经营或销售活动都是为了满足某个或某些需要。能否满足和满足的程度往往取决于各方的营销能力。

---

① 黎传熙. 数字创新生态下营销动态能力的构建与资源编排：基于零售新业态企业的双案例研究［J］. 经济与管理，2024，38（2）：84-92.

6.1.1.2 营销是一种推动资源要素成功交换的加速器

营销只能在各方自愿交换的过程中进行和完成。同时，也只有各方都持有营销观念时，营销活动才会具有更高的效率。而通常人们会将这种交换和交换过程称为"市场"。营销的最终成果是交换是否能更快、更好地满足各方的需要。

6.1.1.3 营销客体的存在形式多样

一般情况下，一方以自己拥有对方想要的商品或服务，来换取自己想要的对方手中的某些东西。营销就是要将自己所拥有的东西，可能是商品或服务，也可能是商品与服务的综合，最好地满足对方的需要。

6.1.1.4 营销的核心是提供具有消费者价值的产品或服务

营销就是一个参与营销的各方都必须尽量准确地理解对方满意的完整含义并设法尽量予以满足的过程。营销为消费者提供有价值的产品或服务，满足其需求和期望，建立品牌形象和信誉。只有通过提供优质的产品和服务，才能赢得消费者的信任和忠诚度，从而实现长期的盈利和可持续的发展。因此，完整的营销都不是"一次性、短期"的行为，而是"长期、永久"的行为。

6.1.2 营销的核心概念

营销的含义是建立在很多概念的基础之上，这些基本概念存在一定的相互关系。正确了解营销和营销管理，还必须弄清需要、欲望、需求、产品、价值、满意、质量、交换、交易、关系、市场、市场营销者等核心概念。

6.1.2.1 需要、欲望和需求

人们的各种需要是企业开展营销活动的基石和出发点，因为营销活动

本质上就是满足人们的这些需求。然而，需要、欲望和需求这三个概念在营销学中有着明确的区分，它们各自代表了不同的层次和阶段，影响着制定营销策略。

需要是指人们基本的、内在的要求或缺失感，它是人类生存和发展的基础。人类有许多不同的需要，包括：衣、食、住、行、安全等生理需要，归属感、情爱、影响力等社会需要，知识、自我表现等个性需要。需要不是营销者所能创造的，而是人类本身所固有的。例如，当人们感到饥饿时，就会产生对食物的需要；在年龄增长到一定阶段时，会产生相应的情感需要和对知识的需要。

欲望是指人们想得到能满足其某种需要的具体物质的愿望。欲望往往由人们所处的特定社会文化和个人特性所决定。欲望是需要的具体化和表现形式，它受到文化、社会、个人偏好和收入水平等多种因素的影响。例如，当人们有了对食物的需要后，就会进一步明确什么具体食品能够满足此刻的需要，一碗面条？或者有更加明确的指向，一碗兰州拉面？一碗刀削面？这就更多地由其社会文化或个性特征决定。如果他是广东人，可能根本不会想到用吃一碗兰州拉面来解决此刻的饥肠辘辘。

需求是指有购买能力并有购买某个产品的欲望，即"欲望+购买力=需求"，需求是欲望与购买力的结合，它反映了市场上实际存在的购买行为。人类的欲望是无限的，而人们的购买力则是有限的，这就决定对能够满足自己此刻某种最为强烈的需要的东西必须有理性标准。需求不是愿望、希望或者是理想，而这也决定了作为想要满足对方要求的营销者，应该是以对方需求为标的，提供自己拥有的某一种东西，从而更好地满足对方的需求。

6.1.2.2　商品与服务

能够满足人类某种需求的东西可以是有形产品，也可以是无形服务[①]，

---

① 庞德良，华景斌. 基于商品和服务贸易全视角的中日韩贸易竞争与互补分析 [J]. 社会科学战线，2019（2）：43-53.

这两者都是营销活动中至关重要的元素，它们各自具有独特的特点和价值，共同构成了满足消费者需求的完整体系。

（1）商品。有形产品是指那些具有实体形态和物质属性的产品，如食品、衣物、家电等。对于需求方或是供给方，商品都是具体存在的，对于供给方有明确的外观形式，对于需求方在购买前可以看得到摸得着的某个具体物质。例如，某人有了代步工具的需求，供给方可以用汽车、自行车等具体的物质予以满足。而对于需求方在做出购买决定时可以清楚地知道自己购买的是什么具体物质。如轿车，其外形或内部的配置、品牌，乃至效用等一目了然。

（2）服务。无形服务则是指那些不具有实体形态，但能够带来某种利益或满足感的活动或行为。无论对于供给方还是需求方，服务都是无形的。例如，同样是需求方有了代步工具的需求，根据具体环境，供给方提供的是出租车服务，对于需求方付钱得到的是出租车公司和司机为其提供的客运服务。与商品相比，乘客在乘上出租车时无法"看到"自己最终得到的是否是自己所想要的和出租车公司及司机允诺提供的东西。

就当前社会经济发展到的特定阶段而言，无论是供给方还是需求方都不能将商品与服务完全划分开来，因为购买者即需求方最终的满意度不仅取决于对供给方提供的商品的满意程度的评判，还应该包括对其提供服务的满意程度的评判。例如，消费者购买一部智能手机，这部智能手机的质量、功能与款式等都令购买者满意，但这绝不应该是购买者的全部满意内涵，因为消费者还关注到智能手机的销售方是否能够保证自己的各项服务承诺其履行状况。所以，营销者必须更加完整地知道自己顾客"满意"的全部内容，确保自己所提供的商品和服务"完美无瑕"。

受到各种条件，如成本和资源等因素的制约，供给方不可能无条件地为所有消费者提供自己承诺的服务，于是为购买自己商品的顾客提供承诺的各类服务，就成为一种常态。汽车销售服务4S店只为在自己商店购买的品牌轿车客户提供各种服务。可见，商品成了提供方为特定顾客提供服务的载体。

有形产品和无形服务在营销活动中是相互补充的。一方面,有形产品可以作为服务的载体,通过产品的销售和交付来实现服务的提供;另一方面,无形服务也可以为有形产品增加附加值,提升产品的整体竞争力。例如,一家餐厅不仅提供美食这一有形产品,还通过优质的服务、舒适的环境和独特的文化氛围来为顾客创造更好的用餐体验。大学生创业者在制定营销策略时,需要充分考虑有形产品和无形服务的结合,通过不断创新和优化来满足消费者的多元化需求。同时,还需要关注市场动态和消费者行为的变化,及时调整产品和服务策略,以适应市场的竞争和发展。

6.1.2.3 价值与顾客满意

价值是顾客从拥有和使用某种产品后获得的各种利益总和与其为了获得这些利益所付出的各种成本总和之间的差。通俗地说,就是作为一位理性的顾客购买某一商品与服务时,必然会进行的"所得"与"所付"之差的比较。[1]

顾客满意取决于他们对以上价值在感知水平与期望水平上的比较结果。[2] 如果消费者对产品的感知价值低于期望价值,顾客就会不满意。反之,则购买者就会满意。[3]

6.1.2.4 交换、交易及关系

(1)交换简单地说就是"互换有无",即以自己拥有他人想要的东西换取他人拥有而自己想要的东西。在经济学中的定义为,人们相互交换活动或劳动产品的过程,通常基于社会分工和等价基础,如商品交换。交换

---

[1] 宋思根,冯林燕.顾客双重价值需求与零售营销变革:新经济社会学视角[J].北京工商大学学报(社会科学版),2019,34(6):1-11.
[2] 范秀成,郑秋莹,姚唐,等.顾客满意带来什么忠诚?[J].管理世界,2009(2):83-91.
[3] 吴水龙,宋书琦,袁永娜,等.顾客感知价值对顾客满意度的影响:自我-人工智能联结的中介作用[J].北京理工大学学报(社会科学版),2023,25(3):117-128.

是人们获得产品的四种基本途径中最为公平合理的一种，另外三种则是自行生产、强行取得及乞讨。交换从发生到完成必须具备下列六个条件：

①至少有两方。人们无法自己与自己完成交换。

②每一方都有被对方认为有价值的东西。各方对彼此拥有可用于交换的东西的了解。

③每一方都能沟通信息。各方都应该彼此提供与对方开展有效信息沟通的条件。

④每一方都可以自由接受或拒绝对方进行交换。自愿是交换是否令双方满意的重要条件。

⑤都认为进行交换是适当的或称心如意的。交换的各方都有长期、稳定地保持这种令人满意的交换关系的意愿。

⑥至少一方有传送产品的能力。商品或服务都存在从供给方向需求方转移的过程。这就决定由谁来完成这一转移活动，由供给方提供被称为"送货"，由需求方完成则被称为"提货"。

这六个条件缺一不可，只有这些条件同时具备，才有发生交换的可能。只有这些条件被所有参与交换的各方认可，交换方能更快地进行和完成。

（2）交易是交换活动的结束环节，通常人们将完成交换行为称为完成了一项交易，核心是指买卖双方之间进行商品或金融资产等有价值物品的交换行为。而一次交易都需要有一个完整的文件来显示，这就是所谓的交易协议。在交易协议中，通常会包含以下内容：

①交易双方的基本信息：包括名称、地址、联系方式等。

②交易对象及数量：明确交易的具体商品、服务或资产及其数量。

③交易价格及支付方式：规定交易的价格、支付方式（如现金、转账等）及支付时间。

④交易条件及期限：明确交易的具体条件（如质量标准、包装要求等）以及交易的起止时间。

⑤违约责任及解决纠纷的方式：规定交易双方违约时应承担的责任，

以及解决纠纷的方式（如协商、仲裁、诉讼等）。

中国有句俗语：买卖不成仁义在。可见买卖双方都将彼此关系的维持放在买卖成功之上。因为买卖双方如能建立并保持良好的关系，无疑会对参与交易的各方在降低交易成本和提高交易成功的机会方面提供更大的成功可能。由此创造了新的营销分支——关系营销。[①]

6.1.2.5 市场

市场是指具有特定需求，而且愿意并能够通过交换来完成的全部现实与潜在顾客。因为通过交换一些人已经实现需求，而有些人还在交换中没有实现需求，这部分人就是潜在顾客。市场大小即市场规模可能受到许多因素的制约，加以归纳不难发现，市场规模由人口数、人均购买力水平和购买欲望三个因素构成，三者缺一不可。市场规模就是上述三个因素的统一。其表达式如下：

市场规模＝人口数×人均购买力水平×对某种商品或服务的购买欲望

营销管理理论更多的是侧重作为提供方的生产和销售企业如何开展并完成营销活动。而若想达到这一目标，企业必须研究自己所面对的市场，研究这个市场的规模以及市场的变化趋势。[②]

（1）人口数。具有某种需求的人数。这里指具有相同的希望通过获得某种特定商品或服务来完成自己欲望的人数。例如，一家面馆需要准确掌握中午来自己店里吃拉面的顾客数量；一位出租车司机应该了解在某一时间段内的乘客数量。这些在很大程度上会影响营销者的营销策划结果。

（2）人均购买力水平。欲望只是影响购买者的选择方向，决定购买与

---

① 孙林辉，金默承，张巍，等．从员工自我披露到顾客忠诚：私域运营模式下品牌关系营销研究［J］．技术经济，2023，42（3）：179-193.
② 周蕾，刘秀萍．浅谈企业市场营销管理及创新策略［J］．宏观经济管理，2017（S1）：138-139.

否和购买什么的决定因素是其购买力水平。购买力水平与购买者的收入水平有直接关系，收入增加了可以让购买者考虑购买更多和更好的东西。[①] 这些也会对营销者考虑是否改变自己商品或服务的结构以及提升质量产生重大影响。

（3）购买欲望。购买欲望是指购买者购买某种具体商品或服务欲望的迫切程度。这一因素会对营销者与购买者双方的博弈产生重大影响，购买者越迫切对营销者越有利。

6.1.2.6 营销者

在交换双方中如果一方比另一方更主动、更积极地寻求交换，则为营销者，另一方则为被营销者。营销者是指寻找一个或更多的能与其交换的人或企业。而被营销者是指营销者所确定的具有购买欲望和能力且又愿意与其进行交换的人或企业。这个被营销者就是顾客。

可见，营销者可以是一个卖者，也可以是一个买者。就一般情况而言，当供大于求时也叫买方市场，提供方就是营销者；而当供小于求时也叫卖方市场，需求方就是营销者。

6.1.3 营销管理的任务

营销管理的任务是指在企业的某项营销活动过程中，通过自己的管理实践影响需求水平、需求时间和需求构成，实现企业预期的营销目标。可见营销管理的实质是需求管理。

在某一市场凝聚了一定的需求，与此同时，作为营销主体的企业也已经具有了提供相应数量的商品或服务的能力，此时供给方所能提供给市场满足顾客需求的商品与服务是否与市场需求做到完全平衡？这应该是所有

[①] 董岐山，王凯. 提高农民实际购买力水平的途径与对策 [J]. 农业经济问题，1998（2）：2-6.

营销者与顾客都应该关注的问题。

根据需求所表现的具体特征,作为营销主体的企业,其营销管理也应该予以对应,可以归纳为八种不同的类型。

6.1.3.1 负需求与企业的转换性营销

负需求是指顾客对某个产品或服务有厌恶情绪,不但没有购买欲望,甚至愿意付出代价予以回避。负需求的出现可分为两类:第一类是某些产品和服务从根本上来说对顾客有益,但也存在一定的副作用。[1] 例如,淀粉和糖在供给人体营养的同时也可能导致肥胖,使减肥者唯恐避之不及而产生负需求。第二类是某些产品或服务对顾客有益无害,但是由于顾客对这些商品和服务缺乏了解,同时持有某种偏见或偏信某些谣传而产生负需求。例如,超声波检查对人体基本无害(胎儿除外),有人却误认为它与 X 射线相同而产生负需求。在某些新产品或新服务项目刚开始做市场推广时,容易因其市场误解而往往被顾客拒绝。

对于负需求,企业应该采用转换性营销。所谓转换性营销就是企业的营销人员要做好调查研究,分析顾客对企业提供的产品或服务为何加以拒绝而表现出负需求的原因,进一步制订合理的计划和采取适当的措施使负需求转换成现实需求。

6.1.3.2 无需求与企业的刺激性营销

无需求是指顾客对某些产品或服务毫无兴趣或不关注,也就不会产生购买行为。导致顾客产生无需求的原因有以下几种:

(1) 产品或服务方面的原因。某款产品或服务在设计上存在某些缺陷,未能达到顾客要求而导致的无需求。

(2) 顾客方面的原因。顾客尚未认识到某产品的功能和性能或某项服

---

[1] 张蓓,马如秋,朱吉婵. 数字经济时代农产品营销创新:逻辑、模式与路径 [J]. 中国流通经济,2024,38(1):22-33.

务的具体内容对自己的价值而导致的无需求。

（3）使用条件方面的原因。某款产品或是某项服务在使用和消费的过程中需要具备一些具体的条件，当顾客感到某些条件不具备而导致无需求。例如，老年人不会操作智能手机的许多功能，从而导致老年人群对智能手机所表现出来的无需求。

（4）宏观环境方面的原因，例如，旅游热点地区因政治、法律、社会、文化、经济和环境等的改变导致游客表现出对到该处旅游的无需求。

（5）企业的产品价格、渠道规划和促销方式等营销策略不当造成的无需求。例如，产品提价，销售方式改变（只提供线上交易方式）或是由电视广告转向移动通信设备的广告，使得顾客买不起、买不到、不知晓而表现出"被"无需求。

在无需求状况下，企业应该采用刺激性营销。所谓刺激性营销就是让企业的营销人员做好对无需求产生原因的调查分析，从而提出相应的刺激性营销措施，设法引起顾客的兴趣，进而使无需求转变为现实需求。

6.1.3.3 潜在需求与企业的开发性营销

潜在需求是指顾客对当前市场上的商品或服务在某些方面还不令人满意，从而导致对更好的产品或服务出现的潜在需求[①]。例如，旅游爱好者对旅行社推出的旅游线路不尽满意，或者希望旅行社能够提供速度更快和更舒适的交通工具，而对旅行社现在推出的旅游项目不愿签约购买而表现的潜在需求。潜在需求产生的另一个原因是顾客对市场上的某款产品在质量、款式等特征上感到与自己的理想目标尚有距离，从而没有产生购买的冲动所表现出的那种需求状态。例如，智能手机购买者对市场上现有的粉色、浅黄色、白色和浅灰色四款手机都感到不甚满意，而等待更可心的那款智

---

① 邓琪，庄贵军，李思涵. 如何利用多渠道营销提升企业绩效？：基于 NCA 和 fsQCA 结果的分析［J］. 工程管理科技前沿，2022，41（6）：57-64.

能手机的出现时的需求状态。

与潜在需求相对应，企业应该采用开发性营销，即企业的营销人员应该设法了解顾客对产品与服务可接受的或令其满意的特征等具体信息，然后研发、生产提供可使其满意的产品和服务，同时提供定制化的产品或服务，建立有效的沟通渠道，如在线客服、社交媒体平台等，以便顾客能够随时反馈他们的需求和意见。再持续收集顾客的反馈，了解产品或服务的表现，并据此进行改进，使潜在需求转化为现实需求。

6.1.3.4 减少需求与企业的再生性营销

减少需求是指某种产品或服务的需求低于正常水平，出现衰退趋势。出现减少需求的原因有：一是营销不力，这种原因造成的减少需求几乎存在于所有的市场，原因是在所有市场上企业在其营销活动的每一环节上都难以做到完美；二是消费趋势发生了变化，对于家电、服饰等时尚产品市场来说此种减少需求现象出现得更多；三是科技进步、社会发展和产品更新换代，这种原因导致的减少需求在各种科技含量较大的，诸如智能手机产品市场表现得更为常见。

与减少需求相对应的是企业应该更多地选择再生性营销，即企业营销人员应该通过自己的营销活动努力使产品重新获得生命力。再生性营销的主要工作是：

（1）对于营销不力而出现的减少需求要重新进行营销规划。

（2）对于出现新产品而导致旧产品的减少需求，可以通过发掘产品的优越性和新用途而赋予其新的生命力。

（3）对于科技进步和产品更新而出现的不可逆转的减少需求，可以通过转移市场、开发新市场来调整。

6.1.3.5 不规则需求与企业的协调性营销

不规则需求是指需求与供应在时间上存在差异性，供不应求与供过于求交替发生。例如，暑假时，著名风景区的旅馆顾客很多，而在冬天则顾客较少，设施闲置。在这种不规则需求情况下，企业应该采用协调性营销，即通过价格和促销等措施来调节某种产品或服务的市场需求，使这种产品或服务的供应与需求在时间上趋于同步。

这里要弄清楚不规则需求与减少需求、潜在需求的差别。如果将需求通过购买而实现为基础来看上述三者的差别，潜在需求是没有购买而需求依旧存在，减少需求是通过购买而实现了的需求，与此前的购买相比有明显的下降趋势，从某种角度说，市场的某种需求正在转移。不规则需求则是市场通过购买而实现的需求在一定程度上出现增减的波动。市场的某种需求延迟或提前实现。

6.1.3.6　充分需求与维持性营销

充分需求是指需求的现行水平和时间符合供应者期望的水平和时间，通俗地说是企业为满足市场需求而提供的产品或服务在数量上和时间上都与所形成的需求一致，企业的所有产品或服务都被顾客购买，顾客的所有需求都被满足。这是一种企业和顾客都感到满意的理想状态。所以在充分需求状态的企业应该采用维持性营销，即分析影响需求的各种因素，对减少需求的因素保持警惕性，保证营销活动的正确性和有效性，使市场这种供求均衡发展的态势能更长久地保持。例如，星巴克、瑞幸等咖啡连锁品牌，由于其咖啡品质稳定、口感独特，一直受到消费者的喜爱，市场需求持续稳定。为了保持这种良好的市场状态，这些品牌采取了维持性营销策略，如定期推出新口味咖啡、优化店内环境和服务、加强品牌宣传等。这些措施旨在保持消费者对品牌的兴趣和忠诚度，维持现有的充分需求水平，从而实现持续稳定的销售增长。

6.1.3.7　过度需求与限制性营销

过度需求是指某类需求超过了供给者的供给能力或所愿供给的水平。

原因可能是生产能力不足、原料短缺、企业有效资源配置结构不合理等，或是产品或服务在各个方面具有明显的竞争优势而引来原来购买竞争对手产品或服务的顾客，而导致供不应求。解决过度需求问题，从长远看，积极的办法是扩大生产、增加供应。从眼前看可用的办法是采用限制性营销，就是暂时性限制市场对某种产品或服务的需求，具体可以采取的主要办法有提高价格、凭票供应和削减促销努力等。例如，某知名智能手机品牌发布了一款创新性强、性能卓越的新款手机。由于市场反响热烈，需求远超供应，该品牌决定采取限制性营销策略。它限制了每日的在线购买数量，并采取预约购买制度，以确保更多的消费者有机会购买。同时，该品牌还通过提高售价和优先供应给忠实用户的方式，进一步调控市场需求。这些措施有效地缓解了过度需求带来的压力，维护了市场秩序和品牌形象。

6.1.3.8 有害需求与抵制性营销

有害需求是指对社会、公众、消费者或供应者有害的需求。例如，市场存在极少的对黄、赌、毒、迷信、污染环境产品等的需求。在这种需求下，企业应该采用反向营销或抵制性营销，即企业营销人员通过宣传向顾客说明这种需求的危害，以使他们抵制和取消这种需求。抵制性营销与限制性营销不同，限制性营销是限制过多的需求，而不是否定产品或服务本身；抵制性营销则是强调产品或服务本身的有害性，可以通过立法、执法从根本上抑制各种有害需求的产生。从营销管理的角度出发，企业可以通过提高获得和使用成本来抵制某些有害需求的产生。例如，从 2016 年春节开始，上海市开始严禁在外环线内燃放烟花爆竹。[①] 燃放烟花爆竹被界定为有害需求。对于购买和销售烟花爆竹的双方都有严格的限制，无疑提高了这种需求满足的代价，使得"禁放"被上海市民接受。

---

① 上海市烟花爆竹安全管理条例［N］.解放日报，2015 – 12 – 31（14）.

通过以上研究可以看到：第一，市场需求确实存在于企业营销活动之前。企业必须准确判定当前市场需求的特征和这种特征的变化趋势，从而使自己的营销管理手段更加有效。第二，企业通过各种手段，从各个途径了解市场需求特征的变化，以提高自己营销管理手段的效果。所以，营销管理应该向前延伸，即收集市场需求变化趋势的信息也属于企业营销管理的重要组成部分。

6.2 新零售的基本策略

企业是市场经济的重要主体，企业为社会提供丰富的产品和服务，促进了科技和社会的进步，改善了人们的生活水平，现在社会已经离不开企业。企业作为产品的生产者，在追求自身利益的同时，使社会变得更加美好。

在企业的生存和发展过程中，销售是一个极为重要的环节，如果生产的产品不能实现有效的销售，那么企业就不能正常存在，消费者也不能买到想要的产品。销售在经济活动中扮演角色的重要性是显而易见的，没有销售就没有利润，没有利润企业就要倒闭破产，销售是关乎企业生死存亡的关键环节。

然而，随着全球化经济的迅速发展，买方市场的逐渐形成，市场竞争变得日趋激烈，企业要想在市场中站稳脚跟，保住自己的市场份额，扩大产品的销路，就变得更加困难。在这种情况下，营销的重要性就更加凸显，谁能够抓住更多的消费者，销售更多的产品，谁就能够占领市场的最高点，成为市场的强者。

6.2.1 产品策略

6.2.1.1 产品策略的含义

产品策略是指企业为了吸引更多的消费者并且满足市场需求而采取的

多种多样的方法和措施。主要从商标、品牌、包装、产品定位、产品组合、产品生命周期这些方面具体制定策略并加以实施。企业的产品策略是其市场营销组合策略中的重要组成部分。[1]

产品策略是企业为了在激烈的市场竞争中获得优势，在生产、销售产品时所运用的一系列措施和手段，包括产品定位、产品组合策略、产品差异化策略、新产品开发策略、品牌策略以及产品的生命周期运用策略。[2]

6.2.1.2 产品的概念

产品是指能用于市场交换，并能满足人们某种需要和欲望的劳动成果，它包括实物、服务、场所、设施、思想和策略、体验等有形产品和无形产品。

产品的内涵已经不局限于电器、汽车、服装、手机等实体物品，而是延伸扩展到了服务（美容、咨询）、人员（体育、影视明星等）、地点（桂林、维也纳）、组织（保护消费者协会）和观念（环保、公德意识）等。

产品的全局概念也从其核心产品（真正想要的效用或利益）向形式产品（向外展示的基本形式）、期望产品（默认和应得的产品属性）、附加产品（与满足需求相关的一切服务）和潜在产品（已有产品的可能演变）拓展。即从核心产品到潜在产品五个层次。

6.2.1.3 产品策略分析

（1）产品的基本概念可以理解为在市场上能够引起消费者注意并取得某种购买意愿的一切因素总和。从呈现形式上来看，包括产品形态、品种、质地、用途、样式、商标、包装。从获取产品方式上来看，包括产品实质、精度、交通、效能、方便。从产品服务上看，有服务的产品与没有服务产

---

[1] 陈翼，孙晓曼，张宁，等.数智驱动营销下企业网络平台供应链的绿色产品营销策略研究[J].中国管理科学，2024（5）：81-92.
[2] 郑文清，胡国珠，冯玉芹.营销策略对品牌忠诚的影响：顾客感知价值的中介作用[J].经济经纬，2014，31（6）：90-95.

品是两种不同产品,顾客买的不是产品而是产品的用途,也就是满足消费者某种需求的服务。

(2)产品生命周期是产品研制成功投入市场到退出市场所经历的全部时间。①介绍期:初销阶段。重点要关注顾客的拒绝性、经营者的风险性。主要策略是重点宣传产品性能、开发用途、寻找机会、控制产量。②成长期:畅销阶段。重点关注竞争对手是否介入,主要策略是宣传厂牌商标、市场占有率、提升知名度。③成熟期:稳销阶段。重点关注生产效率和产品质量,主要策略是回收资金、延长此阶段。④衰退期:淘汰阶段。此时要及时撤退,开启新的产品研发销售阶段。

6.2.1.4 产品的感性因素

设计感性工具时要综合考虑现代人机工程工学和艺术美学,创造性地赋予产品感性因素和生命力,良好的感官体验之外获得的精神与情感的多重满足,体现出产品的人文关怀,让产品变得更有"温度"。

(1)通过恰当的人与工具之间关系设计来体现产品的感性。智能手机的设计过程处处运用了人机工程学。在物理按键的设计方面,以苹果手机为例,为了能使用户便捷快速地找到按钮,将音量键设置在手机左侧最容易触碰到的地方,使用者紧靠触感就能快速调节音量大小,解锁开关键的使用频率高于音量键,因此设置在手机右侧,较之左侧,右侧的按键更容易触及。在电影院或会议室等需要保持安静的公共场合收到来电时,无须打开手机在屏幕上操作,直接推动"静音键"便可实现快速静音。

(2)通过精心挑选造型材料,可以显著增强产品的感性成分。在挑选与人直接接触的部件材料时,我们不能仅依赖材料的强度、耐磨性等物理特性来作出决策。相反,我们还需深入考虑所选材料与人类情感之间的紧密联系。例如,与人类情感最为契合的当属生物材料,如棉、木等,它们自然质朴,令人倍感亲切。其次则是自然材料,如石、土、金属、玻璃等,它们虽然经过加工,但仍保留着自然的痕迹。而塑料等非自然材料,则相对缺乏这种情感纽带。一般来说，与人类的亲近程度越高，产品所蕴含的感性因素就越丰富，也就越能触动人心。因此，在材料的选择上，我们应充分考虑到这一点，以便为产品注入更多的情感价值。

（3）研究产品的内在美和外在美对把握产品的感性因素至关重要。人机关系的合理性是产品内在美的核心，优秀的产品设计应当充分考虑到用户的使用习惯、生理和心理需求，确保产品在使用过程中能够为用户提供舒适、便捷的体验，这种合理的人机关系不仅提高了产品的实用性，还使用户在使用过程中感受到产品的内在美。外观形态的设计是产品外在美的直接体现，现代人的审美观在不断变化，对于产品的外观形态也有着更高的期待，通过运用比例与尺度、对比与均衡、韵律与节奏等美学原理，设计师可以塑造出令人愉悦的视觉形象，增强产品的外在美，以满足不同人群的审美需求。

（4）研究物体的生命现象有助于了解产品感性产生的根源。物体的生命现象并非仅局限于生物体，非生物的产品同样可以展现出类似生命的特质。自然界中的生物形态往往具有丰富的生命力和美感，通过对生物形态的模仿与借鉴，我们可以将自然的生命力融入产品设计中，使产品呈现出更加生动有趣的形态，一个富有生命力的产品设计，往往能够引起人们的情感共鸣，激发人们的探索欲望。

6.2.2 价格策略

6.2.2.1 价格策略含义

企业在制定价格策略时涉及对顾客需求的深入理解以及对自身成本的精准分析，要结合市场需求和竞争态势进行灵活调整。对于物流企业来说，由于其业务的特殊性，成本结构相对复杂，主要包括运输、包装、仓储等多个环节。所以价格策略的确定一定要以科学规律的研究为依据，以实践经验判断为手段，在维护生产者和消费者双方经济利益的前提下，以消费者可以接受的水平为基准，根据市场变化情况，灵活反应，客观买卖双方共同决策。①

6.2.2.2 制定价格

企业在初次定价时，为确保定价决策既符合企业的战略目标，又能满足市场需求，同时确保盈利，这五个要素需重点考虑：定价目标、确定需求、估计成本、选择定价方法、选定最终价格。

（1）定价目标。

企业首先要明确其定价目标，这是制定价格策略的基础。定价目标可能与企业的整体战略目标相一致，如最大化利润、扩大市场占有率、塑造高端品牌形象等。不同的定价目标会导向不同的定价策略。

（2）确定需求。

在常规的市场环境中，价格与需求之间存在着反向变动的关系。当价格上升时，部分消费者可能会因为购买力的限制而减少购买，从而导致需求减少；相反，当价格降低时，产品变得更加亲民，能够吸引更多的消费者，因此需求会增加。但是就一些威望高、品牌形象独特的商品，需求曲线可能会出现负相关。② 例如：香奈儿香水，在一定价格范围内，价格上升反而能激发消费者的购买欲望，因为消费者认为这些香水的高价正是其品质、独特性和品牌价值的体现，当然，如果香奈儿香水的价格提得过高，超出了消费者的心理预期或购买力，需求还是会减少。企业要充分考虑到需求的价格弹性。当价格的变动几乎不会引发需求量的显著变化时为需求无弹性，意味着市场对该产品的需求相对稳定，不受价格小幅波动的影响。相反，如果价格的微小变动就能引起需求量的明显波动，那么这就是需求

---

① 钟琦，曲冠桥，唐加福. O2O 外卖价格促销策略对消费者购买意愿的影响研究 [J]. 中国管理科学，2024，32（2）：254-264.

② 怀劲梅. 基于4P+4C 的包装营销策略分析 [J]. 企业经济，2009（6）：48-50.

有弹性的表现，表明消费者对价格变动非常敏感。

需求缺乏弹性的几种情况如下：

①市场上没有相近的替代品且缺乏直接竞争者。此种情况消费者没有其他选择，即使产品价格上涨，他们也可能不得不购买。

②生活中的必需品。如食物、水、药品等，即使价格上涨，消费者通常也会因为需求刚性而继续购买，因此需求可能缺乏弹性。

③购买习惯固定。当消费者长期依赖某一产品或服务，且改变购买习惯的成本较高时，需求可能缺乏弹性。例如，某些企业长期使用特定的软件或设备，即使价格上涨，它们也可能因为转换成本过高而继续购买。

④购买者对价格不敏感。某些高端产品或奢侈品，其购买者往往对价格变动不太在意，他们更看重产品的品质、品牌形象或独特性。

如果某产品不满足需求无弹性的条件，那么我们可以认为其需求具有弹性。为了刺激市场需求、提升市场份额，并增强产品的竞争力，企业应考虑采取适当的降价策略。

（3）估计成本。

需求为企业设定了一个价格上限；同时，成本则是确定价格下限的决定性因素。制定价格时，必须全面考虑包括生产、分销和推销在内的所有成本，并且要确保价格能够体现公司付出的努力和承担的风险，给予一个公平合理的回报。成本类型包括：

①原材料成本，与产品制造直接相关的原材料费用。

②直接人工成本，直接参与产品生产的工人的工资和福利。

③间接成本，与产品或服务间接相关的费用，例如，管理人员工资、研发费用等。

④固定成本，不随产量或销售额的变化而变化的成本，例如，租金、折旧费用等。

⑤变动成本，与产量或销售额成正比的成本，如原材料成本、直接人工成本等。

⑥经常性成本,企业在日常经营活动中必然发生的成本,如原材料成本、人工成本、水电费用等。

⑦非经常性成本,企业在特定时间段内偶然发生的一次性成本,如惩罚性赔款、突发事件救援费用等。

企业长短期成本变化的规律受到多种因素的影响,包括生产要素的变动、生产规模的变化、技术进步以及市场需求等。在短期内,部分生产要素是固定的,固定成本在短期内保持不变,不受产量变动的影响,即使不生产也要支付,而可变成本则随着产量的变化而变化。在长期内,所有的生产要素都是可变的,没有固定成本和可变成本之分。

(4)选择定价方法。

定价方法是企业基于特定的定价目标,通过对成本、需求以及竞争等要素进行深入分析,并结合价格决策理论,计算产品价格。这种定价方法主要分为三种类型,即成本导向定价法、竞争导向定价法和顾客导向定价法。

①成本导向定价法。以产品成本为基础,加上期望的利润来确定销售价格,是中外企业最常用、最基本的定价方法。[1] 成本导向定价法进一步细化成总成本加成定价法、目标收益定价法、边际成本定价法、盈亏平衡定价法等几种具体的定价方法。

②竞争导向定价法。在高度竞争的市场环境中,企业会深入分析竞争对手的生产条件、服务状况以及价格水平等关键因素,同时结合自身的竞争实力,并参考产品的成本和市场需求与供应状况,从而制定出合理的商品价格。这种定价策略叫竞争导向定价法。

③顾客导向定价法。现代市场营销理念强调企业应以消费者需求为核心,贯穿于生产经营的各个环节。顾客导向定价法是通过调研市场需求的具体情况以及消费者对产品独特价值和特点的认知来设定价格。细分为基

---

[1] 刘礼明. 基于4P营销理论的大学生就业策略研究 [J]. 教育发展研究, 2007 (5): 70–73.

于消费者对产品价值的个人理解和评估,强调价格与消费者心理预期一致性的理解价值定价法;考虑不同消费者群体对同一产品的需求强度、购买能力和支付意愿差异的需求差异定价法;从消费者愿意接受的价格出发,逆向推算出产品的成本和利润的逆向定价法。

企业定价策略多样,应结合自身的经营战略、价格规划,以及考虑市场环境的多变性和经济发展态势,灵活选择适合的定价方法。

(5)选定最终价格。

企业最后拟定的价格必须考虑以下因素:

①最终确定的价格必须与企业所设定的定价政策保持一致。企业的定价政策主要涵盖了企业希望塑造的定价形象、对价格折扣所持的态度,以及对竞争对手价格策略的指导原则。

②法律法规与税收政策。企业在定价时必须遵守相关法律法规,如价格法、反垄断法等,并考虑税收对成本和产品最终价格的影响。此外,如果企业涉及国际贸易,还需要考虑关税、贸易壁垒以及不同国家和地区的定价政策。

③利用消费者对名牌产品或企业的崇尚和信任,采用声望定价策略,将那些本身价值并不高的商品定价在较高水平(例如,将原本仅值10元的香水定价为100元)。或者运用奇数定价法(例如,将一台电视标价1299元),以刺激消费者的购买欲望,推动销售额的增长。

④综合考虑企业内部相关人员意见。推销人员直接面对市场,了解消费者的需求和反馈;广告人员则负责产品的宣传和推广,他们深谙消费者心理和市场趋势;考虑经销商和供应商等合作伙伴的反馈和意见,经销商和供应商作为我们产品流通和供应链中的关键环节,他们的意见和反馈对于制定合理的价格至关重要,同时也要密切关注竞争对手对具体定价的反应。

6.2.2.3 价格策划的一般程序

创业者在制定价格策划时,需要遵循一系列严谨的步骤,以确保最终的价格策略既符合市场规律，又能促进企业的长远发展。创业者制定价格策划的程序一般包括如下几个步骤：

（1）分析市场环境。创业者需要对目标市场进行全面的调研，了解市场需求、消费者偏好、市场规模以及潜在的增长空间。同时，还需关注行业的整体发展趋势，以及政策法规对价格制定的影响。通过深入分析市场环境，创业者可以为后续的价格制定提供有力的依据。如产品开发计划、推销计划以及渠道的选择。

（2）预算产品销售数量。根据市场分析结果，创业者需要对未来一段时间内产品的销售数量进行合理预测。这需要考虑产品的生命周期、市场需求变化、竞争对手情况等因素。通过预算产品销售数量，创业者可以更好地掌握企业的销售规模和盈利预期，为制定价格策略提供依据。

（3）分析竞争对手反应。在制定价格策略时，创业者需要密切关注竞争对手的定价策略和市场表现。通过了解竞争对手的产品特点、价格水平以及营销策略，创业者可以预测竞争对手对自己价格策略的可能反应，从而制定出更具针对性的价格策略。

（4）预期市场占有率。创业者需要根据自身的产品特点、价格策略以及市场定位，合理预期未来在市场中的占有率。这有助于创业者明确企业的发展目标，并为实现这些目标制定具体的价格策略。

（5）选择合理的价格策略。经过以上各步骤的分析、研究，在综合考虑市场环境、销售数量、竞争对手反应以及预期市场占有率等因素后，创业者需要选择适合自身发展的价格策略。这包括成本导向定价、市场导向定价、竞争导向定价等多种方式。创业者需要根据企业的实际情况和市场环境，灵活选择并调整价格策略，以实现企业的盈利目标和发展愿景。

6.2.2.4 具体方法

（1）新加入者渗透。创业者可以凭借产品的新颖与豪华特质以及出色的品质，实现差异化竞争，以中等价位进行市场渗透，迅速获得市场占有率。由于休闲业对价格的敏感度极高，创业者应以高品质、中价位的策略，精准定位高阶层市场，有效打击同级竞争者。这一策略是新产品进入市场初期常用的手段，旨在快速占据市场份额，树立品牌形象。通过精心策划和执行，创业者能够成功实现市场渗透，为企业的发展奠定坚实基础。然而也有逆向操作，运用高价位差异化策略而成功的。

（2）组合产品。随着竞争的加剧，从业者可以采取产品组合扩大需求，这也是有效的价格策略，通过扩展大量的需求，降低成本，通过价格的优惠争取业绩。也可采用异业联盟的方式推出套装行程，如含机票或送主题乐园门票等，让消费者觉得物超所值。

（3）差别价格策略。对不同的目标市场、不同顾客群、不同的时段采取不同价格，即对不同市场采取不同的价格，以获取更多的销售量，例如，团体价、航空公司的特惠价、客房在周末的优惠特价、餐饮在周日提高价格等。

6.2.2.5 定价决策

定价决策是指企业为实现其定价目标而科学合理地确定商品的最合适价格。定价决策应考虑的因素，侧重从成本因素与供求规律因素（价格弹性系数）分析入手。① 以下是三种较为简单易用的定价模型。②

（1）赫尔曼·西蒙模型。该模型于1979年被提出，强调了品牌生命周期不同阶段中价格弹性的动态变化，并指出企业应根据这些变化灵活调整定价策略。西蒙的研究为企业提供了实用的定价指导，有助于企业在市场竞争中取得优势。

（2）拉奥－夏昆模型。该模型为研究多品牌市场上消费者的选择行为提供了理论框架，特别强调了注重产品质量的顾客群体和注重产品价格的顾客群体在可接受价格幅度内的不同购买行为，有助于企业在市场竞争中

---

① 戴国良. 图解定价管理［M］. 北京：企业管理出版社，2018.
② 郭国庆. 市场营销学通论［M］. 北京：中国人民大学出版社，2013.

更好地把握定价的尺度和方向。

（3）多兰－朱兰德模型。该模型不仅综合考虑了成本的动态变化，还深入研究了扩散过程的动态影响。针对静态需求和动态需求的不同情况，详细研究最优价格。此模型揭示的是计划期内最优价格随时间的变化规律，这一模型对于创新型企业来说，在激烈的市场竞争中，灵活选择渗透战略或撇脂战略具有重要的指导价值。即：当需求曲线随时间的推移呈稳定状态（无扩散）且生产成本随累计价值的增加而下降时，采取撇脂战略（即先高价后低价）为最优选择；在以扩散过程为特征的耐用品需求情况下，采取渗透战略（即以低价格、低成本进入市场）为最优选择。[①]

6.2.3 渠道策略

6.2.3.1 渠道策略的含义

渠道战略，也称营销渠道策略（marketing channel strategy 或 strategy of marketing channel）。渠道战略是整个营销系统的重要组成部分，它对降低企业成本和提高企业竞争力具有重要意义。渠道战略是规划中的重中之重，随着市场发展进入新阶段，企业的营销渠道不断发生新的变革，旧的渠道模式已不能适应形势的变化。[②]

当前的渠道战略涵盖了渠道的扩展路径、分销网络的构建与监管、区域市场的有效管理，以及营销渠道自我调控和影响力拓展的需求。企业营销渠道的选择与其他营销决策，特别是产品定价策略紧密相连。与产品策略、价格策略及促销策略一样，渠道策略是创业者成功开拓市场、达成销售及经营目标的关键手段。因此，在制定营销策略时，企业必须全面考虑

[①] 钟珊. H公司冰淇淋产品营销策略研究［D］. 大庆：东北石油大学，2022.
[②] 柳思维，尹元元. 基于4P理论的湖南家电市场营销战略研究［J］. 消费经济，2007（3）：8-11.

并精心选择适合自己的营销渠道的长度与宽度。

6.2.3.2　典型的渠道结构

（1）营销渠道的长度。

营销渠道的长度是衡量产品从生产者到消费者中间环节数量的重要指标，它直接决定了销售渠道的长短。不同长度的营销渠道具有各自的特点和适用场景，企业应根据市场需求和产品特性来选择最合适的渠道模式。

①直达式营销渠道是一种没有中间商参与的模式，它要求企业拥有成熟的营销团队和具有竞争优势的产品。这种渠道模式能够减少交易成本和流通时间，确保产品以最快速度到达消费者手中，但覆盖面相对有限，适合针对特定目标市场进行推广。

②一站式营销渠道则引入了一个中间商，通常为零售商。这种模式下，企业能够借助零售商的资源和渠道优势，扩大产品覆盖面，同时减少自身的营销投入。然而，与零售商的合作关系需要谨慎管理，以确保双方的利益得到平衡。

③两站式营销渠道则涉及批发商和零售商两个中间环节。这种渠道模式能够进一步拓展产品市场，提高销售效率。但是，随着中间环节的增加，交易成本和管理难度也会相应提升。

④多站式营销渠道则包含两个以上的中间商。这种渠道模式能够覆盖更广泛的市场区域，提高产品的市场渗透率。然而，过长的渠道链可能导致信息传递不畅、交易成本上升以及产品流通效率降低等问题。

在实际社会经济环境中，跨层次的"团购"等现象也时有发生。这表明营销渠道的长度并非绝对，而是可以根据市场需求和产品特性进行灵活调整。因此，创业者在设计产品营销渠道方案时，应充分考虑市场需求、产品特性、竞争环境以及企业自身实力等因素，选择最合适的渠道长度和中间商组合，以实现最佳的销售效果和利润水平。

（2）营销渠道的宽度。

营销渠道的宽度，指的是在营销渠道的每个环节中，使用相同类型中间商的数量。中间商数量多，渠道则宽广；反之，则相对狭窄。策划渠道的宽度时，必须紧密结合创业者的市场营销目标和产销战略。针对此，营销策划主要可以分为以下三种类型：

①集群型营销旨在通过众多中间商来扩大产品的市场覆盖面，以便快速进入新市场，确保广大消费者和用户能够随时随地购买到产品，进而提升产品的影响力。这种策略有助于企业迅速占领市场份额，增强品牌影响力。

②择优型营销则是企业在同一目标市场上，依据一定标准挑选出少数具有明显优势的中间商来经销其产品。这种策略的核心在于维护企业和产品的形象与声誉，巩固市场地位。它通常发生在企业产品成熟并稳定走向市场的时候，有助于提升渠道的效率和企业的整体竞争力。

③唯一型营销是创业者在特定时间和地区，仅选择一家批发商或零售商来独家经销其产品。双方通常会签订协议，限制中间商销售竞争产品，创业者也不得向其他中间商供应产品。这种策略旨在控制已有市场，通过独特的营销方式强化产品形象，形成差异化心理，从而使企业和中间商获得超额利润。

不同类型的营销渠道宽度策划各有其特点和适用场景，企业应根据自身实际情况和市场需求，灵活选择和应用，以实现最佳的市场效果和经济效益。

（3）营销渠道的长度与宽度的融合。

营销渠道的长度与宽度的巧妙融合，对于大学生创业者而言，是制定市场策略时不可或缺的一环。在深度剖析目标市场的具体情况后，他们应当考虑运用多元化的营销渠道来推广和销售产品，这涉及渠道长度与宽度的有效结合。

具体来说，创业者可以选择通过两条或以上的渠道，将同一产品引入两个以上的市场。例如，某些产品既可以作为原材料供应给其他制造商，也可以作为消费品直接面向消费者。为了实现这一目标，必须利用不同的渠道来覆盖不同的市场，确保产品的广泛流通。

此外，让同一产品进入同一市场时，大学生创业者可以选择采用同一品牌或不同品牌策略，以激发渠道间的良性竞争。例如，一家企业生产的有机蔬菜，既可以通过超市、食品店等零售渠道触达消费者，也可以供应给饭店、餐馆等餐饮渠道。这种多元化的市场渗透方式，不仅有助于提升产品的市场覆盖率，还能通过不同渠道间的互补效应，实现更深入的市场渗透，从而最大化企业的利润。

在决定营销渠道的长短、宽窄以及是否采用多重渠道时，大学生创业者需要综合考虑多种主客观因素。从营销渠道策划的角度来看，市场营销渠道策划人员需要深入研究产品或服务的特性、市场环境的变化、消费者的购买意愿和动机，以及企业自身的资源优势和战略定位。同时，大学生创业者还需要密切关注中间商的状况，包括其经营能力、信誉度以及合作意愿等，以确保渠道策略的有效实施。

6.2.4 促销策略

6.2.4.1 促销策略概念

促销策略是指企业如何通过人员推销、广告、公共关系和营销推广等各种促销手段，向消费者传递产品信息，引起他们的注意和兴趣，激发他们的购买欲望和购买行为，以达到扩大销售的目的的活动。企业将合适的产品，在适当地点、以适当的价格出售的信息传递到目标市场，一般是通过两种方式：一种是人员推销，即推销员和顾客面对面地进行推销；另一种是非人员推销，即通过大众传播媒介在同一时间向大量消费者传递信息，主要包括广告、公共关系和营销推广等多种方式。[①] 这两种推销方式各有利弊，起着相互补充的作用。此外，目录、通告、赠品、店标、陈列、示范、展销等也都属于促销策略范围。一个好的促销策略，往往能起到多方面作用。例如：提供信息情况，及时引导采购；激发购买欲望，扩大产品需求；突出产品特点，建立产品形象；维持市场份额，巩固市场地位；等等。

6.2.4.2 促销策略分类

根据促销手段的出发点与作用的不同，促销策略可分为以下两种：

（1）推式策略，即以直接方式，运用人员推销手段，把产品推向销售渠道，其作用过程为：企业的推销员把产品或劳务推荐给批发商，再由批发商推荐给零售商，最后由零售商推荐给最终消费者。[②] 该策略适用于企业经营规模小，或无足够资金用以执行完善的广告计划；市场较集中，分销渠道短，销售队伍大；产品具有很高的单位价值，如特殊品、选购品等；产品的使用、维修、保养方法需要进行示范。

（2）拉式策略，即采取间接方式，通过广告和公共宣传等措施吸引最终消费者，使消费者对企业的产品或劳务产生兴趣，从而引起需求，主动去购买商品。其作用路线为：企业将消费者引向零售商，将零售商引向批发商，将批发商引向生产企业。[③] 该策略适用于市场广大，产品多属便利品；商品信息必须以最快速度告知广大消费者；对产品的初始需求已呈现出有利的趋势，市场需求日渐上升；产品具有独特性能，与其他产品的区别显而易见；能引起消费者某种特殊情感的产品；有充分资金用于广告。

[①] 尹春兰. 关系营销的营销组合策略研究 [J]. 管理现代化，2005（2）：44-46.
[②] 姜璐，贾朕，吴伶俐. 基于网络平台市场的销售商促销竞争策略研究 [J]. 管理工程学报，2022，36（1）：217-227.
[③] 张华，李莉，何向，等. 考虑促销长期效应的网络零售促销策略研究 [J]. 管理学报，2022，19（8）：1213-1222.

6.2.4.3 促销方法

（1）借势打力策略。借助对方的某些优势，并巧妙运用策略，将这些优势转化为自身的力量，这一策略可以类比为商业竞争中的"借风使船"。就像在航海中，聪明的船长会利用风向和风力，调整船帆的角度，使船只在风力的推动下快速前行。例如，一部热门电影上映期间，一家服装品牌推出了与该电影联名的服装系列。该服装品牌设计了一系列与电影角色和故事情节相关的服装款式，并在店铺和线上平台进行了大力宣传。同时，还举办了与电影相关的互动活动，如观影会、角色扮演等，吸引了大量粉丝和消费者。通过这一策略，该服装品牌成功借助电影的热度提升了品牌知名度和销售额。然而，企业在运用这一策略时也需要注意不要过度依赖外部因素，而忽略了对自身产品或服务的提升和创新。同时，还需要注意遵守相关法律法规和道德规范，避免过度炒作或误导消费者。

（2）"击其软肋"策略。通过深入了解竞争对手的弱点或不足之处，做到知己知彼，针对性地制定促销方案，从而在这些薄弱环节上取得突破，吸引消费者并提升销售额。竞争对手在资源分配上总会有所侧重，导致整个渠道链条中难免存在薄弱环节。例如，对手在渠道建设上投入过多，那么终端的维护和服务可能不够；反之，如果对手过于关注终端建设，那么渠道资源就显得力不从心。同样，当竞争对手进入中国市场时，可能在某些区域市场并不具备明显优势，这是不错的"攻击点"。以摩托罗拉为例，当其为新品进行大规模广告宣传时，一些国产手机品牌迅速进行终端拦截，不仅在拦截中大力宣传新品，还采取低价策略吸引消费者。通过这种方式，将原本可能被竞争对手吸引的顾客吸引到自己的柜台和专区。这种策略在对手忽视终端执行时尤为有效。

（3）寻找差异策略。有时候，纯粹的正面交锋并非明智之举，而是应该学会运用差异化的策略来取得优势，即通过挖掘和强调产品或服务区别于竞争对手产品的独特之处，来吸引目标消费者的注意力，并激发其购买欲望。当竞争对手选择价格竞争时，我们选择赠品促销；选择抽奖活动时，我们选择买赠策略。例如，可口可乐旗下的产品"酷儿"上市时，以添加神秘配方为5～12岁儿童打造的果汁为特色，定价高出市面上的其他品牌20%。面对激烈的市场竞争，大部分企业选择降价策略。于是可口可乐公司另辟蹊径，既然"酷儿"上市是以"角色行销"为特色，那么就增加"酷儿"促销，"酷儿"玩偶走进课堂，购买"酷儿"饮料即可获得"酷儿"玩偶，麦当劳的儿童套餐中，也附带了"酷儿"饮料和礼品，还有"酷儿"抽奖、脸谱收集、路演等等。①

（4）提早出击策略。市场竞争中，企业需提前行动，通过提前宣传、预售等方式来抢占先机，以此提高销售额和市场占有率。例如，某手机品牌在新款手机发布前一个月，就开始在各大媒体平台发布预告片，展示新手机的独特功能和设计。同时，该品牌还通过社交媒体与粉丝互动，邀请他们参与新手机的讨论和猜测。这种提早宣传的方式让消费者对新款手机产生了极大的期待感，为新手机的上市销售奠定了良好的基础。又如，以某电商平台为例，该平台在"双十一"购物节前夕推出了预售活动，消费者可以提前支付定金预订心仪的商品，在"双十一"当天，消费者只需支付尾款即可享受优惠价格购买商品。此外，经过在行业内的长期探索和观察，企业往往能够对竞争对手的促销策略有所预见。例如，每逢节假日或活动日，如"五一"、"十一"、元旦、春节和"双十一"等消费高峰时期，各大品牌几乎都会启动促销活动，形式也大多相似，如买赠、渠道激励、终端奖励等。通过持续研究竞争对手，企业能够发现其中的规律。为了有效应对竞争对手的惯用策略，企业应提前规划并采取行动，因为最好的防守策略就是主动进攻。

（5）针锋相对策略。此种策略是指在促销活动中直接对竞争对手的对策展开攻势。例如，在1999～2001年某花生油品牌通过大量发放宣传资

---

① 郭俊华. 统一鲜橙多品牌营销策略研究 [D]. 贵阳：贵州大学，2023.

料，主动攻击竞争对手的色拉油产品，强调其缺乏营养与风味，仅外表美观但口感不佳。到了 2004 年，该品牌又通过对色拉油原料的负面宣传，意图打压对手，增加自身的市场销量。这一连串的举措正是典型的针锋相对策略应用。需要注意的是，针锋相对策略虽然能带来显著的效果，但也存在一定的风险。如果执行不当，可能会引发消费者的反感或法律纠纷。因此，在采用这种策略时，企业需要谨慎权衡利弊，确保自身的宣传内容真实可信，并遵守相关法律法规。

（6）"搭乘顺风车"策略。很多时候，面对竞争对手马上采用的借势促销手段，受限于种种因素，我们可能无法直接打压或模仿。然而，由于这种促销手段的效果是可预见的，如果我们不采取行动跟进，就可能错失良机。在这种情况下，最明智的策略便是"搭乘顺风车"，利用已有的热度来实现自己的促销目标。例如：在卡塔尔世界杯上，一些知名品牌通过与赛事官方合作，获得了在比赛现场、广告牌以及官方媒体上的广泛展示机会，从而吸引了大量球迷和消费者的关注；一些服装品牌推出了印有世界杯标志和球队队徽的限量版球衣和配饰，吸引了众多球迷的抢购；还有品牌发布了关于世界杯的趣味互动内容，邀请球迷参与投票、分享心得等，有效提升了品牌的曝光度和用户参与度。

（7）"高唱反调"策略。消费者的想法常常是灵活多变的。因此，当竞争对手的促销活动取得了显著成效，而我们自身无法迅速跟进或进行有效打压时，一个聪明的选择就是采取"高唱反调"的策略，扭转消费者的观念。例如，2001 年，G 品牌发起了一场名为"清理门户"的降价大战，将一款销量很好的微波炉的价格下调至 299 元，意图直接挑战市场领导者 M 品牌。[①] 6 个月后，G 品牌更是将旗下高档主流畅销机型全线降价。面对如此强势的促销攻势，M 品牌并未坐视不理，M 品牌积极回应，向多家媒体发送了一份关于 G 品牌降价行为的回应材料，指责其"虚假言论误导消

---

① 黄君发. 格兰仕与美的 10 年之争：谁是赢家 [J]. 法人杂志, 2009 (10): 30-31.

费者"，并表示要"严斥恶意炒作行为"。同年，M 品牌还高调推出了一项促销活动，意图与 G 品牌正面交锋。通过高调"唱反调"的策略，M 品牌成功地将消费者的注意力从 G 品牌的降价策略上转移开来，至少在一定程度上扰乱了消费者的选择。① 这种策略不仅削弱了 G 品牌的促销效果，还为 M 品牌自身赢得了更多的市场关注和机会。

（8）"百上加斤"策略。顾名思义，这种策略就是在竞争对手的促销基础上再加码，给予消费者更多的优惠。例如，当竞争对手推出 3% 的优惠促销时，我们可以选择提供五折的优惠；当对手每消费 100 元送 10 元时，我们可以考虑每消费 80 元就送 10 元。消费者很可能会因为优惠力度略有加大而更倾向于购买我们的产品。又如，某瓶装水公司曾推出"买一箱水送 5 包餐巾纸"的活动，初期在传统销售渠道获得了显著成效。随后，另一家饮料公司不甘示弱，加大了促销力度，推出了"买水得美钻"的活动。具体来说，他们在促销期间赠送价值高昂的精美钻石，每颗价值 5600 元，"幸运儿"通过抽奖方式产生。此外，消费者在购买两箱水时，不仅能获得价值 800 元的美钻购买代金券，在指定的珠宝行使用这些代金券，而且获奖率不会低于 60%。这一促销策略取得了惊人的效果，深受消费者欢迎。

促销方法多种多样，每一种都有其独特的适用场景和效果。对于创业者来说，选择哪种促销方法并非一成不变，而是需要根据实际情况灵活调整，及时作出应对。一方面，创业者需要深入了解自己的产品或服务，明确其特点和优势。只有对自己的产品或服务有充分的了解，才能选择合适的促销方法，将其特点充分展现给消费者。另一方面，创业者需要关注市场动态和消费者需求。市场的变化往往会影响促销策略的有效性，而消费者的需求则是制定促销策略的重要依据。因此，创业者需要密切关注市场动态，了解消费者的购买习惯和偏好，以便及时调整促销策略。

---

① 佟哲. 美的集团磁控管发展战略案例研究［D］. 大连：大连理工大学，2013.

6.2.5 沟通策略

6.2.5.1 沟通目的

（1）有助于陈述己见，表达主旨。在营销过程中，销售人员需要清晰地阐述产品的特点、优势以及公司的服务宗旨，使客户能够准确理解并产生购买意愿。通过运用恰当的语言艺术，销售人员能够更好地传达自己的意图，使沟通更加高效、顺畅。

（2）具有说服对方、维护己方利益的作用。在与客户沟通过程中，销售人员需要运用语言艺术来打动客户，使其产生购买行为。这包括运用各种修辞手法、情感表达以及逻辑推理等手段，使客户对产品或服务产生信任感，从而促成交易。同时，在面对客户的疑虑或异议时，销售人员也需要运用语言艺术进行巧妙的应对，以维护公司的利益和形象。

（3）缓和紧张气氛，融洽双方关系。在营销沟通中，由于各种原因可能会出现沟通障碍或误解，导致双方关系紧张。此时，销售人员可以运用语言艺术来化解矛盾，缓和气氛，使双方能够重新建立信任并继续合作。通过运用幽默、赞美、倾听等技巧，销售人员能够拉近与客户之间的距离，建立良好的人际关系，为后续的营销活动奠定坚实的基础。

6.2.5.2 沟通作用

营销沟通语言艺术在营销活动中具有至关重要的作用，其具体应用体现在以下几个方面：

（1）清晰传达工作目的和要求，并征询意见。在营销沟通过程中，沟通者需要确保工作目的和要求传达得清晰、准确。这涉及使用简明扼要的语言，避免使用模糊或歧义的表达，以便被沟通者能够准确理解并回应。同时，沟通者还应积极征询对方的意见，实现双向或多向沟通。这有助于建立平等的沟通氛围，增进双方的理解和信任，从而确保沟通的有效性。

（2）达成一致意见，明确责任和任务。在营销沟通中，达成一致意见是确保双方能够共同合作的关键。通过有效的沟通，双方应就工作目的、要求以及行动计划等方面达成共识。同时，还需要明确责任和任务，将具体的行动落实到具体的人。这有助于确保每个人都清楚自己的职责和任务，从而避免在执行过程中出现混乱或延误。

（3）跟踪执行情况，提供协助并识别风险。在执行过程中，沟通者需要密切关注执行情况，及时跟进并了解执行人的进度和困难。如果发现执行人需要协助，沟通者应及时提供支持和帮助，以确保任务的顺利完成。同时，还需要注意识别潜在的风险，并采取相应的措施进行预防和应对。这有助于降低风险对营销活动的影响，确保整个过程的顺利进行。

（4）检查执行结果，总结回顾并明确行动。执行结果的检查是营销沟通的重要环节。通过检查结果，可以评估营销活动的成效，总结经验教训，并为未来的营销活动提供参考。在沟通结束前，沟通者应注意进行总结和回顾，确保双方都对沟通过程和结果有清晰的认识。同时，还需要明确未来的行动计划，以便双方能够继续合作并推动营销活动的进一步发展。

6.2.5.3　沟通条件

在实际沟通的过程中，根据不同的对象、话题、气氛、双方关系以及时机，运用恰当的语言艺术，可以有效地促进谈判的顺利进行，达成合作。

（1）对象。针对不同的谈判对象，语言艺术的应用应有所区别。要考虑谈判者的职位、年龄、性别以及性格、态度等因素。对于职位较高的谈判者，语言应更加尊重和正式；对于年轻的谈判者，可以更加开放和亲切。同时，根据谈判者的性格和态度，灵活运用幽默、严肃或劝诱等不同的语言风格，以达到更好的沟通效果。

（2）话题。在沟通不同阶段，语言艺术的应用也应有所不同。在寒暄、介绍等初步接触阶段，可以使用礼节性的交际语言，营造轻松友好的氛围。

而在涉及合同条文、价格等核心议题时，应使用专业性的交易语言，确保信息的准确传达。当遇到谈判障碍或争执时，可以适当运用幽默诙谐的语言来调节气氛，缓解紧张情绪。

（3）气氛。谈话气氛的把握也是语言艺术应用的关键。谈判者应随时观察和分析谈判气氛的变化，适时调整语言风格。在气氛紧张或僵持时，可以用幽默或劝诱性的语言来缓和气氛，促进双方的合作。在气氛融洽或取得进展时，可以进一步运用专业性的语言来明确双方的权利和义务，推动谈判的深入。

（4）双方关系。对于初次接触或关系不密切的谈判者，应以礼节性的交际语言为主，建立信任基础。对于已有多次成功交易的合作伙伴，则可以在保持礼节性语言的同时，更加注重专业性和幽默性的结合，以进一步巩固和发展双方关系。

（5）时机。恰当的时机使用恰当的语言，可以事半功倍。例如，在对方表现出犹豫或不满时，适时使用劝诱性或安慰性的语言，可以消除对方的疑虑，促进谈判的顺利进行。

6.2.5.4 沟通可信度

沟通者需要在沟通的时候考虑自己的可信度，即信息接收者对你的信任、信赖和接受程度。沟通者可信度越高，越有利于信息被接受。有五大因素影响可信度，即身份地位、良好愿望、专业知识、外表形象和共同价值。身份地位在谈话中起着举足轻重的作用。一个人的身份地位往往与其在社会中的认可度、权威性和影响力紧密相关。具有较高身份地位的人，其言论往往更容易被接受和信任。良好愿望也是影响谈话可信度的重要因素。当谈话者表现出真诚、友善和关心对方的态度时，他们的言论往往更具说服力。因为人们更倾向于相信那些真心为自己着想的人，而不是那些只关注自身利益的人。专业知识对于谈话的可信度同样至关重要。具备相关领域的专业知识，能够使谈话者在讨论问题时提供准确、权威的信息和见解。外表形象也在一定程度上影响着谈话的可信度。虽然外表并非决定性的因素，但一个整洁、得体的形象往往能够给人留下良好的第一印象，从而增加人们对谈话者的信任感。相反，邋遢或不专业的形象可能会降低人们对谈话者的信任度。共同价值是提升谈话可信度的关键因素之一。当谈话双方在价值观、信仰或目标等方面存在共识时，他们的交流往往更加顺畅和有效。

6.2.5.5 沟通策略三部曲

对于大学生创业者而言，有效的沟通策略是创业过程中不可或缺的技能。在与客户、合作伙伴、投资人等沟通时，掌握倾听、发问和回答的技巧，不仅能够建立信任关系，还能促进合作。

（1）学会倾听。

俗话说"会说不如会听"，在大学生创业者的营销沟通中尤为重要。倾听不仅仅是用耳朵去听对方说的话，更是用眼睛去观察对方的表情与动作，用心去理解对方的意图，用脑去分析对方的话语背后的含义。这种全方位的倾听，能够极大地提升沟通效果，帮助创业者更好地与客户、合作伙伴以及团队成员进行交流。

①倾听内容。

第一，倾听是了解对方需求、发现事实真相的最简捷的途径。在营销沟通中，创业者需要深入了解客户的需求和痛点，以便提供针对性的解决方案。通过倾听，创业者能够捕捉到客户话语中的关键信息，进而分析出客户的真实需求，达到知己知彼的效果。

第二，注意倾听能够给人留下良好的印象，改善双方关系。在沟通过程中，展现出对对方的尊重和关注，会让对方感受到被重视和认可，从而建立起信任感和好感度。这种信任感和好感度有助于双方建立长期稳定的合作关系，为创业者的事业发展奠定基础。

第三，倾听还能够使创业者掌握许多重要的语言用法。不同的行业、领域和人群有着不同的沟通方式和语言习惯。通过倾听，创业者能够学习到这些语言用法，丰富自己的沟通技巧，使自己在不同的场合和人群中都能够游刃有余地进行沟通。

第四，倾听能够了解对方态度的变化。在沟通过程中，对方的态度可能会随着话题的深入而发生变化。通过倾听，创业者能够及时发现这些变化，并作出相应的调整，以确保沟通能够顺利进行。

②影响倾听的障碍。

大学生创业者在倾听过程中可能会遇到多种障碍，这些障碍不仅影响他们准确理解对方的信息，还可能导致沟通效果不佳，甚至错失商机。影响大学生创业者倾听的主要障碍有以下几种：

第一，自我表白。创业者可能过于关注自我表达，忽视了对方的信息。他们可能在倾听时不断打断对方，急于阐述自己的观点，从而无法全面理解对方的需求和意图。

第二，先入为主。创业者可能基于先前的经验或偏见，对对方的话语进行预设性解读。这种先入为主的思维方式会阻碍他们客观地理解对方的真实意图，导致信息误解。

第三，急于反驳。有些创业者可能过于自信，对对方的观点持怀疑态度，甚至在没有充分理解对方观点的情况下就急于反驳。这种态度不仅影响沟通氛围，还可能使双方陷入不必要的争执。

第四，轻易表态。证据不足就轻易下结论，创业者可能在没有充分掌握信息的情况下，就急于对问题作出判断或下结论。这种草率的做法可能导致决策失误，甚至损害与对方的关系。

第五，不分主次。急于记住每一件事情，导致主次不分，有些创业者可能试图记住沟通中的每一个细节，但这样做往往会导致他们无法区分信息的主次，从而无法抓住沟通的重点。

第六，选择性倾听。不感兴趣时，创业者的注意力可能受到其他因素的干扰，从而无法专注于倾听。这种态度会严重影响信息的接收和理解。

第七，分心走神。在沟通过程中，创业者可能会受到手机、电子邮件等外部因素的干扰，导致无法集中注意力倾听对方的话语。

第八，逃避问题。面对复杂或难以处理的问题，创业者可能会选择性地忽视或跳过，而不是深入了解和解决。越过难以对付的问题，这种逃避问题的态度会阻碍有效的沟通。

第九，放弃倾听。创业者可能因为对某些信息或观点不感兴趣，而主动放弃倾听或深入了解。主动放弃不喜欢的部分，这种做法可能导致他们错过重要的商业机会或信息。

第十，思维定式。受到固定思维模式的影响，创业者可能无法从新的角度或维度去理解对方的话语，导致沟通受限。定式思维会限制创业者的创新思维和问题解决能力。

大学生创业者需要提高自我意识，认识到自己在倾听过程中可能存在的问题，并积极寻求改进方法。可以通过训练自己的专注力、学习有效的倾听技巧、保持开放和尊重的态度等方式来提升倾听能力。同时，大学生创业者还应该学会在沟通中保持耐心和冷静，避免情绪化反应或过度自信导致的沟通障碍。

（2）学会发问。

在营销沟通中，大学生创业者的提问技巧是一个至关重要的环节。有效的提问不仅能帮助创业者摸清对方的真实需求，掌握其心理状态，还能巧妙地表达自己的观点和意见，进而推动问题的解决。

①发问的方式。

不同的发问方式，会有不同的沟通作用。

第一，使用间接的提问方式。间接提问是一种更为客气和礼貌的表达方式，它有助于营造轻松、和谐的沟通氛围。例如，大学生创业者可以通过询问对方对某个产品或服务的看法，间接地了解对方的真实需求。这种方式避免了直接、突兀的提问，让对方更容易接受并愿意分享自己的想法。

第二，使用选择性的提问方式。选择性提问为对方提供了几个可能的答案选项，使得回答变得更加简单和直接。这种提问方式有助于引导沟通走势，让创业者能够更快地获取所需信息。同时，它还能在一定程度上限制对方的回答范围，确保回答与沟通目标保持一致。

第三，把握好提问的难易度。提问的难易度对于沟通效果有着重要影响。过于简单的问题可能无法获取有价值的信息，而过于复杂的问题则可能让对方感到困惑或反感。因此，创业者需要根据沟通目标和对方的实际情况，采用先易后难的提问方式。先从简单、基础的问题入手，逐步引导对方深入思考，进而获取更深入的信息和反馈。

第四，使用恭维的表达方式。在提问中融入恭维的元素，能够有效地拉近与对方的关系，增强对方的信任感和好感度。例如，创业者可以在提问前先对对方的专业能力或行业地位表示赞赏，然后再提出自己的问题。这种方式既表达了对对方的尊重和认可，又能激发对方回答问题的积极性。

②发问的技巧。

大学生创业者在营销沟通中需要灵活运用各种提问方式，以达到最佳的沟通效果。通过不断地实践和总结，创业者可以逐渐掌握这些技巧，提升自己的沟通能力。发问的具体技巧有以下几种：

第一，诱导发问法通过精心设计的问题，引导对方表达真实想法和意图，有助于获取有价值的信息。在运用此方法时，创业者应确保发问态度诚恳，避免使用威胁或讽刺性语言，以维护良好的沟通氛围。

第二，迂回发问法则适用于双方关系较为生疏或气氛紧张的情况。通过引入中性话题或介绍性内容，可以逐渐拉近彼此的距离，为深入沟通打下基础。在运用迂回发问时，创业者应明确提问目的，给对方留下思考空间。

第三，佯攻发问法则是一种更具策略性的提问方式，旨在通过试探性、迷惑性或刺激性问题来摸清对方的虚实和意图。在运用此方法时，创业者需选好方向，掌握好限度，并事先制定应对方案，以避免引起对方的反感和敌意。

（3）学会回答。

回答是展现个人观点和解决问题的能力的重要环节。学会回答意味着能够清晰、准确地传达自己的意图，同时妥善处理对方的反馈和疑问。在谈判桌上沟通人员回答的每一句话都有重要意义，对别人来说都认为是一种承诺，所以，大学生创业者在回答对方提问题时心情都比较紧张，有时会不知所措，陷入被动局面。一个沟通者水平的高低，很大程度上取决于其回答问题的水平。因此，回答也必须运用一定的语言技巧。

①使用模糊的语言。模糊语言是指在沟通过程中，为了避免直接给出明确或绝对的答复，而采用一种相对含糊、留有余地的表达方式。这种技巧在大学生创业者的沟通中尤为实用，尤其是在面对不确定或敏感的问题时。例如，当被问及项目的完成时间时，如果创业者无法给出确切的答案，可以说："我们正在努力推进项目，争取在预期的时间内完成。不过，具体时间还需根据实际情况来调整。"这样的回答既避免了直接承诺无法兑现的风险，又展示了创业者的积极态度和专业素养。

②使用委婉的语言。委婉语言是一种顾及他人感受、避免直接冲突的表达方式。在大学生创业者的沟通过程中，使用委婉语言有助于维护良好的人际关系，促进双方的合作。例如，当需要向合作伙伴提出修改建议时，可以说："我觉得这个地方可以稍作调整，这样可能更符合我们的整体策略。当然，这只是我的个人看法，您可以再考虑一下。"这样的表达既传达了自己的观点，又尊重了对方的意见，有助于双方达成共识。

③使用幽默含蓄的语言。幽默含蓄的语言能够轻松缓解紧张气氛，使沟通更加轻松愉快。在大学生创业者的沟通过程中，适当运用幽默含蓄的语言有助于增强个人魅力，提升沟通效果。例如，在面对一些棘手的问题时，创业者可以用幽默的方式化解尴尬："这个问题确实有点棘手，不过我相信我们一定能找到解决办法的。毕竟，我们可是有着'无敌创业团队'称号的人呢！"这样的回答既展现了创业者的乐观态度，又能在轻松的氛围

中推动问题的解决。

6.3 新零售营销策划书的撰写

自20世纪80年代起,我国逐步迈向社会主义市场经济的道路,现代市场营销学的理念在这片古老的土地上生根发芽。从计划经济的束缚中挣脱出来,我们逐渐认识到市场经济的竞争本质,形成了日益强烈的竞争意识。营销策划的主要内容是要求策划人员(学生)通过市场调研,了解市场现状,寻求和评价市场机会,对机会所显现的市场进行细分,并对各个细分市场进行优选以确定目标市场,明确市场定位。[1] 在这一过程中,产品的生产固然是基础,但将产品推向市场并赢得消费者的青睐同样重要。优质的服务不仅是产品价值的延伸,更是品牌形象的塑造者。而创造品牌,特别是打造知名品牌,则成为企业在市场竞争中脱颖而出的关键。然而,品牌的建立需要准确的定位,将产品的核心诉求精准地传递给消费者。这一步,既是营销过程中最为关键的一步,也是最具挑战的一步。因为它要求我们不仅要了解产品,更要深入了解消费者,把握其需求与心理。而营销策划为营销活动的核心,无论是产品策略、价格策略、渠道策略还是推广策略,都离不开精心的策划与创新。创新是营销策划的灵魂,它让营销活动充满生机与活力,让品牌在市场中焕发出独特的光彩。

6.3.1 营销策划概述

当营销策划的构思基本完成,下一步的工作至关重要,那便是将策划的内容和实施步骤进行系统化、条理化,并最终以文字形式呈现,即撰写

---

[1] 曾德国. 加强实践教学环节 培养营销策划新人 [J]. 中国成人教育, 2007 (3): 176–177.

营销计划书。营销策划书的撰写不仅是将构思转化为具体行动方案的过程，更是对未来营销操作进行全面规划与布局的关键步骤。策划书不仅承载着策划者的智慧与创意，更是企业未来营销活动的行动计划。

营销策划书作为全部营销策划成果的结构化文字表述，其重要性不言而喻。一流的策划，必须形成一流的策划书，才能确保策划的精髓得以完整呈现，避免优秀策划因表达不清而埋没。通过策划书，我们可以清晰地看到营销策划的逻辑框架、目标设定、实施步骤以及预期效果，从而使团队成员和其他利益相关者能够准确理解并有效执行。

6.3.2　营销策划方案的作用

营销策划书对于大学生创业者而言，无疑是艰苦的营销策划工作的压轴之作，更是下一步实施营销活动的精确导航。其主要作用体现在以下几个方面。

（1）营销策划书能够准确、完整地反映营销策划的内容。它将策划者的思路和创意以书面形式呈现，确保了策划内容的连贯性和完整性。通过策划书，人们可以清晰地看到策划的核心理念、目标设定、市场分析、产品策略、推广手段等关键要素，从而全面了解策划的全貌。

（2）营销策划书具有充分、有效地说服决策者的作用。对于大学生创业者而言，获得资金支持和团队认同至关重要。一份优秀的策划书能够以事实和数据为依据，用逻辑严密、条理清晰的文字阐述策划的可行性和预期效果，从而增强决策者对策划的信心，提高策划被采纳和实施的概率。

（3）营销策划书还是执行和控制的依据。在实施营销活动时，团队成员需要依据策划书中的具体步骤和要求进行操作。同时，策划书也为后续的控制工作提供了标准，帮助创业者及时发现问题、调整策略，确保营销活动的顺利进行。

6.3.3 营销策划方案的撰写技巧

营销策划书可信性、可操作性以及说服力是最基本的生命线，它们共同构成了策划书的核心竞争力。在撰写营销策划书时，我们必须十分注重这些要素，以确保策划书的有效性和实用性。

（1）理论依据。为了提高营销策划内容的可信性，我们需要合理使用理论依据。理论依据不仅能够增强策划内容的权威性，还能更好地说服阅读者接受我们的观点。但我们要避免纯粹的理论堆砌，而是要将理论与实际案例相结合，使策划内容更具说服力。

（2）举例说明。适当举例说明是增强说服力的有效手段。通过列举成功与失败的案例，我们可以充实策划书的内容，让阅读者更加直观地了解策划的可行性和潜在风险。在选择案例时，我们应多举成功的例子，特别是那些国外先进的经验与做法，以印证我们的观点。

（3）数据说明。充分利用数字说明问题也是提高可信性的关键。数字是客观、可验证的，它们能够直观地展示策划的效果和市场前景。在策划书中，我们应使用各种绝对数和相对数进行比较分析，确保数据的来源可靠，以增强策划内容的可信度。

（4）图表解读。运用图表帮助理解也是提升策划书可读性的重要手段。图表能够直观地展示数据和信息，有助于阅读者快速理解策划内容。我们可以根据需要选择合适的图表类型，如柱状图、折线图、饼图等，以辅助说明策划的各个方面。

（5）设计美观。在撰写策划书时，我们还应注重版面设计。合理的版面安排能够使策划书更加美观、易读，有助于提升阅读者的阅读体验。我们可以选择合适的字体、字号、行距等排版要素，使策划书在视觉上呈现出层次感和美感。

（6）注意细节。细节决定成败。在撰写策划书时，我们要注意消灭差错，确保策划书的准确性和专业性。这包括检查错别字、漏字、企业名称和专业术语的准确性，以及注意英文单词的拼写和语法等。此外，纸张的质量和打印效果等细节也会对策划书产生影响，因此我们应选择高质量的纸张和打印设备，以确保策划书的整体品质。

6.3.4 营销策划书的基本结构

营销策划书的确没有固定不变的格式，它需要根据具体的产品或营销活动的特点进行灵活调整。然而，不论如何变化，营销策划书都需要包含一些核心的、共同的要素，以确保其完整性和实用性。一般来说，一个结构框架合理的营销策划书应由以下几个部分构成：

（1）封面：封面是策划书的第一印象，应包含策划书的标题、策划单位、策划时间等基本信息，设计要简洁大方，能够吸引阅读者的注意。

（2）前言（背景）：简要介绍策划的背景，包括市场环境、产品特点、企业现状等，为后续的分析和策略制定提供基础。

（3）目录：列出策划书的主要内容及页码，方便阅读者快速定位所需信息。

（4）概要提示：对策划的主要内容进行简要概括，使读者能够快速了解策划的核心要点。

（5）环境分析：深入分析市场环境，包括市场需求、竞争态势、政策法规等，为制定营销策略提供依据。

（6）机会分析：识别并评估市场中的机会，分析产品或服务的潜在优势，为策略制定提供方向。

（7）营销目标：明确策划的具体目标，包括销售目标、市场份额、品牌知名度等，确保策略与目标一致。

（8）战略及行动方案：根据目标和环境分析，制定具体的营销策略和行动方案，包括产品定位、价格策略、推广渠道等。

（9）营销成本：对策略实施所需成本进行合理预算，确保资源的有效利用。

（10）行动方案控制：设定监控指标，制定风险控制措施，确保策划的顺利实施。

（11）结束语：对策划书进行总结，强调策划的可行性和预期效果，增强阅读者的信心。

（12）附录：提供策划过程中引用的数据、图表、参考文献等，增强策划书的说服力。

一般情况，这样的结构框架既能够确保营销策划书内容全面、逻辑清晰，既方便策划者整理思路，也有利于阅读者理解和接受。当然，在实际操作中，可以根据具体需求对结构进行适当的调整和优化。

第7章
基于创业意愿的创业能力提升路径

从新零售的特性来看,我们认为新零售为创业者提供了更多可能。"新零售"作为以消费者体验为中心的数据驱动的泛零售形态,具有以心为本、零售二重性、零售物种多等特征。[①] 主要关注消费者的购买行为、偏好以及收入水平等因素,会影响消费者对不同商品和服务的需求。在此背景下,大学生创业者要如何作好规划和具备什么能力呢?笔者对浙江省某普通高校进行实地调研的数据显示,当前大学生"求稳"心态依然明显,48.5%的受访者选择考研究生,占比最高。其次是"考公考编"、灵活就业和进入企业工作,占比分别为17.8%、12.2%、13.8%。从上述调查数据得出,大学生的创业意愿较低,需要深入挖掘大学生的创业意愿,引导他们正确认识自我与创业的关系。创业不仅是一种职业选择,更是一种实现个人价值、追求梦想的方式。通过加强创业教育,可以让大学生了解创业的风险与机遇,培养他们的创新思维和创业能力。同时,通过举办创业比赛、实践活动,让大学生在亲身体验中感受创业的魅力,从而激发他们的创业热情。

---

① 韩彩珍,王宝义."新零售"的研究现状及趋势[J].中国流通经济,2018,32(12):20-30.

7.1 创业意愿概述

7.1.1 概述

创业意愿表示个人创立新企业或自我雇佣的意愿,反映了创办者对新兴组织及相关企业文化的愿景,是一种主观态度,是主体参与创业活动的一种主观心理度量。[1] 创业意愿是创业活动的重要驱动力,一般而言,如果主体具有较强的创业意愿,那么主体更有可能参与创业活动,将创业的想法进行实践。意愿决定了行为人在行动过程中的态度,具有创业意愿的个体在创业行为的开展中是主动的、积极的,取得创业的成功也变得更可能。因而,在创业领域的研究中,创业意愿越来越受到学者们的关注,很多学者构建了创业意愿的理论模型。[2] 在个人客观背景、外界环境因素和个人内在因素这三大影响因素当中,个人性别、父母是否创业、家人对自主创业的态度、市场经济的影响、个人操作电子商务平台的意愿和能力、接受创业教育的程度、技术培训的程度、行动和处世态度、社交和领导能力以及信息管理和科技创新能力这些因素都与大学生创业意愿有显著相关性。[3]

7.1.2 创业意愿测量

大学生创业意愿的测量是一个复杂且多维度的过程,涉及个人背景、

---

[1] 何良兴,张玉利. 创业意愿与创业行为:研究述评与展望[J]. 外国经济与管理,2022,44(5):64-78.

[2] 费倩倩. 新农村建设背景下提升大学生返乡创业意愿的措施探讨[J]. 农业经济,2024(1):130-131.

[3] 吉小燕,刘爱军. 大学生创业意愿的影响因素研究[J]. 高教探索,2016(9):113-120,128.

人格特质、外界环境等多个方面。对创业意愿这个变量的测量，学术界提出了不同的观点，从简单的单维度单题项的类型变量测量方法到单维度多题项的测量方法，一直发展到目前的多维度的测量方法。单维度单题项类型变量的测量方法是将创业意愿看作一个单一的变量进行测量，由于过于简单和主观，不能测量意愿的强度。后来学者们多采用多题项测量方法，在大学生创业意愿评估中的应用确实更为具体和详细。这样可以降低测量本身的误差。后又发展到多维度多题项的测量方法，这种方法通过运用多种测量技术，从多个维度来深入剖析和了解个体的创业意愿，从而提供更全面、更深入的洞察。

7.1.3 大学生创业意愿

根据《中国青年创业发展报告（2021）》[①]，我们了解到，在接受调查的青年创新创业者群体中，拥有专科及以上学历者占据了高达85%，这一数据无疑在相当程度上展现了大学生在创新创业领域中的核心与支柱作用。进一步审视，我们还能发现，从一定程度上讲追求财富积累、实现自我梦想是驱动多数大学生产生创新创业意愿的主要动力源泉。这一发现凸显了大学生群体在创新创业领域中具备的人力资源、智力资源等方面的优势，因此，深入研究其个人特征对于推动创新创业发展具有重要的现实意义。

（1）政策支持是激发大学生创业意愿的重要因素之一。各级政府为了鼓励创新创业，出台了一系列优惠政策，如税收减免、资金扶持、创业贷款等，为大学生创业者提供了实实在在的帮助。以税收减免为例，政府针对大学生创业企业，给予一定期限内的税收减免，这大大减轻了创业初期的经济压力，使得更多的大学生敢于迈出创业的第一步。此外，政府还建

---

① 任泽平，白学松，刘煜鑫，等. 中国青年创业发展报告（2021）[J]. 中国青年研究，2022（2）：85–100.

立了多个创业孵化基地，为创业者提供场地、资源、导师等多方面的支持，助力大学生创业者快速成长。

（2）高校的创新创业活动也是激发大学生创业意愿的重要推手。高校通过举办创新创业大赛、创业讲座、创业训练营等形式多样的活动，为大学生提供了展示才华、交流学习的平台。这些活动不仅让大学生们更加深入地了解了创新创业的内涵和价值，还让他们在实践中积累了宝贵的经验。例如，某高校举办的创新创业大赛，吸引了众多大学生参与，他们通过组队、策划、实施等环节，锻炼了自己的团队协作、项目管理等能力，也为未来的创业之路打下了坚实的基础。同时，高校也搭建了许多创新创业平台，为大学生创业提供专业化指导和极其优惠的场地资源，这些也成为大学生创业意愿的重要动力。

（3）家庭因素也在一定程度上影响着大学生的创新创业意愿。父母的受教育年限、性别、学历水平、工作经历等都会对孩子的成长和价值观产生影响。在一个鼓励创新、支持创业的家庭环境中成长的大学生，往往更容易产生创新创业的想法和行动。例如，有的父母本身就是创业者，他们用自己的经历和经验告诉孩子创业的不易和可能遇到的挑战，但同时也鼓励孩子要有勇气和信心去追寻自己的梦想。在这样的家庭氛围下，大学生们更容易形成敢于冒险、勇于创新的品质，从而更加坚定地走上创业之路。

7.2　大学生创业意愿影响因素分析

大学生创业意愿影响因素分析主要采用了多元化的研究方法，包括文献综述、问卷调查、深度访谈以及案例分析等，旨在深入探究个人特质、家庭背景、社会环境等多个维度对大学生创业意愿的影响。通过了解大学生的个人特质，如创新能力、风险承受能力等，我们可以为他们提供更个性化的创业指导和支持。同时，家庭背景和社会环境对创业意愿的影响也不容忽视，这些因素往往能够塑造大学生的价值观和职业选择。通过分析，我们能够更全面地理解大学生创业的动机、态度和期望，从而为高校创业教育的改进以及政府创业政策的制定提供科学依据。分析大学生创业意愿的影响因素，不仅有助于揭示创业意愿形成的内在逻辑，更能帮助大学生正确面对创业过程中可能面临的挑战和机遇。

7.2.1　个人特质方面

大学生创业的影响因素中，个人特质不仅涵盖了创业者的年龄、学历等客观条件，还包括了个体差异和家庭因素等主观因素。这些特质不仅会影响大学生的创业意愿和创业方向，还会直接影响到创业的成功与否。因此，大学生在准备创业时，应该充分了解自己的个人特质，并结合实际情况制定合适的创业计划。同时，社会和高校也应该为大学生提供更多的创业支持和指导，帮助他们更好地发挥自己的优势，实现创业梦想。

7.2.1.1　年龄

年龄是影响大学生创业的关键因素之一，它在很大程度上塑造着大学生的创业态度和行动力。通常而言，年轻的大学生怀揣着更为强烈的创新意识和冒险精神，他们对于新事物的接受度更高，敢于挑战传统观念，不满足于现状，渴望通过创业实现自我价值。这种年轻化的特质使得年轻大学生在创业道路上展现出独特的优势。他们充满活力，敢于尝试，不怕失败，能够在激烈的市场竞争中迅速适应并崭露头角。同时，年轻也意味着他们拥有更多的时间和精力去投入创业事业，能够更好地应对创业过程中可能出现的各种挑战。

以互联网领域为例，近年来许多成功的创业者都是年轻的大学生。他们凭借对技术的敏锐洞察力和对市场的深刻理解，成功捕捉到了市场机遇，打造出了一系列具有创新性和竞争力的产品和服务。这些年轻创业者的成功，不仅为他们自己带来了丰厚的回报，也为整个行业注入了新的活力和动力。

当然，年龄并不是决定创业成功的唯一因素，但它无疑是一个重要的影响因素。年轻的大学生在创业过程中应该充分发挥自己的年龄优势，勇于尝试、敢于创新，同时也要不断学习和提升自己，为创业成功打下坚实的基础。社会和高校也应该给予年轻大学生更多的支持和鼓励，为他们提供良好的创业环境和资源，激发他们的创业热情和潜力。

7.2.1.2 学历

学历，作为衡量一个人知识水平和学术成就的重要标准，在大学生创业过程中扮演着举足轻重的角色。一般而言，拥有较高学历的大学生往往具备更为广泛的知识储备和更为强大的学习能力，这使得他们在面对创业中的种种挑战时，能够更为深入地分析问题、精准地制定策略，从而在激烈的市场竞争中脱颖而出。高学历的大学生接受了系统的专业教育和学术训练，不仅掌握了扎实的专业知识，还具备了较强的逻辑思维能力和创新能力。这些能力在创业过程中能够帮助他们更好地识别市场机遇、评估项目风险，从而做出更为明智的决策。同时，高学历也意味着大学生在学术圈和业界拥有更为广泛的人脉资源。这些资源不仅可以为他们提供宝贵的创业建议和指导，还可以为他们提供资金支持、合作伙伴等实际帮助。低学历的大学生在创业过程中可能更加珍惜机会，他们可能更加明白创业的不易，因此更加努力地工作和坚持不懈地追求自己的梦想。在选择创业行业时可能更加务实，更加了解自己的能力和兴趣，从而选择适合自己的行业进行创业。有时候会选择相对而言学历要求不高的行业，更容易找到切入点，从而在这些行业创业成功。学历是否真的影响一名大学生创业意愿，到目前尚未有一个明确的答案。

7.2.1.3 个体差异

每个人的性格、能力和兴趣都各不相同，不同的个体特质共同塑造了创业者的个人风貌，进而决定了他们在创业道路上的选择和表现。性格，作为个体差异的一个重要方面，对创业意愿和创业方向有着显著的影响。例如，性格内向的大学生可能更加擅长深度思考，对技术细节有着敏锐的洞察力，这使得他们在技术研发、产品设计等领域更具优势。往往能够沉下心来，专注于技术的创新与突破，为企业的核心竞争力打下坚实基础。相比之下，性格外向的大学生可能更善于与人沟通，具备更强的表达能力和人际交往能力。他们在市场营销、商务洽谈等领域往往能够发挥出更大的价值。善于捕捉市场动态，了解消费者需求，通过有效的营销策略将产品推向市场，为企业的发展注入新的活力。除了性格，个体的能力和兴趣也是影响创业的重要因素。不同的大学生有着不同的专业背景和技能特长，这些能力和兴趣会引导他们走向不同的创业方向。例如，具备艺术天赋的大学生可能更倾向于创办设计工作室或文化创意企业，而具备商业头脑的大学生则可能更倾向于创办电商平台或咨询公司。大学生在创业过程中，应该充分认识到个体差异对创业的影响，结合自己的性格、能力和兴趣，选择适合自己的创业方向。同时，也应该不断地提升自己的综合素质，弥补自己的不足，以更好地应对创业过程中的各种挑战。

7.2.1.4 家庭因素

家庭因素也是影响大学生创业不可忽视的因素。家庭环境、家庭教育以及家庭成员的支持等都会对大学生的创业意愿产生影响。一个充满创新氛围、积极支持创业的家庭环境，如同肥沃的土壤，孕育着大学生内心的创业种子。在这样的环境中，大学生们从小就被灌输了勇于尝试、敢于挑战的精神，他们更有可能在创业的道路上不断前进。家庭教育的影响同样重要。父母的言传身教、家风的传承，都潜移默化地影响着大学生的价值观和人生选择。若家庭中强调独立思考、鼓励实践探索，那么大学生在面临创业抉择时，自然会更加坚定自己的信念，勇敢地迈出创业的第一步。此外，家庭成员的支持也是大学生创业过程中不可或缺的力量。家人的理解和鼓励，照亮着大学生前行的道路。当他们在创业过程中遇到困难和挫折时，家人的支持往往能够成为他们坚持下去的动力源泉。特别是一些家庭中有创业经历的人，往往大学生更容易受到影响和启发。他们能够从家人的创业故事中汲取经验和智慧，更加清晰地认识到创业的风险和机遇，从而更加明智地作出创业决策。

7.2.2 创业知识方面

创业知识变量中的创业竞赛、创业培训、创业学习、高校创新创业课程以及高校创业实践活动等五个变量常用于创业意愿的研究。

7.2.2.1 创业竞赛

创业竞赛通常要求学生组建团队，针对实际问题提出创新性的解决方案。在竞赛过程中，学生们需要运用所学的知识和技能，进行深入的市场调研、产品设计、商业模式构建等工作。这不仅锻炼了学生的创新思维和团队合作能力，还让他们在实践中体验到了创业的挑战和乐趣。例如，某高校举办的创业大赛中，一个团队针对城市垃圾分类问题，提出了智能化的垃圾分类解决方案，最终获得了大赛的优胜奖。这次经历不仅让团队成员们更加深入地了解了创业的全过程，还激发了他们对创业的热情和信心，为他们将来的创业之路奠定了坚实的基础。

7.2.2.2 创业培训

创业培训通常包括理论学习和实战模拟两个部分，旨在帮助学生系统地掌握创业的基本知识和技能。在培训中，学生可以了解到创业的基本理念、市场分析、融资策略等内容，并通过实战模拟的方式，将理论知识转化为实际操作。例如，某培训机构开展的创业培训课程，邀请了多位成功创业者作为讲师，通过分享自己的创业经历和成功经验，让学生们更加深入地了解了创业的全过程。同时,课程还设置了多个实战模拟环节,让学生们能够在模拟的环境中,亲身体验创业的各个环节,从而更加深入地掌握创业知识和技能。

7.2.2.3 创业学习

创业学习是一种持续的过程,学生可以通过阅读相关书籍、参加讲座、与创业者交流等方式,不断积累创业知识和经验。这种学习方式可以让学生更加灵活地掌握创业知识,同时也能够激发他们的创业灵感和热情。例如,某大学生在阅读了一本关于创业的书籍后,受到了启发,决定创办一家属于自己的公司。他通过参加各种创业讲座和与创业者交流,不断积累经验和资源,最终成功创办了自己的公司。

7.2.2.4 高校创新创业教育

高校创新创业教育则是系统地传授创业理论知识和实践技能的重要途径。这些课程通常包括创新思维、市场调研、商业模式设计等内容,能够帮助学生建立起完整的创业知识体系,为将来的创业实践打下坚实的基础。例如,某高校开设的创新创业课程,通过系统的课程设置和丰富的实践环节,让学生们全面了解了创业的基本知识和技能。在课程结束后,许多学生都表示对创业有了更加深入的认识和理解,也更有信心去面对未来的创业挑战。

7.2.2.5 高校创业实践活动

高校创业实践活动,如创业项目、创业社团等,为学生提供了将理论知识应用于实际的机会。通过参与这些活动,学生可以亲身体验创业的各个环节,了解市场的真实需求,从而更加明确自己的创业方向和目标。例如,某高校的一个创业社团,组织了一次市场调研活动,针对校园内的餐饮市场进行了深入的调研和分析。通过这次活动,社团成员们不仅了解到了市场的真实需求和竞争状况，还积累了宝贵的市场调研经验，为将来的创业之路提供了有力的支持。

7.2.3 创业环境

创业环境包括自然环境、文化环境、制度环境、市场社会网络等各类支持要素。[①] 经文献研究发现，创业环境变量中的创业整体环境、高校创业教育环境、政府支持、互联网技术、主观意愿情况、感知社会能力等六个变量常用于创业意愿的研究。

7.2.3.1 创业整体环境

创业整体环境是大学生创业意愿的重要影响因素。一个开放、包容、充满活力的创业环境能够激发大学生的创业热情，促进创业意愿的产生。例如，在硅谷这样的全球创新中心，浓厚的创业氛围和丰富的创业资源吸引了大量青年人才投身创业，他们的成功故事也激励着更多人勇敢迈出创业的第一步。

7.2.3.2 创业教育环境

高校创业教育环境对大学生创业意愿的形成具有关键作用。通过提供创业教育课程、实践机会和导师指导，高校能够帮助学生积累创业知识，提升创业能力，从而增强他们的创业信心。例如，某些地方普通高校设立的创业学院，不仅提供了系统的创业教育课程，还为学生搭建了与企业家交流的平台，让学生在实践中感受创业的魅力。

7.2.3.3 政府支持

政府支持是影响大学生创业意愿的重要因素。政府通过出台创业政策、

---

① 马荣康，赵淼磊．基于员工创业的企业生态系统演化特征研究：以阿里巴巴为例［J］．科学学与科学技术管理，2024，45（3）：168－188．

提供资金支持、简化创业流程等方式，为大学生创业提供了有力保障。例如，一些地方政府设立了创业基金，为大学生创业提供资金支持；还有的地方政府为创业者提供办公场地、税收优惠等优惠政策，降低了创业门槛，激发了大学生的创业热情。

7.2.3.4　互联网技术

互联网技术的发展为大学生创业提供了广阔的空间和无限的可能。通过互联网平台，大学生可以更加便捷地获取创业信息、寻找合作伙伴、推广产品等。同时，互联网技术的普及也降低了创业的技术门槛和成本，使得更多的大学生有机会实现自己的创业梦想。现实中许多大学生尝试利用电商平台开设网店，通过社交媒体进行营销推广，成功实现了创业目标。

7.2.3.5　主观意愿情况

主观意愿情况是影响大学生创业意愿的核心因素。只有当大学生真正愿意投身创业，才能产生持久的创业动力和行动。这种意愿往往来源于个人兴趣、职业追求或社会使命感等内在动力。例如，有的大学生因为对某个领域有浓厚兴趣而选择创业；有的大学生则希望通过创业解决社会问题，实现个人价值。

7.2.3.6　感知社会能力

感知社会能力也是影响大学生创业意愿的重要因素。大学生需要具备一定的社会洞察力和人际交往能力，才能更好地适应创业环境，应对创业挑战。这种能力可以通过参加社会实践、志愿服务等活动进行培养和提升。例如，一些大学生通过参加创业比赛、与企业家交流等活动，增强了自己的社会感知能力，为未来的创业之路打下了坚实基础。

7.2.4 创业教育对创业意愿影响的实证分析

在深入探讨地方普通高校中创业教育对于大学生创业意愿与创业行为的影响时，我们发现这两者之间存在着密不可分的关系。通过整理和分析创业教育与创业意愿的相关文献资料，我们不难发现，地方普通高校开展创业教育不仅仅是提供理论知识的过程，更是为学生打造实践平台，使其能在学习中实践、在实践中学习。这样的教育模式显著增强了受教育者对创业相关知识的掌握，使他们对创业有了更为全面和深入的了解。创业教育不仅仅是知识的传递，更是技能的锤炼。地方普通高校通过模拟创业环境、组织创业实践等方式，提高了受教育者的创业相关技能，如市场分析、团队管理、资金筹措等。这些技能的提升，使得大学生在面对创业时能够更为从容，更加有信心。更为重要的是，创业教育能够激发大学生对创业的兴趣和热情。创业不再是一个遥不可及、高高在上的概念，而是成为一个可以触摸、可以追求的梦想。这种兴趣的激发，进一步促进了大学生创业意愿的产生。此外，创业教育还能够帮助学生学习有关创业知识，使他们对创业有了更为清晰的认识。在学习的过程中，大学生会逐渐发现创业的机会，并学会如何把握这些机会。同时，他们的创业效能感也会得到一定程度的提高，即他们对自己在创业过程中的能力和表现有了更为正面的评价和信心。

7.2.4.1 数据收集说明与特征描述

笔者选取浙江某高校为调研对象，通过前期的走访交谈，在5个教学单位中选取了8个样本专业作为研究点。2023年7~12月笔者对各研究点各专业相关教师、学生干部和创业学生等层面展开调研。专业教师、专业调查主要是访谈的方式，收集了该专业的基本信息、开课情况和学生人数等信息以及对创业教育的思路和看法。大学生调查采取随机抽样的方法，在8个专业中，共调查大学生210位，经分析筛选得到有效问卷205份，有效率为97.62%（如表7-1所示）。

表7-1 各研究点基本信息指标

学科分类	简称	发出问卷（份）	收回问卷（份）	有效率（%）	其他
机械设计制造及其自动化	J	40	40	100	
土木工程	T	40	40	100	
艺术类	Y	11	11	100	
电子商务	D	18	18	100	
会计学	K	45	42	93.3	一份无效
广告学	G	13	13	100	
法学	F	20	18	90	一份遗失
中药学	Z	23	23	100	
合计	—	210	205	97.6	

资料来源：问卷调查。

大学生调查问卷包括四个部分，第一部分是大学生基本特征，具体包括大学生家庭人口数、家庭劳动力数量、文化程度、家庭年收入等。第二部分是大学生所选课程情况，分为必修课、专选课、公选课等。第三部分是大学生创业行动，包括网上创业、跳蚤市场、工商注册等三个创业形式的投入产出状况。第四部分是大学生创业意愿，包括大学生对创业教育课程的评价和积极主动的创业意愿。

为了考察大学生对创业活动的参与意愿，大学生问卷中设计有"您是否愿意进行积极主动创业"的问题。考虑到大学生对于创业教育可能不了解，调查人员首先向大学生做出解释，使得大学生对这一概念有感性上的了解，然后基于以下情境让大学生做出意愿选择。

第一，学校将会不断加强创业教育，创业教育可以影响学生的就业观。

第二，创业课程的学习要求大学生改变传统的学习方式，如延长实习实践、加强人际交流、充足的课堂互动等，然后才能经过进行尝试创业，并且达到一定的规模。

第三，每门创业课程的参与度和效果不会低于传统课程的平均水平。

根据大学生调研的内容，从大学生自身特质、大学生学习特征、社会经济环境发展特征三个方面对本次调查样本进行描述性的分析。

（1）大学生基本信息。

①年龄分布。有93.2%的大学生年龄19岁以上，就是说在这个年龄段中接触创业教育比较多，19岁以下的大学生开始接触创业教育。

②年级分布。有77.1%的大学生是大二以上学生。总体看来，大二学生所占的比例最大，达到41.5%，大三所占比例次之，占33.2%。这说明大学生总体年级分布比较集中，可能会更容易理解新事物、新政策，这就需要提升低年级学生创业教育，才能更好地加强大学生的参与意识。

③是否是学生干部。被访大学生中是（或曾是）学生干部的占较大的比重，达到40%；未当过学生干部的被访大学生占60%。

④是否关注大学生就业变化。73.7%的大学生表示关注变化，同时感知到目前就业形势的变化，如网上支付、信用支付等，这与大学生开拓创新有很大的关系。

⑤是否了解创业教育在就业观念变化中的作用。75.6%的大学生表示知道其起到关键的作用，只有24.4%的大学生不清楚创业教育有着重要作用，这说明大学生对创业教育虽未有理论性的认识，但是大多数大学生对于创业教育的理念具有感性的认识。

（2）大学生学习特征统计。

不同专业大学生的学习特征差异很大，54.5%的大学生创业课程在5门以下，10.4%的大学生接触创业类课程较多，达到了10门以上，这些大学生一般是通过公选课的形式进行学习，从这方面来看，大学生积极主动创业的意愿较弱。

从大学生在创业教育学习中遇到的困难来看，有83.4%的大学生认为在创业教育学习中遇到困难，主要包括知识面窄、缺乏技术等方面。只有16.6%的大学生认为没有困难，这类大学生的创业教育学习主要来自于公选课。

课程质量是从大学生专注度、课时、作业质量等方面综合考虑，由大学生自行判断。被访的大学生的创业教育学习总体质量较好，课程质量好的占47.8%，接近一半。39.5%的大学生课程质量一般，12.7%的大学生的课程质量较差。

被访大学生中，有62名大学生有网上开店的尝试，占样本量的30.2%，有115名有创业的想法与冲动，这些大学生大多被现有的氛围所影响，由于年龄、家庭、知识储备和心理感知等原因没有创业尝试。

（3）社会经济环境特征。

被访大学生在获得学校提供的创业类培训讲座的次数有90.7%在5次以下，只有2.5%的大学生接受过5次以上的相关方面培训讲座。除了学校提供培训的方式、次数等原因外，大学生自身的意识、积极主动性也是重要的影响大学生获得技术培训的因素。在被访大学生中，有35.6%的大学生表示希望得到家庭的大力支持，64.4%的大学生希望自主创业。

7.2.4.2 大学生创业意愿描述性分析

在调查样本中，有意愿进行创业的大学生为177位，占样本总数的86.3%，不愿意进行创业的大学生为28位，占样本总量的13.7%。

（1）不同专业的大学生创业意愿差异显著。

不同专业的大学生的创业意愿有很大的差异，创业意愿比重最大的为机械专业，达到77.8%，创业意愿最低的是法学专业仅为27.8%，造成这种差异的原因有多种，包括经济发展情况、收入结构、创业类型等原因（如表7-2所示）。

表7-2　　　　　　　　　　　不同专业的创业意愿

类别	项目	学科简称							
		F	Z	D	G	Y	J	T	K
愿意	数量（位）	5	14	14	7	5	24	23	30
	比例（%）	27.8	60.9	77.8	53.9	45.5	60	57.5	71.4
不愿意	数量（位）	13	9	4	6	6	16	17	12
	比例（%）	72.2	39.1	22.2	46.1	54.5	40	42.5	29.6

资料来源：问卷调查。

（2）不同年级学生创业意愿情况。

由于创业教育最近新兴的事物，所以大学生年龄对于大学生参与创业的意愿影响很大，低年级的大学生意愿最低，高年级的大学生意愿最高（见表7-3）。

表7-3　　　　　　　　　不同年级的大学生创业意愿

类别	项目	四年级	三年级	二年级	一年级
愿意	数量（位）	10	42	43	27
	比例（%）	71.4	68.9	58.1	48.2
不愿意	数量（位）	4	19	31	29
	比例（%）	29.6	31.1	41.9	51.8

资料来源：问卷调查。

（3）学生干部创业意愿较高。

一般来说，大学生是学生干部或者曾经是学生干部的话，大学生的思维和见解要优于普通大学生，而且对一些新生事物的接受与认知能力要更好，根据表7-4，受访大学生是或者曾是学生干部的，对创业教育的接受意愿比例为62.7%，高于非学生干部大学生的57.4%。

表 7-4　　　　　按照是否为学生干部分组的大学生创业意愿

类别	项目	是	否
愿意	数量（位）	52	70
	比例（%）	62.7	57.4
不愿意	数量（位）	31	52
	比例（%）	37.3	42.6

资料来源：大学生调查。

（4）专业类课程较多的大学生创业意愿较低。

一般来说，专业课程较多的大学生，学习时间更多地倾向于专业知识，尤其是涉及公务员、事业单位考试的专业，很多大学生不愿意选择具有一定风险的创业，而是更多地按部就班地完成各项专业课程学习任务。

如表 7-5 所示，课程较多（每学年 12 门以上）的大学生中只有 38.1% 的大学生愿意选择创业课程，而课程相对较少的（每学年 6 门以下）的大学生中则有 63.6% 愿意选择创业课程。

表 7-5　　　　　不同专业课程数量的大学生创业意愿

类别	项目	专业课程（门）				
		6 以下	6~8	8~10	10~12	12 以上
愿意	数量（位）	42	24	34	14	8
	比例（%）	63.6	52.8	59.6	93.3	38.1
不愿意	数量（位）	24	22	23	1	13
	比例（%）	36.4	47.2	40.4	6.7	61.9

资料来源：问卷调查。

7.2.4.3　研究假设

根据以往类似研究成果的总结，把可能影响大学生参与创业意愿的因素归纳为大学生自身特征、大学生学习特征、社会经济环境特征三个方面。具体变量说明如表7-6所示。

表7-6　　　　　　　　　影响因素的有关变量说明

类别	影响因素	预期方向
大学生自身特征	受访者的文化程度	+
	受访者的年龄	-
	是否是（或曾是）学生干部	+
大学生学习特征	专业课程情况	?
	创业教学中面临的困难情况	+
	课程质量	-
	是否有网上创业的想法	-
社会经济环境特征	家庭经济情况	+
	各类培训和家庭支持	?

注："+"表示预期为正向，"-"表示预期为负向，"?"表示预期方向不确定。

（1）大学生自身特征与创业意愿。

大学生的自身特征主要是指大学生的文化程度、年龄、是否是（或曾是）干部、是否关注就业选择变化问题、是否了解创业教育在就业选择变化中的作用等。

①受访者的文化程度。从理论上讲，大学生的年级越高，其理解能力和接受能力就越强，见识较广，对于新兴事物具有较强的接受能力。创业属于新生事物，对于年级低的大学生来讲不易理解。对于年级较高的大学生，通过简单的介绍之后，能够形成初步的认知。另外，对于这种新兴的就业方式，文化程度较高的大学生接受能力强，因此参与创业教育的积极性也较高。

②受访者的年龄。一般来讲，年龄对其参与行为的影响是负向的，但是本研究中大部分大学生都是年轻群体，年龄相差不大。由此很难证明此

事，大学生的年龄对其参与创业行为的影响是负向还是正向。

③是否是（或曾是）学生干部。一般来讲，担任（过）学生干部，大学生的参与行为具有正面影响。学生干部相对于普通大学生的接受和理解能力、思想觉悟较高，眼界也较宽广，因此，其参与创业教育的意愿更强。

（2）大学生学习特征与创业意愿。

本书选取影响大学生参与行为的大学生学习特征主要包括大学生课程情况、课程质量，以及是否有适合网上创业的想法等因素。

①专业课程情况。从理论上讲，课程多的大学生，由于其时间、精力等方面有限，参与创业教育的困难相对较大，因此会选择风险更小的就业方式。另外，课程多的学生接触的知识更多，具有良好的学习习惯，专业知识储备更全面，对自身的认知也会相对较好，或许会通过创业教育来提升自己。因此，专业课程对大学生参与创业教育的影响是不确定的。

②创业教育学习中面临的困难。大学生创业教育是大学生获得创业知识和技能最重要的来源之一，大学生创业教育培养了大学生的创新思维和创业能力，有效地激发了大学生的创业热情，从而增强其创业实践的意愿[1]。通常情况下，大学生在学习过程中会面临选课、听课、理解的问题，特别是实践的问题，面临的问题越多，其参与以创业为目标的学习方式的意愿就越强。

③课程质量。大学生创业基础课程是地方高校创新创业课程体系中的核心基础课程，其内容建设应与时俱进，以适应创新创业教育的发展要求[2]。课程质量在很大程度上通过期末分数来影响大学生的决策。在传统课程教育方式中，"60分万岁"这种学习方式对于大学生还是很普遍的，一般课程质量的自然禀赋特征如出勤率、作业情况、试卷分数对大学生的期

---

[1] 黄莉. "四新"建设下创业教育对大学生创业意愿的影响机制研究：一个有调节的中介模型 [J]. 高等工程教育研究, 2023 (4)：183-188.
[2] 陈小波. 地方高校大学生创业基础课程内容模块化建设改革探析 [J]. 社会科学家, 2023 (2)：154-160.

末成绩有着重大的影响。相比较而言，教师自身讲课的课程质量差的大学生更愿意选择互动性强的创业类课程。

④是否有网上创业的想法。一般来说，网上创业周期短，收益快，对大学生收入的影响更大，相对于其他创业形式，网上创业的大学生比较不愿意转变创业方式。因此，具有网上创业的大学生的参与其他创业的意愿影响为负向。

（3）社会经济环境特征与创业意愿。

影响大学生创业意愿的社会经济环境特征主要包括当地经济发展水平、各类培训和家庭支持。

①家庭经济情况。家庭社会经济地位较高意味着能够通过优质教育资源和家庭社会关系网络，来获取更多关于企业经营管理的知识、沉浸于更为浓厚的创业氛围，从而培养出更高水平的创业胜任力[1]。一般来说，经济发达的地区相对于经济欠发达地区，产业发展结构更为完善，大学生参与创业的意愿较高。此外，发达地区经济活动较活跃，人们的视野也更开阔，对于创业这一新生事物的接受能力也较强，当地经济发展水平对大学生参与积极主动创业意愿的影响是正向。

②各类培训和家庭支持。各类培训次数的影响因素包括两个方面，一方面是学校提供的培训讲座强度；另一方面是大学生参与培训讲座的积极性。家庭支持和家庭经济水平有关。对大学生而言，参加培训和家庭支持，目的都是更好从事创业活动，从而增加收益，大学生在做出意愿选择时，会综合考虑成本、收益等各方面的影响因素，因此，培训次数和家庭支持对大学生参与创业课程的意愿的影响作用方向是不确定的。综上假设，对大学生参与创业教育的意愿影响因素的作用方向做出预期（如表7－6所示）。

---

[1] 陈立斌，李婷，王小华，等．家庭社会经济地位如何影响大学生创业胜任力：社会支持的中介作用［J］．教育发展研究，2024，44（3）：55－64．

7.2.4.4 创业教育对创业意愿影响的计量分析

（1）模型选择。

大学生的创业意愿即被解释变量是离散二值变量"愿意"或者"不愿意"，取值"1"或者"0"，因此本研究使用二元 Logistic 模型进行回归分析[①]。Logistic 回归模型的一般形式如下：

$$\mathrm{log}it(Y) = \log\left(\frac{Y}{1-Y}\right) = \beta_0 + \beta_1 x_1 + \beta_2 x_2 + \beta_3 x_3 + \cdots + \beta_k x_k + \varepsilon$$

其中，Y 是因变量，表示大学生的创业意愿；x_1，x_2，…，x_k 是自变量，代表影响大学生创业意愿的各类因素；β_1，β_2，…，β_k 是各自变量的系数；β_0 为常数项，ε 为残差项。

（2）变量描述。

模型中相关的变量按照大学生自身特征、大学生学习特征和社会经济特征描述（如表7-7所示）。

表7-7　　　　　　　　　模型中有关变量的描述

类别	变量	变量定义	均值	标准差
被解释变量	Y 大学生参与意愿	虚拟变量（0=不愿意；1=愿意）	0.60	0.49
大学生自身特征	X_1 受访者的年级	连续变量（年级）	2.66	3.53
	X_2 受访者的年龄	连续变量（岁）	19.87	3.22
	X_3 受访者是否是干部	虚拟变量（0=否；1=是）	0.40	0.49
大学生学习特征	X_4 专业课程数量	连续变量（门）	12.03	10.13
	X_5 学习中是否困难	虚拟变量（0=否；1=是）	0.81	0.39
	X_6 课程质量	虚拟变量（1=好；2=中；3=差）	1.70	0.70
	X_7 网上创业	虚拟变量（0=无；1=有）	0.30	0.46

---

① 王飞. 基于碳汇交易目标的林农经营意愿研究［D］. 杭州：浙江农林大学，2012.

续表

类别	变量	变量定义	均值	标准差
社会经济特征	X_8 培训次数	连续变量（0~10次）	1.00	5.57
	X_9 有无家庭支持	虚拟变量（0=无；1=有）	0.36	0.48
	X_{10} 家庭经济情况[a]	虚拟变量（0=欠发达；1=发达）	0.34	0.47

注：a. 家庭经济情况是根据样本学生家庭所在地区情况进行划分。在本调查中，把大学生所在县（市、区）2022年人均GDP水平高于浙江省平均水平以上的地区列为经济发达地区，其余为经济欠发达地区。

（3）结果分析。

运用SPSS 19.0统计工具，在模型回归过程中，采用作Wald概率统计向后逐步回归的方法，选入标准$\alpha=0.05$和剔出标准$\alpha=0.10$，总共得到7种计量结果。最后进入模型的变量有：大学生年龄、专业课程数量、培训次数、家庭经济情况等四个变量（如表7-8和表7-9所示）。

表7-8   Logistic回归参数估计和检验结果

项目	β	S.E	Wald	df	Sig.	Exp(β)
受教育年限	0.0542	0.0530	1.0452	1	0.3066	1.0557
大学生年龄	-0.0247	0.0190	1.7013	1	0.1921	0.9756
专业课程数量	-0.0008	0.0004	4.6850	1	0.0304**	0.9992
学习是否困难	-0.3711	0.4174	0.7904	1	0.3740	0.6900
课程质量	0.6459	0.4974	1.6861	1	0.1941	1.9076
是否有网上创业	0.2268	0.4771	0.2259	1	0.6346	1.2546
培训次数	0.1810	0.1301	1.9374	1	0.1640	1.1985
有无家庭支持	-0.2500	0.3856	0.4205	1	0.5167	0.7788
家庭经济情况	0.7702	0.3662	4.4239	1	0.0354**	2.1602
常量	1.3016	1.3071	0.9916	1	0.3193	3.6752
卡方检验	\multicolumn{6}{c	}{47.594}
-2对数似然值	\multicolumn{6}{c	}{229.131}
Nagelkerke的R^2	\multicolumn{6}{c	}{0.280}

注：*、**、***分别表示统计检验分别达到10%、5%和1%的显著性水平。

表 7-9　　　　　　　　Logistic 回归参数估计和检验结果

项目	B	S.E	Wald	df	Sig.	Exp（B）
大学生年龄	-0.0353	0.0177	3.9718	1	0.0463**	0.9653
专业课程数量	-0.0008	0.0003	5.2028	1	0.0226**	0.9992
培训次数	0.1896	0.1210	2.4542	1	0.1172	1.2088
家庭经济情况	0.9087	0.3505	6.7217	1	0.0095***	2.4810
常量	2.3235	1.0019	5.3786	1	0.0204**	10.2113
卡方检验	\multicolumn{6}{c}{42.296}
-2 对数似然值	\multicolumn{6}{c}{234.430}
Nagelkerke 的 R^2	\multicolumn{6}{c}{0.252}

注：*、**、*** 分别表示统计检验分别达到 10%、5% 和 1% 的显著性水平。

在模型结果中，Wald 值越大或者 Sig. 值越小，说明该变量的显著性越强，"家庭经济情况"在统计显著性显示为"极显著"（Sig. <0.01），"大学生年龄""专业课程数量"在模型中的统计显著性显示为"较显著"（Sig. <0.1），本书对于模型的回归结果做出如下解释：

"专业课程数量"在上文预期为"不确定"，计量统计结果显示两个变量的回归系数小于 0，说明这两个变量对于大学生创业教育意愿的影响是负向，可以解释为随着大学生课程数量的增加，专业课程在总课程中的比重增大，参与创业教育的意愿越低，这是由于目前创业教育的效果尚不明确，大学生不愿增加创业的风险，而且专业课程数量大的专业主要依靠公务员和事业单位等就业，这与积极主动创业的要求冲突，因而参与积极主动创业的意愿较低。

"家庭经济情况"在统计显著性显示为"极显著"且为正向关，这与预期一致，说明发达地区的大学生创业知识选择与获取相比欠发达的地区更多元化，发达地区信息传播、对新事物的接受能力更好，因而参与积极主动创业的意愿越强。

"大学生年龄"对大学生意愿的影响和预期一致，总体而言，年龄越小的大学生积极主动参与创业的意愿就越小,一方面是由于大学生本身文化程度、理解能力所限,另一方面是由于创业课程本身要求较长的周期,这造成大学生得不到短期利益,因此不愿参与创业课程的学习。

7.2.4.5 主要结论

经过对样本大学生的创业意愿的描述性分析和计量分析,结合实地调研中访谈结果,可以得出以下结论。

(1) 大学生普遍缺乏创业知识。调查过程中发现,在进行调查情境描述之前,大学生对于创业相关知识的了解程度较低,超过90%的大学生表示未深入了解创业教育,只有部分尝试创业和在创业团队的大学生了解尚可,这极大地限制了创业教育在学校的开展。

(2) 不同的专业和学习特征的大学生对于创业教育意愿有显著差异。对于大学生而言,就业最佳是意愿选择的出发点,不同专业和学习特征的大学生对于创业教育学习的意愿是不同的,例如,"专业课程情况""课程质量"等因素都影响到大学生的意愿,这就要求在创业教育体系的构建过程中选择因地制宜、循序渐进的方法,不能对于所有大学生"一刀切"。

(3) 对于开设创业课程,很多学生缺乏信心,担心自己的"成绩"得不到保障。在实地调查中发现,创业课程不同于传统课程,大学生对于情境描述中的"创业教育"这一概念普遍认为是"虚""看不见、摸不到"的东西,在做选择时也是比较犹豫和怀疑,这对大学生的影响也是不能忽视的。

7.2.4.6 相关建议

(1) 高校应重视教师的专业发展,通过设立高校生涯导师、职业培训师等项目,培养在职教师的创新创业意识和能力。同时,通过校企合作平台,鼓励教师深入企业一线和市场一线,真正了解当前创业项目和信息,从而增强其实践能力和市场洞察力。

（2）建立与创业教育相配套的人事制度。在职称评审、收入分配等方面，应充分考虑创业教育教师的实际贡献和成果，确保他们得到应有的认可和回报。这有助于激发教师的工作热情和创新动力，推动他们更加积极地投入到创业教育工作中。

（3）充分利用校外兼职教师资源也是提升创业教育质量的有效途径。高校可以遴选那些有丰富创业经验和能力的创业者成为兼职导师，他们能够为在校生提供更具针对性和实用性的指导和培养，帮助学生更好地了解创业市场的需求和挑战。

（4）政府应发挥其引导和监督作用。通过制定相应的创业教育专项评估，加强对地方普通高校双创教育工作的资金和政策支持，推动高校创业教育工作的规范化、科学化和高效化。同时，委托第三方教育评估机构对高校进行评估，确保评估结果的客观性和公正性，使高校创业教育成果能够真实、全面地呈现在社会公众面前。

（5）高校应根据国家创业教育的基本要求，制定适合自身发展的内部评价指标，对创业教育进行科学规划，明确年度工作目标和总目标，并讲求绩效，确保各项工作任务得到有效推进。通过明确工作推进的阶段任务、责任人和评价方式方法，避免创业教育工作陷入模糊办学状态，提升高校创业教育的整体质量和社会影响力。

7.2.4.7 鼓励教师创新创业实例

以浙江某高校为例，该校为鼓励师生开展创新创业，针对教师创业出台了《专业技术人员兼职创新创业管理办法》，规定专业技术人员兼职创新创业是指学校省直事业编制专业技术人员到与学校业务领域相近或学科有交叉的企业（不含学校下属企业）兼职，从事科学研究、技术创新、科技成果转化、技术咨询和服务等工作；或利用与本人从事专业相关的创业项目在职创办企业。兼职创新创业分三类：第一，企业兼职创新创业；第二，在职创办企业；第三，离岗创业。针对学生则是印发了《参加创新创业实践活动替代毕业论文（设计）实施办法》等，学生满足以下条件之一，可以向专业所在学院申请替代毕业论文（设计）。一是掌握了本专业的基本理论、基本技能，在本校学术期刊定级标准 A 类及以上以第一作者（排名第一）发表与本专业相关的学术论文或设计作品，或以第一作者（排名第一）发表的论文被 SSCI、A&HCI 等索引之一检索。二是本科生（排名第一）参加"互联网+"和"挑战杯"大赛获国家级二等奖或银奖及以上，获奖项目须与本专业相关的。三是参加创业实践活动，须完成与本专业相关的实践报告。同时，该校 2022 年度有超过 3400 人次的学生在各类学术创新和综合素质方面取得成果，累计获得 244.73 万元人民币的奖励。这些成果包括申请并获得国家发明专利、发布高层次论文、获得高层次科研项目、参加学科竞赛并获奖、参加各类创新活动并获得成果、获得政府各类荣誉等。该校每年设立的各种鼓励创新创业的活动经费总额超过 500 万元，本科生素质奖励更侧重于原创性成果。如学生申请科研项目、创业项目可获得 1500 元至 20000 元不等的经费资助；学生公开发表论文、获得专利或者创业取得成果，也可以获得 500 元到 10000 元的奖励；学生还可以凭创新创业成果获得学分奖励等；学生通过发表论文和创新创业活动，还可以替代毕业设计（论文）。在 2022 年获得创新奖励的学生中，有 98 名本科生在高级别刊物发表了学术论文，116 名获得发明专利等各类知识产权。学校目前已先后有 60 多名毕业生成功申请用创新创业成果代替毕业论文。

7.3 大学生创业能力提升路径研究

创业能力是一种综合能力，具有丰富内涵。大学生创业能力的提升涉及多个方面的能力培养。首先，创业能力不仅包括创新思维、市场洞察力、团队管理、资源整合等基本技能,还需要具备风险应对和持续学习的能力。对于大学生而言,应该特别关注创新思维的培养,勇于打破常规,寻找新的商业机会。同时,学会团队协作和沟通,以更好地整合资源和推动项目进展。为了有针对性地提升大学生创业能力,高校和社会应发挥重要作用。高校可以加强创业教育,通过课程设置、实践项目等方式,帮助学生了解创业的基本知识和流程,培养他们的创业意识和实践能力。高校还要积极搭建创业平台,提供创业指导、资金支持等资源,为学生创业提供有力支持。政府可以出台相关政策,鼓励大学生创业,提供税收优惠、创业贷款等支持措施。社会各界也要积极参与大学生创业能力的培养,企业和行业组织要积极与高校合作,开展实习实训、项目合作等活动,为学生提供实践机会和行业经验。同时,大学生自身应保持持续学习的态度,关注行业动态和市场需求,不断提升自己的专业素养和综合能力。积极主动地提升创业能力,主动通过参加创业比赛、加入创业社团等方式,积累创业经验,锻炼自己的能力。通过高校、社会和大学生自身的共同努力,可以有效地提升大学生的创业能力,努力培养更多具有创新精神和实践能力的创业人才。

7.3.1 创业能力

创业能力是一个多维度的概念,它涵盖了从思维到行动、从洞察到执行的一系列关键技能。创新思维是创业能力的核心,创新思维意味着能够跳出传统框架,以全新的视角审视问题,发现被忽视的机会。在创业过程中,创新思维能够帮助大学生识别市场空白,提出独特的商业模式,从而在激烈的竞争中脱颖而出。市场洞察力是创业成功的关键。市场洞察力要求创业者能够敏锐地感知市场需求和变化,准确判断市场趋势。团队管理也是创业能力中不可或缺的一部分。创业往往需要一个团队来共同实现目标,因此,良好的团队管理能力至关重要。资源整合能力同样重要。创业者需要善于整合各种资源，包括资金、人才、技术等，以支持项目的顺利推进。风险应对能力也是创业者必备的技能。创业过程中充满了不确定性和风险，创业者需要具备冷静应对、灵活调整的能力。持续学习能力是创业能力的基石。创业是一个不断学习和成长的过程，创业者需要不断更新知识、提升技能，以适应不断变化的市场环境。

7.3.2 大学生创业能力

在校正在接受大学教育的学生以及刚毕业还没有找到工作的学生，通过学校、社会、家庭等的教育，发现和捕获商机，将各种资源组合起来并创造出更大价值的能力，即将自己的创业设想成功变为现实的能力。

根据联合国教科文组织的概念，创业能力包括意识层面和行动技能两个方面。其中意识层面包括首创和冒险精神，行动技能层面包括创业的能力、独立工作的能力、技术能力、社交能力、管理能力。

7.3.2.1 大学生创业能力培养的目标

大学生创业能力培养的总体目标，根据我国国情和时代发展的需要，旨在通过高校创业教育、国家政策支持等途径，全面提升大学生的创新创业能力。这不仅仅是让他们掌握创业的知识和技能，更重要的是转变他们的思想观念，从依赖外部资源转向自主创造，从被动等待机会到主动寻找和创造机会。调研发现的"创业的最佳年龄一般在25~30岁之间"这一观点[1]，确实在一定程度上揭示了年轻人在创业方面的优势。在这一年龄段，个体通常处于创新思维活跃、精力充沛、创造力旺盛的状态，这些因素对于创业来说都是至关重要的。特别是在网络软件、广告、策划、咨询、证券、投资等知识密集型行业，经验虽然重要，但创新精神更是不可或缺的。

---

[1] 杨玉华. 上学还是创业 [J]. 中国青年研究，2004 (12)：89-94.

因此，对于处在这一年龄阶段的大学生来说具备了创业所需的一些基本特质和潜力。

7.3.2.2 大学生创业能力培养的内容

创业是一项综合性的任务，它要求创业者不仅具备专业知识，还需要有敏锐的市场洞察力、坚韧不拔的精神、良好的团队协作能力以及高效的工作方法。对于大学生来说，进行创业能力的培养能够帮助他们更好地适应未来的职场挑战，实现个人价值和社会价值的统一。

（1）创业意识和创业精神的培养是创业能力的基石。这包括激发大学生的创业热情，培养他们的创新思维和冒险精神。通过开设创业教育课程、举办创业讲座和分享会等活动，让大学生了解创业的过程、风险与机遇，从而激发他们的创业欲望。同时，也要引导他们树立正确的创业观念，如坚持、耐心、合作等，为未来的创业之路奠定坚实的思想基础。

（2）专业知识技能的培养是创业能力的核心。大学生需要掌握与自己创业方向相关的专业知识和技能，以便更好地应对市场变化和竞争挑战。高校应该加强专业课程的设置和教学改革，注重理论与实践相结合，培养学生的实际操作能力和解决问题的能力。还可以与企业合作开展实习实训项目，让学生在实际工作中积累经验和提升技能。

（3）工作方法能力的培养是创业能力的关键。这包括时间管理、团队协作、项目管理等方面的能力。大学生需要学会如何高效地安排自己的时间，如何与团队成员有效沟通协作，如何制定和执行项目计划等。通过参与团队项目、组织社团活动等方式，可以锻炼大学生的这些能力，提高他们的工作效率和团队协作能力。

（4）社会能力的培养也是创业能力的重要组成部分。这包括人际交往、公关能力、市场洞察力等方面的能力。大学生需要学会如何与不同背景的人建立良好关系，如何进行有效的公关活动，如何敏锐地洞察市场变化等。

通过参加社会实践活动、志愿服务等方式，可以让大学生更好地了解社会、锻炼自己的社会能力，为未来的创业之路积累人脉和资源。

7.3.2.3　大学生创业能力的力量来源

大学生创业能力培养是一项涉及全社会的复杂工程，需要个人、家庭、高校、政府和社会各方的共同努力和协作。为了进一步完善我国大学生创业能力培养体系，必须协调各方力量，构建一个四位一体的、科学高效的运行机制和体系。

（1）个人和家庭作为核心力量，需要转变传统的就业观念，积极支持和鼓励大学生进行创业。个人要增强创业意识和创业精神，主动学习和掌握创业知识和技能。家庭要提供情感和经济上的支持，帮助大学生建立自信、坚定决心，为创业之路提供坚实的后盾。

（2）高校作为推动力量，应建立完善的创业教育体系。这包括设置创业教育课程，提供创业实践机会，如创业竞赛、创业实习等，让学生在实际操作中锻炼创业能力。同时，高校还可以邀请创业成功人士进校园分享经验，激发学生的创业热情。此外，高校还应加强与企业、社会的联系，为学生提供更广阔的创业平台和资源。

（3）政府部门作为引领力量，应建立完善的基础设施和政策支持体系。政府可以出台一系列创业扶持政策，如提供创业资金、减免税收、简化注册流程等，降低大学生的创业门槛和风险。同时，政府还应加强创业服务体系建设，如建立创业指导中心、提供创业培训等，为大学生提供全方位的创业服务。

（4）社会作为支撑力量，应营造良好的创业氛围和文化环境。社会各界要关注和支持大学生创业，提供必要的资源和帮助。媒体可以加大对创业典型的宣传力度，弘扬创业精神，激发更多人的创业热情。同时，社会还可以建立创业交流平台，促进创业者之间的交流和合作，共同推动创业事业的发展。

7.3.3 大学生创业能力提升

7.3.3.1 提升大学生创业素质

大学生创业者素质的主要内容确实丰富且多元,它涵盖了多个方面的能力和品质。

(1) 创业精神。创业精神是开创事业的思想和理念,是自强自立、积极进取、艰苦奋斗、建功立业的精神状态。[①] 这是创业者在创业过程中展现出的核心精神风貌,主要包括:①勇于创造的革新精神。创业者应具备创新思维,能够突破传统,不断探索新的商业模式、产品或服务,以适应快速变化的市场环境。②敢于冒险的进取精神。创业本身就是一个充满风险的过程,创业者应具备敢于冒险、敢于挑战的勇气,勇于面对未知和困难,不断进取。③勇于追求敢于胜利的精神。创业者应有坚定的信念和毅力,对创业目标保持执着追求,勇于面对失败并从中吸取教训,最终取得胜利。

(2) 使命感和责任感。创业者的使命感和责任感是推动其不断前行的动力源泉。①政治思想素质。创业者应具备正确的政治方向和坚定的理想信念,能够把握国家发展大局,为企业发展指明方向。②气质修养素质。创业者应具备高尚的品质和修养,包括远大的志向、果断的作风、强烈的事业心和责任感等,能够以身作则,为企业树立良好形象。

(3) 知识素质。创业者应具备丰富的知识背景,以适应复杂多变的商业环境。①现代化的经济技术管理知识。创业者应掌握现代经济管理理论和方法,了解市场动态和行业发展趋势,以便作出正确的决策。②国内外先进的技术和管理经验。创业者应关注国内外先进的技术和管理经验,不断学习和吸收新知识,提升企业竞争力。

---

① 蒋璟萍. 谈谈创业精神 [J]. 高校理论战线,2003 (9):36-38.

（4）能力素质。创业者应具备多种能力，以应对创业过程中的各种挑战。①决策能力。创业者应能够准确判断市场形势和企业状况，作出明智的决策，以指导企业发展。②思维分析能力。创业者应具备敏锐的观察力和深刻的洞察力，能够透过现象看本质，发现问题并找到解决方案。③组织能力。创业者应善于组织和协调团队资源，确保企业高效运转。④用人能力。创业者应懂得如何识别和选拔人才，充分发挥员工的潜能和优势，为企业创造更大价值。⑤自制能力。创业者应具备良好的情绪管理和自我控制能力，能够在压力下保持冷静和理智，作出正确的决策。

7.3.3.2 提升大学生创业才能

大学生创业者的才能是他们在创业过程中所展现出的独特能力和素质，这些才能不仅关乎个人成长，更对企业的发展起到决定性的作用。从战略思维、组织用人、控制协调到应变创新，每一个环节都体现了创业者的智慧和魄力。

（1）战略思维是大学生创业者的核心才能之一。他们需要具备高度的独立思考能力，敢于挑战传统观念，善于发现问题并解决问题。这种战略思维能够帮助他们把握市场脉搏，制定合理的发展战略，从而确保企业在激烈的市场竞争中立于不败之地。

（2）组织用人是创业者必须掌握的关键才能。一个优秀的创业者需要懂得如何根据企业的特点和发展的需要，建立高效的组织机构，并善于识别、选拔、使用和培养人才。他们能够通过合理的组织安排和人才配置，激发团队的凝聚力和创造力，共同推动企业向前发展。

（3）控制协调也是创业者不可或缺的才能。创业者需要对影响全局的主要问题进行严格的控制，制定控制标准，并协调各方面的关系，解决各种矛盾。他们还需要具备很强的社会活动能力，用以协调企业外部的战略性关系，为企业的发展创造良好的外部环境。

（4）应变创新是创业者必须具备的重要才能。在当今这个快速变化的时代，创业者需要能够理解和接受变化，根据变化来调整自己的思想和策略，利用变化来实现企业的目标。他们还需要具备创新意识和创新能力，不断探索新的商业模式、产品或服务，以适应市场的变化和需求。

我国学者提出的战略者应具备的素质，对于大学生创业者同样具有重要的指导意义。品德高尚、思维敏捷、心理健康、足智多谋以及身体健康等素质，都是创业者在创业过程中需要不断培养和提升的。这些素质不仅能够提升创业者的个人魅力和领导力，更能够为企业的发展注入强大的动力。

7.3.3.3 提升战略思维能力

"用兵之道，以计为首"；"经营之道，以战略为首"。大学生创业者要经营，战略先行的重要性不言而喻。在市场竞争激烈的环境下，高超的战略思维能力、丰富的管理经验以及变革创新潜能，都是大学生创业者成功把握商机、制定并实施经营战略的关键要素。战略思维要求创业者具备全局观念，能够洞察市场趋势，预见未来变化，并据此作出明智的决策。创业者需要具备组织管理、人力资源、财务管理等多方面的管理经验，以确保战略的有效实施。面对不断变化的市场环境，创业者需要具备敏锐的洞察力和敢于尝试新事物的勇气。创业者需要综合考虑企业外部环境、内部条件以及经营目标三者之间的关系。外部环境包括市场需求、竞争对手、政策法规等因素；内部条件则涉及企业资源、能力、文化等方面；经营目标则是企业期望实现的长远发展愿景。大学生创业者需要通过深入分析这些因素，具备经营战略头脑，确定企业的战略定位和发展方向。

（1）发现问题的能力。这是战略思维的基础。创业者需要敏锐地察觉市场中的机遇与挑战，能够深入剖析问题的本质，从而找到解决问题的关键点。通过不断观察、调研和实践，创业者能够锻炼自己的问题发现能力，为制定有效的经营战略提供重要依据。

（2）形成概念能力。在发现问题之后，创业者需要具备将复杂现象抽象化、概念化的能力。这有助于他们更清晰地理解问题的本质和内在规律，进而形成独特的战略见解。通过不断学习和积累，创业者可以提升自己的概念形成能力，为战略制定提供有力支撑。

（3）超前预见能力。战略思维要求创业者能够预见未来的市场趋势和变化。他们需要关注行业动态、政策走向以及消费者需求的变化，从而提前作出调整和布局。这种超前预见能力有助于创业者在竞争中抢占先机，实现企业的可持续发展。

（4）独立思考能力。在制定经营战略时，创业者需要具备独立思考的能力，能够摆脱传统观念和思维定式的束缚，从新的角度和维度思考问题。他们需要敢于挑战权威、质疑常规，以独特的视角发现市场中的新机遇。

（5）变革创新能力。战略思维不仅仅是制定计划，更重要的是在实践中不断调整和创新。创业者需要具备强烈的变革意识和创新能力，能够在面对挑战和困难时迅速作出反应，通过创新来破解难题。这种变革创新能力有助于创业者在不断变化的市场环境中保持竞争力。

7.3.3.4 其他需要提升的能力

大学生创业能力的提升，实则是一个综合而深化的过程，还要考虑精准把握创业机会、巧妙进行创业融资以及有效应对创业风险。

（1）创业机会的把握是创业成功的关键。大学生需要具备敏锐的市场洞察力和创新思维，能够从众多信息中筛选出有价值的创业机会。这要求大学生不仅要关注行业动态和市场需求，还要深入了解消费者心理和行为习惯，以便更好地把握市场脉搏。同时，大学生还需要学会分析竞争对手的优劣势，寻找差异化竞争的切入点，从而为自己的创业项目赢得更多市场份额。

（2）创业融资的水平也是影响创业成功的重要因素。创业初期，资金往往是制约创业发展的瓶颈。因此，大学生需要了解各种融资渠道和融资方式，如银行贷款、风险投资、众筹等，并学会制定科学的融资计划和策略。在融资过程中，大学生还需要具备良好的沟通能力和谈判技巧，以便与投资人建立良好的合作关系，为企业的长期发展提供稳定的资金支持。

（3）抵御创业风险的能力是创业过程中不可或缺的一部分。创业本身就是一项高风险的活动，大学生需要具备风险意识和风险管理能力，能够在面对各种不确定性和挑战时保持冷静和理性。这包括学会进行风险评估和预测，制定风险应对策略和措施，以及建立风险预警机制等。通过提高抵御创业风险的能力，大学生可以更好地应对创业过程中的各种挑战和困难，确保企业的稳健发展。

第8章
新零售模式实战案例分析

新零售模式通过大数据、物联网和人工智能（AI）技术的运用，实现了对消费者需求的精准把握和个性化满足。这些先进技术使得零售企业能够收集并分析消费者的购物习惯、偏好和需求，从而为消费者提供更为精准的商品推荐和个性化的购物体验。这种以消费者为中心的理念，使得新零售在提升消费者满意度的同时，也提高了企业的销售效率和盈利能力。通过直播销售、到家服务、无接触配送等方式，消费者可以随时随地享受到购物的乐趣，不再受限于实体店铺的营业时间和地理位置。这种便利性和灵活性，使得新零售得到了快速发展，并持续保持增长势头。传统零售企业在面临新兴业态的冲击下，不得不加速数字化转型，以适应市场变化和消费者需求。通过引入新技术、优化业务流程、提升用户体验等方式，传统零售企业实现了与新兴业态的融合共生，共同推动零售行业的创新发展。新零售模式的发展也带动了相关产业链的优化和升级。例如，物流、仓储、供应链等环节的智能化和数字化改造，为新零售提供了有力支撑。同时，新零售也催生了新的职业和就业机会，如数据分析师、直播带货主播等，为社会经济发展注入了新的活力。通过分析典型的新零售案例，我们确实可以总结出宝贵的经验和教训，为大学生创业提供有益的参考。

8.1 新媒体营销分析

在新媒体时代，营销方式发生了巨大变革，创业者可以通过网络杂志、博客、微博、微信等新媒体平台，将品牌、产品或服务推广给更广泛的受众。新媒体营销打破了媒介之间的壁垒，消融了媒体介质之间、地域、行政之间，甚至传播者与接受者之间的边界，使得信息传播者与接受者的关系走向平等。受众不再轻易受媒体"摆布"，而是可以通过新媒体的互动，发出更多的声音，影响信息传播者。因此，新媒体营销不仅提高了产品的曝光度和知名度，还可以吸引粉丝用户群体，实现新媒体产业与实体行业的有效结合。对于大学生创业者而言，掌握新媒体营销的技巧和策略，对于提升品牌影响力和市场竞争力具有重要意义。

8.1.1 新媒体营销概述

8.1.1.1 新媒体营销含义

所谓新媒体营销，简单来说，就是企业通过新媒体渠道所开展的营销活动。新媒介是一种以互联网为基础的新兴媒介形式，其有许多的新媒体平台，例如，微信、微博、网站、微电影等，其中的营销资源都是可以利用的。新媒体营销是指以互联网为载体，通过互联网技术进行品牌推广和传播。在网络环境下，企业通过网络进行营销，不仅可以获得一定的竞争优势，而且还可以为企业的营销活动寻找新的发展机会。[1] 可以看出，新媒体营销主要是利用新媒体平台进行营销的方式，具有传播与更新速度快、信息量大、

---

[1] 张晓亮. 互联网思维下的新媒体营销探析 [J]. 上海商业，2023（8）: 54-56.

内容丰富、低成本、搜索便捷、多媒体传播以及互动性强等特点。

8.1.1.2 新媒体营销思维

全网络时代的崛起，为零售行业带来了前所未有的变革，同时也为大学生创业者提供了新的机遇。新零售模式的出现，打破了传统零售的局限，将线上线下深度融合，为消费者提供了更为便捷、个性化的购物体验。作为大学生创业者，要想在新零售领域取得成功，必须深入理解新媒体影响力的本质，并善于运用新媒体工具进行品牌推广和营销。通过微博、微信、App 等新媒体平台，可以精准定位目标用户，实现个性化营销和精准推送。大学生创业者还需要注重线下门店的升级改造。通过优化门店环境、提升服务水平、增加互动体验等方式，增强消费者的购物乐趣和黏性，实现线上线下的良性互动。大学生创业者还需要关注数据分析和智能化技术的应用。通过收集和分析消费者数据，可以深入了解消费者需求和行为习惯，为精准营销和个性化服务提供有力支持。同时，借助智能化技术，可以实现库存优化、物流管理等方面的智能化管理，提高运营效率和用户体验。

（1）粉丝经济思维。

随着新媒体营销的发展，粉丝经济思维强调与消费者建立紧密的情感联系。在新零售领域，粉丝不仅是品牌的忠实拥护者，更是推动销售和口碑传播的重要力量。大学生创业者需要善于运用社交媒体等新媒体平台，与粉丝进行互动，传递品牌价值观，打造独特的品牌形象，从而吸引更多粉丝关注和参与。粉丝的力量是"粉丝经济"中不可忽视的力量来源。所谓粉丝的力量，可以认为是在追星过程中所产生的巨大情绪资本，即粉丝对偶像的情感投入和认同感。这种情绪资本转化为实际的经济收益，包括购买偶像代言的商品、演唱会门票、周边数字产品等，甚至参与到偶像的营销和推广活动中。[1] 例如，某位备受瞩目的网络名人，拥有逾 2000 万的

---

[1] 财经三人谈："粉丝经济"兴起，如何引导健康发展？[N]. 环球时报，2023-12-23.

粉丝群体，他仅仅发布一则短视频，点赞量就能轻松冲破万，评论数同样惊人。一旦携带商品进行推广，哪怕只有10%的粉丝购买，每件商品仅赚取一元钱，一天的收入也能轻松达到200万元。

（2）流量思维。

互联网时代，流量为王。流量是品牌曝光和销售转化的基础，创业者需要善于利用新媒体平台的流量资源，通过优质内容和精准推广吸引潜在用户，提高品牌知名度和曝光率。同时，创业者还需要关注流量的转化效率，通过优化营销策略和提升用户体验，将流量转化为实际销售。

（3）消费者思维。

消费者思维要求创业者始终站在消费者的角度思考问题。在新零售时代，消费者的需求日益多样化和个性化，大学生创业者需要深入了解消费者的需求和痛点，通过精准营销和个性化服务满足他们的需求。同时，创业者还需要关注消费者的购物体验和反馈，不断优化产品和服务，提升消费者满意度和忠诚度。

8.1.2　新媒体营销形式

在新零售视角下，大学生创业者新媒体营销形式丰富多样，每种形式都有其特征、优缺点，并适用于不同的营销场景。

8.1.2.1　微信营销

主要利用微信平台的社交属性，通过朋友圈、公众号、小程序等多元化渠道，实现与用户的精准互动和品牌推广。它可以包括文字、图片、视频、语音等多种形式的内容传播。某化妆品品牌通过微信公众号发布新品信息和护肤教程，同时利用小程序提供产品购买和会员积分兑换服务，实现了用户从了解、购买到复购的完整闭环。

优点：微信拥有庞大的用户基数，可以实现信息的快速传播；同时，通过微信公众号和小程序,企业可以构建自己的私域流量池,实现用户的长期运营和转化。

缺点:微信营销的内容质量要求高,需要投入大量精力进行内容创作和运营;此外,由于微信平台规则的不断变化,也需要及时调整营销策略,以避免封号等风险。

8.1.2.2 微博营销

利用微博平台的实时性和互动性,通过发布短内容、话题讨论、互动活动等方式,提升品牌曝光度和用户参与度。某餐饮品牌在微博发起"晒美食赢大奖"活动,鼓励用户分享自己的美食照片,通过用户的参与和转发,成功提升了品牌曝光度和用户参与度。

优点:微博的传播速度快,用户覆盖广,适合进行热点营销和事件营销;同时,微博的转发、评论等功能可以带来二次传播,进一步扩大品牌影响力。

缺点:微博的信息更新速度快,内容易被淹没,需要频繁更新和互动以维持用户关注度;此外,微博营销的效果受平台算法影响较大,需要不断优化策略以提升曝光率。

8.1.2.3 游戏营销

通过开发或植入游戏内容,以娱乐的形式吸引用户参与并传播品牌信息。它可以是品牌定制的游戏,也可以是品牌植入的热门游戏。某饮料品牌与热门手游合作,在游戏中推出限量版道具和皮肤,并设置相关任务引导用户参与互动,成功提升了品牌在游戏用户群体中的认知度和好感度。

优点:游戏营销具有较强的趣味性和互动性,能够吸引用户的关注和参与;同时,通过游戏场景和情节的设计,可以深入展示品牌特点和优势。

缺点:游戏营销的开发成本较高,需要专业的游戏开发团队支持;此外,游戏的质量和用户体验对营销效果至关重要,需要投入大量精力进行研发和测试。

8.1.2.4 社群营销

通过建立和管理社群（如微信群、QQ 群等），与用户进行深度互动和交流，实现精准营销和口碑传播。某电商品牌通过建立用户微信群，定期发布优惠信息和产品推荐，同时鼓励用户在群内分享购物心得和晒单评价，形成了良好的用户互动和口碑传播效应。

优点：社群营销可以建立与用户的长期关系，增强用户黏性和忠诚度；同时，通过社群内的互动和讨论，可以收集用户反馈和需求，为产品优化和营销策略调整提供依据。

缺点：社群管理需要投入大量精力，包括内容创作、用户互动、规则制定等方面；此外，社群内可能出现负面言论和舆情危机，需要及时处理和应对。

8.1.2.5 公众号营销

主要利用微信公众号平台，通过发布文章、推送消息、提供服务等方式，实现品牌推广和用户运营。某旅游品牌通过微信公众号发布旅游攻略、景点介绍和优惠活动等信息，同时提供旅游咨询和预订服务，为用户提供了便捷的一站式旅游体验。

优点：公众号营销可以实现与用户的精准互动和个性化服务，提升用户满意度和忠诚度；同时，通过数据分析和用户行为研究，可以不断优化营销策略和提升营销效果。

缺点：公众号的内容创作和运营需要较高的专业素养和经验积累；此外，随着微信公众号平台的竞争日益激烈，需要不断创新和优化内容形式以提升用户关注度。

8.1.2.6 手机应用程序营销

通过开发和应用手机应用程序，为用户提供丰富的产品体验和服务功能，实现品牌推广和用户转化。某银行品牌开发了一款手机银行应用程序，提供了账户查询、转账汇款、投资理财等一站式金融服务，为用户提供了便捷高效的金融服务体验。

优点：手机应用程序营销可以为用户提供个性化的服务和体验，增强用户黏性和忠诚度；同时，通过数据分析和用户行为跟踪，可以深入了解用户需求和行为习惯，为精准营销提供依据。

缺点：手机应用程序的开发和维护成本较高，需要专业的技术团队支持；此外，手机应用程序市场的竞争也非常激烈，需要不断创新和优化以提升用户留存和活跃度。

8.1.2.7　二维码营销

利用二维码技术，将品牌信息、活动详情或产品链接等内容编码成可扫描的图形，用户通过扫描即可快速获取所需信息或参与营销活动。餐厅在海报和菜单上附上二维码，用户扫描后可直接跳转至餐厅的点餐小程序，方便用户进行在线点餐和支付。

优点：操作简便，用户只需使用手机扫描，无须复杂操作。成本低廉，二维码生成和发布成本相对较低，适合各类规模的企业。传播效率高，通过扫描，用户可快速进入指定页面或获取特定信息，提升信息传递效率。

缺点：用户参与度受限，需要用户主动扫描，若缺乏吸引力，可能导致参与度不高。内容展示有限，二维码本身仅是一个入口，真正的内容展示受限于后续页面或链接的设计。

8.1.2.8　视频营销

利用视频内容，通过各大视频平台、社交媒体或企业网站等渠道进行传播，以吸引目标受众并传递品牌信息。某化妆品品牌发布了一系列关于产品使用教程和化妆技巧的短视频，通过抖音、快手等平台进行传播，吸引了大量年轻用户的关注和购买。

优点：视觉冲击力强，视频能够直观地展示产品、服务或活动，给用户留下深刻印象。传播速度快，视频内容易于分享和转发，能够迅速扩大品牌影响力。互动性好，结合弹幕、评论等功能，视频营销可以实现与用户的实时互动。

缺点：制作成本高，高质量的视频内容需要专业的拍摄和后期制作团队。竞争激烈，视频平台上的内容种类繁多，需要不断创新和优化以脱颖而出。

8.1.2.9 自媒体营销

利用自媒体平台（如微博、微信公众号、头条号等），通过发布原创内容、互动评论等方式，吸引粉丝关注并实现品牌推广和转化。旅游达人通过微信公众号和微博发布自己的旅行经历、景点推荐和旅游攻略等内容，吸引了大量粉丝关注，并通过与旅游企业合作实现了品牌推广和收益转化。

优点：投入成本低，相比于传统广告，自媒体营销无须支付高额的广告费用，只需投入时间和精力创作优质内容。互动性强，自媒体平台提供了丰富的互动功能，如评论、点赞、分享等，有助于建立与粉丝的紧密关系。精准定位，通过自媒体平台的数据分析功能，可以精准定位目标受众，实现精准营销。

缺点：内容质量要求高，自媒体营销需要持续输出高质量、有价值的内容，以吸引和留住忠实用户。竞争激烈，自媒体平台上内容创作者众多，需要不断创新和提升自己的内容质量才能脱颖而出。

8.1.3 新媒体营销策略分析

8.1.3.1 事件营销策略

通过策划、组织或利用具有新闻价值、社会影响以及名人效应的人物或事件，吸引媒体、社会团体和消费者的兴趣与关注，以求提高企业或产品的知名度、美誉度，树立良好品牌形象，并最终促成产品或服务的销售目的的手段和方式。优点是信息传播效率高，事件营销通常能够迅速吸引媒体和公众的注意，使信息在短时间内得到广泛传播，通过正面事件营销，可以塑造和提升品牌的积极形象。缺点是成本高、风险高，策划和组织大型事件营销需要投入大量的人力、物力和财力。事件营销的效果受事件本身的影响较大，如果事件处理不当或发生意外，可能产生负面影响。大学生创业者可以结合节日或社会热点，例如，"双十一"购物节，策划线上线下的促销活动，通过社交媒体广泛传播，吸引消费者参与。

8.1.3.2 病毒营销策略

病毒营销是传统的人际传播与互联网的结合，由于人际传播情感沟通作用明显，能减少人们对营销的抵抗感，将人际传播的优势与互联网传播的优势融为一体。[①] 利用公众的积极性和人际网络，让营销信息像病毒一样传播和扩散，营销信息被快速复制传向数以万计、数以百万计的受众。优点是传播速度快和成本低，病毒营销通过用户的自发分享，能够实现信息的快速传播，相对于其他营销策略，病毒营销的投入成本较低。缺点是传播效果不稳定，病毒营销的效果受用户分享意愿和社交网络规模的影响，传播效果难以预测。此外，成功的病毒营销需要创意新颖、有趣的内容来吸引用户分享。大学生创业者可以制作有趣、易于分享的新媒体内容，如短视频、漫画或互动游戏，鼓励用户分享至自己的社交圈，实现信息的快速传播。

8.1.3.3 口碑营销策略

企业努力使消费者通过亲朋好友之间的交流将自己的产品信息、品牌

---

① 陈致中，石钰. 病毒营销的理论综述与研究前瞻 [J]. 现代管理科学，2016（8）：33 – 35.

传播开来。引发顾客对其产品、服务以及企业整体形象的谈论和交流,并激励顾客向其周边人群进行介绍和推荐的市场营销方式和过程。[①] 优点主要是信任度高,口碑传播的信息通常被认为是真实可信的,能够提升品牌的信任度。长期效益好,口碑营销能够带来稳定的客户增长和长期的品牌价值。缺点主要是传播速度慢,口碑传播通常是通过人际传播进行的,传播速度相对较慢。口碑传播的信息内容和传播范围难以完全控制,可能出现负面口碑。大学生创业者可以鼓励满意的顾客在社交媒体上分享购物体验,或设置评价系统,让顾客的评价成为其他潜在顾客购买决策的依据。

8.1.3.4 饥饿营销策略

一般认为,"饥饿营销"是商家通过断货的方式,造成市场上的"饥渴效应"以吸引消费者眼球,提升人气,在维持商品较高的售价和利润率的同时,实现产品销售的持续性。[②] 商品提供者有意调低产量,以期达到调控供求关系、制造供不应求"假象"、以维护产品形象并维持商品较高售价和利润率的营销策略。主要优点是提升产品价值感,通过制造稀缺感,使消费者认为产品具有更高的价值,有利于价格维护,保持产品的较高售价,提升利润空间。缺点是损害品牌形象,如果饥饿营销运用不当,可能给消费者留下品牌故意炒作、欺诈的印象,损害品牌形象。同时,可能会失去潜在客户,消费者因无法购买而转向其他品牌。大学生创业者可以通过限量发售、预约购买等方式,营造产品的稀缺感,激发消费者的购买欲望。

8.1.3.5 情感营销策略

从消费者的情感需要出发,唤起和激起消费者的情感需求,诱导消费者心灵上的共鸣,寓情感于营销之中,让有情的营销赢得无情的竞争。主

---

① 郑伟良,常晓武. 网络营销的重心应是"口碑营销"[J]. 中国出版,2009(8):34-36.
② 鄢章华,刘蕾,白世贞,等. 基于收益共享契约的"饥饿营销"模式供应链协调研究[J]. 管理评论,2017,29(2):69-78.

要优点是增强品牌忠诚度,情感营销能够使消费者对品牌产生情感认同,从而增强品牌忠诚度,提升品牌形象。缺点是需要深入了解消费者心理,准确把握消费者的情感需求和心理特点,否则可能无法达到预期效果。另外,投入成本较高,通常需要投入较多的资源和精力来设计和实施。大学生创业者可以讲述品牌背后的故事,或设计能够触动消费者情感的广告,让消费者对品牌产生情感上的认同和共鸣。

8.1.3.6　知识营销策略

通过有效的知识传播途径和营销手段,将消费者所需的知识与产品联系起来,充分挖掘产品的文化内涵,并与品牌传播活动结合起来,从而达到提高品牌知名度和美誉度的目的。优点是能够展示品牌的专业性和权威性,提升品牌形象。通过提供专业知识,帮助消费者更好地了解产品,从而促进销售转化。缺点是知识营销需要品牌具备相关的专业知识和人才支持,否则可能无法提供准确、有价值的信息。通常针对特定领域的消费者,传播范围可能相对有限。大学生创业者可以定期发布与产品相关的专业知识或行业资讯,提升消费者对产品的认知,同时树立品牌的权威形象。

8.1.3.7　会员营销策略

基于会员管理的营销方法,商家通过将普通顾客变为会员,分析会员消费信息,挖掘顾客的后续消费力汲取终身消费价值,并通过客户转介绍等方式,将一个客户的价值实现最大化。优点是便于收集客户数据,了解会员的消费数据和行为信息,为后续的精准营销提供数据支持。通过提供专属优惠和个性化服务,能够增强客户对品牌的忠诚度。缺点是会员营销需要投入一定的资源和精力来维护会员关系,包括定期推送优惠信息、处理会员反馈等。在收集和使用会员数据的过程中,需要注意保护用户隐私和数据安全。大学生创业者可以设立会员制度,为会员提供专属优惠、积分兑换等福利,同时收集会员信息,进行精准营销和个性化服务。

8.2 直播营销分析

新零售模式的兴起改变了传统的零售格局，线上线下融合成为趋势。直播营销作为一种新型的销售模式，能够很好地适应这一变化。它利用直播平台的实时互动功能，将商品展示、营销推广、客户互动等多个环节融为一体，为消费者提供更为直观、生动的购物体验。大学生创业者通常拥有较为活跃的思维和创新能力，善于接受和尝试新鲜事物。直播营销作为一种新兴的营销方式，恰好符合他们的创新需求。通过直播营销，他们可以充分发挥自己的创意和才华，打造独特的品牌形象，吸引更多年轻消费者的关注。直播营销能够实时获取用户反馈，帮助大学生创业者更好地了解消费者需求，优化产品和服务。通过与消费者的实时互动，大学生创业者可以及时调整营销策略，提升销售效果。

8.2.1 直播营销概述

8.2.1.1 直播营销的概念

"直播"这一词汇早已存在，其最初的形式是基于电视或广播的现场直播，例如，晚会直播、访谈直播、体育比赛直播、新闻直播等。这种直播形式被定义为："与广播电视节目的后期合成、播出同时进行的播出方式"，凸显了其即时性和真实性。

随着互联网技术的快速发展，特别是智能手机的普及和移动互联网速度的大幅提升，直播的概念得到了新的拓展。越来越多的互联网直播形式开始涌现，为传统直播注入了新的活力。如今，人们所说的"网络直播"或"互联网直播"，实际上是指消费者在手机上安装直播软件后，能够利用手机摄像头实时呈现各类活动,如发布会、采访、旅行等。其他网络用户只需在相应的直播平台上,就能直接观看并参与到这些实时互动中。

广义上,直播营销是指企业利用直播平台作为载体进行各种营销活动,旨在提升品牌知名度或促进销量增长。自2016年起,互联网直播进入了爆发式增长阶段,直播平台数量超过300家,消费者规模也突破2亿人。[①] 因此,当现阶段我们谈论"直播营销"或"移动直播营销"时,大多数情况下,我们默认的是基于互联网的直播形式。

8.2.1.2 直播的发展历史

直播的发展历史是一段技术与内容共同演进的历程,它反映了网络速度和硬件水平对互联网直播行业发展的深刻影响。从图文直播到秀场直播,再到游戏直播,直至现今的移动直播,每一个阶段都标志着技术的进步和用户需求的变化。

(1)图文直播。在早期的拨号上网和宽带上网时代,由于网速较慢,直播形式主要以文字和图片为主。那时,网络用户主要通过论坛"追贴"、即时聊天工具分享等方式了解事件的最新进展。虽然这种形式的直播相对简单,但它在一定程度上满足了用户对实时信息的需求。例如,一些重大新闻事件的报道,人们通过文字和图片直播了解现场情况,尽管无法亲眼看见,但仍能感受到事件的紧张氛围。

(2)秀场直播。随着网络速度的提升,视频直播开始出现,并逐渐成为主流。在这一阶段,秀场直播异军突起,为公众提供了一个展示自己能力的平台。以视频直播平台为例,这些平台汇集了大量"草根"明星,他们通过直播展示自己的才艺和魅力,吸引了大量观众的关注和喜爱。观众可以通过观看直播,与主播进行实时互动,享受更加真实和生动的娱乐体验。

---

① 杨继红. 平台建设的关键:内容+关系[J]. 新闻与写作,2017(11):79-80.

（3）游戏直播。随着计算机硬件的发展，网民可以打开计算机进行多线操作，游戏直播开始兴起。在这一阶段，国内外一系列游戏直播平台崭露头角，例如，"YY游戏""斗鱼"等，这些平台不仅为游戏玩家提供了实时交流和互动的平台，也为游戏产业的发展注入了新的活力。又如，知名游戏主播通过直播展示游戏技巧、解说比赛，吸引了大量粉丝的关注和追捧，同时也推动了游戏直播行业的快速发展。

（4）移动直播。进入移动互联网时代，智能手机硬件不断升级，移动互联网逐步提速降费，移动直播成为新的热潮。在这一阶段，大量移动直播应用涌现出来，如抖音、快手等。这些应用以其便捷性、实时性和互动性等特点，吸引了大量用户的关注和参与。用户可以通过手机随时随地观看直播内容，与主播进行互动，分享自己的生活和见解。同时，移动直播也为电商、教育等领域带来了新的发展机遇，推动了这些行业的数字化转型和创新发展。

8.2.2　互联网直播营销

8.2.2.1　主要优势

互联网直播营销相较于传统媒体平台（电视、广播）的直播营销，具有一系列显著的优势。这些优势主要体现在互动性、实时性、成本效益、受众覆盖以及个性化营销等方面。

（1）互联网直播营销具有极强的互动性。通过直播平台，观众可以实时提问、留言并参与互动活动，而企业则可以针对观众的反馈进行即时的回应。这种双向的沟通方式增强了用户的参与度和黏性，使得营销活动更加生动有趣。例如，某知名化妆品品牌在新品发布直播中，不仅展示了产品的特点和优势，还积极回答观众的问题，与观众进行互动，从而提高了观众的购买意愿。

（2）互联网直播营销更具时效性。相较于传统媒体平台需要提前录制和剪辑的烦琐流程，互联网直播能够实时展示产品和服务的细节，使观众更加直观地了解产品。同时，企业也可以根据市场变化和观众反馈及时调整直播内容，提高营销效果。通过直播营销，创业者可以实时获取消费者的反馈和建议，从而及时调整产品策略和市场策略。这种实时反馈机制有助于创业者更好地了解市场需求和消费者心理，提高产品的市场适应性和竞争力。同时，消费者反馈还能为创业者提供宝贵的市场信息和改进方向，推动其不断优化产品和服务。例如，小赵同学是一名大学生创业者，他经营一家时尚服饰店。通过直播营销，他能够与消费者进行实时互动，及时获取消费者的反馈和建议。有一次，他在直播中推出了一款新设计的服装，收到了很多消费者的积极反馈，但也有部分消费者提出了改进意见。小赵认真听取了这些意见，并对设计进行了调整。经过改进后的服装在下次直播中受到了更多消费者的喜爱和购买。这种实时反馈机制让小赵能够及时调整产品策略和市场策略，提高了产品的市场适应性和竞争力。

（3）互联网直播影响成本更低。在成本效益方面，互联网直播营销也展现出了明显的优势。传统营销方式往往需要投入大量的资金用于广告制作、媒体购买以及人员推广等方面。而直播营销则通过直播平台的免费或低成本服务，创业者只需一部手机或电脑，就能实现产品的展示和推广。同时，直播营销也减少了中间环节，降低了渠道成本，使得创业者在资金有限的情况下，也能实现有效的营销。如果大学生创业者创办一家专门销售手工艺品的小店，在传统营销模式下，创业者可能需要投入大量资金用于广告制作、店铺装修以及人员推广等。然而，通过直播营销，创业者只需要一部手机和稳定的网络环境，就能在各大直播平台上展示自己的产品。这种低成本的营销方式不仅节省了资金，还让大学生创业者有更多的资源投入产品开发和品质提升上。这种低成本的营销方式使得更多中小企业能够参与到直播营销中来。

(4）互联网直播营销的受众更广。通过互联网直播，创业者可以将产品信息实时传递给全国乃至全球的潜在消费者。这种传播方式不受地域限制，能够迅速扩大品牌知名度和影响力。同时，直播营销还具有即时互动性，观众可以在直播间内与创业者进行实时交流，从而加深对产品的了解和认识。农产品电商方面，通过直播营销，能够实时向全国各地的消费者展示自家农田的新鲜农产品，从种植、采摘到加工的全过程都一览无余。这种直观的展示方式迅速吸引了大量关注，不仅提高了品牌知名度，还使得产品销量大幅提升。更重要的是，直播营销的传播速度快，区域特色农产品很快就走出了本地市场，实现了全国范围的覆盖。同时，直播平台通常具有用户画像和数据分析功能，企业可以根据目标受众的特征进行精准营销，提高营销效果。

(5）互联网直播营销更加个性化。企业可以根据自身需求和品牌形象定制直播内容，打造独特的营销风格。同时，通过直播平台的个性化推荐算法，企业还可以将直播内容推送给感兴趣的用户，提高用户观看和转化的概率。直播营销能够让创业者直接面对消费者，通过直播展示产品的特点、使用方法和优势，从而激发消费者的购买欲望。此外，大学生创业者还可以在直播过程中进行限时优惠、互动抽奖等活动，进一步刺激消费者的购买行为。这种直接的销售方式不仅提高了销售转化率，还降低了库存积压的风险。例如，小王是一名大学生化妆品创业者，小王通过直播营销向消费者展示产品的使用效果和使用方法。在直播过程中，小王不仅详细介绍了产品的成分和功效，还亲自示范了使用方法，让消费者能够更直观地了解产品。同时，小王还设置了互动环节，如限时折扣、抽奖等，激发了消费者的购买欲望。这种直接的销售方式使得小王的化妆品销量大幅上升，也赢得了消费者的信任和好评。

8.2.2.2 要素构成

在新零售视角下，大学生创业者通过互联网直播营销进行品牌推广和销售，这一过程中涉及了场景、人物、产品和创意四大要素。

（1）场景。大学生创业者需要选择一个与品牌形象和产品特点相契合的场景，营造出独特的氛围。例如，如果销售的是户外用品，可以选择在风景优美的自然环境中进行直播；如果是美妆产品，可以在温馨的家居环境中展示化妆过程。同时，场景的设置也需要考虑到直播设备的配置和布置，确保画面清晰、美观，给观众带来良好的视觉体验。

（2）人物。在直播营销中，主播是连接品牌和消费者的桥梁。大学生创业者需要挑选具有亲和力、表达能力强的主播，能够准确传达产品的特点和优势，同时与观众进行互动。主播的形象和气质也需要与品牌形象和产品定位相匹配。除了主播，还可以邀请一些具有影响力的嘉宾或"网络红人"进行合作，增加直播的吸引力和信任度。

（3）产品。产品是直播营销的核心。大学生创业者需要深入了解目标受众的需求和喜好，选择具有市场竞争力的产品进行直播推广。在直播过程中，创业者需要详细展示产品的特点、功能和使用方法，让观众对产品有更全面的了解。同时，创业者还可以结合产品的特点设计一些互动环节，如抽奖、限时优惠等，激发观众的购买欲望。

（4）创意。大学生创业者需要结合产品和品牌形象，设计一些具有新颖性、独特性的直播内容和形式。例如，可以通过故事情节、场景切换等方式打造有趣、引人入胜的直播内容；也可以利用虚拟现实、增强现实等技术提升直播的互动性和体验感。

8.2.2.3 主要特点

在新零售视角下，大学生创业者互联网直播营销，充分展现了其即时性、媒介通用性和直达受众的特点。

（1）即时性。在新零售营销中起到了关键作用。由于直播与事件的发生、发展进程同步，大学生创业者能够第一时间反映产品的特点、使用方法、促销信息等现场状态。例如，当创业者展示一款新上市的服装时，可以即时回答观众关于材质、尺码、搭配等问题，让观众产生身临其境的购物体验。这种即时互动不仅增强了消费者的购买信心，还提高了转化率。

（2）常用媒介。使得大学生创业者能够利用现有的设备和技术进行营销。无须购买昂贵的专业设备，只需一部手机或电脑，创业者就可以通过直播平台与消费者进行互动。这种低成本、高效率的传播方式，使得更多的大学生创业者能够参与到直播营销中来，实现品牌推广和销售增长。

（3）直达受众。为大学生创业者提供了与消费者直接沟通的机会。与录播节目相比，直播节目更加真实、生动，能够直接传达产品的特点和优势。创业者可以通过直播展示产品的使用效果、分享使用心得，与消费者建立信任关系。同时，直播节目中的互动环节也能够激发消费者的参与热情，提高品牌知名度。

8.2.2.4 主要类型

现阶段，在线直播类软件确实已成为软件市场中最受欢迎的类目之一。随着直播技术的不断发展和用户需求的多样化，直播平台在内容定位上也呈现出多元化的趋势。根据平台主打内容的不同，我们可以将直播平台划分为多个类别，如综合类、游戏类、秀场类、商务类和教育类等。

（1）综合类直播平台是指那些涵盖了多种内容类型的平台。这类平台通常拥有庞大的用户基数和丰富的内容资源，能够满足不同用户的多样化需求。它们不仅提供游戏直播、秀场直播等娱乐内容，还涵盖了教育直播、商务直播等更为专业的领域。

（2）游戏类直播平台则主要聚焦于游戏领域，为游戏玩家和爱好者提供实时直播服务。游戏类直播平台对主播，尤其是对明星类主播的管理，通常采取的是直接签约的形式，因此明星的签约费用构成直播平台直接管控下的运营成本，考虑到收入与成本的配比原则，只有当该部分成本能够可靠计量时，才能确认相应的收入。① 这类平台通常拥有大量的游戏主播和粉丝群体，通过直播游戏比赛、游戏教学等内容吸引用户关注。

（3）秀场类直播平台则以才艺展示和娱乐表演为主要内容，吸引了大量喜欢观看表演和才艺展示的用户。主播们通过唱歌、跳舞、聊天等方式与观众互动，营造轻松愉快的直播氛围。

（4）商务类直播平台则更加注重商业价值的实现，通过直播形式进行产品推广、品牌宣传和销售活动。这类平台通常与电商平台或企业合作，实现直播与销售的无缝对接，帮助商家提高销售转化率和品牌影响力。

（5）教育类直播平台则致力于在线教育领域的发展，通过直播形式提供各类教育课程和学习资源。这类平台通常涵盖了从小学到高等教育各个阶段的教学内容，为用户提供了更加便捷和高效的学习方式。

需要注意的是，此分类仅表示该平台的主打内容，实际上绝大多数平台并非单一属性。很多平台在发展过程中会不断拓展自己的内容领域，实现多维度定位。例如，一个原本以游戏直播为主的平台，可能会逐渐加入教育直播、秀场直播等新的内容形式，以满足更多用户的需求。

8.2.2.5　风险防范

由于互联网直播直接将现场情况呈现在受众面前，必须做好风险防范。

（1）内容审核与策划。内容审核与策划是直播营销的首要任务。在直播前，必须对直播内容进行全面、细致的审核，确保其内容不含有任何违法、违规或敏感信息，以免给企业形象带来负面影响。同时，还需策划直播内容，使其既符合品牌形象，又能满足受众的需求。在策划过程中，要充分考虑受众的喜好和习惯，避免过于夸张或误导性的宣传，确保直播内容的真实性和可信度。

（2）直播环境与设备准备。直播环境与设备准备对于直播的顺利进行

---

① 林波. 互联网直播平台"打赏收入"确认与计量［J］. 合作经济与科技，2019（23）：152－153.

至关重要。需要选择整洁、美观的直播环境，使其与品牌形象相符，给观众留下良好的第一印象。此外，还需要提前测试直播设备，确保设备性能稳定、画质清晰、音质良好。在直播过程中，要密切关注设备的运行状态，及时处理可能出现的技术故障，确保直播的顺利进行。

（3）主播素质与培训。主播作为直播营销的核心人物，其素质和专业水平直接影响到直播的效果。因此，需要选择具有良好形象和专业素养的主播进行直播。同时，还需对主播进行专业培训，提高其直播技巧和应对突发情况的能力。培训内容包括但不限于直播礼仪、产品知识、互动技巧等，使主播在直播过程中能够自信、从容地面对观众，传递出企业的品牌形象和价值观。

（4）弹幕与评论管理。弹幕与评论是直播营销中观众参与的重要环节。然而，这也可能带来一些风险，如负面评论或恶意攻击。因此，需要实时监控直播间的弹幕和评论，及时处理负面或恶意内容，避免其对企业形象造成负面影响。同时，还可以设置弹幕过滤机制，对敏感词汇或不当言论进行自动屏蔽，确保直播间的氛围积极向上、健康有序。建立合理的打赏制度，明确打赏规则和金额限制。

（5）应急预案制定。在直播营销中，难以避免会遇到一些突发情况，如网络故障、主播失误等。为了应对这些突发情况，需要制定详细的应急预案。预案中应包括各种可能出现的突发情况及其应对措施，确保在出现问题时能够迅速响应、妥善处理。同时，还需要在直播前进行模拟演练，使团队成员熟悉应急预案的操作流程，提高应对突发情况的能力。

（6）危机公关准备。在直播过程中，一旦出现失误或负面事件，需要迅速启动危机公关机制，妥善处理相关问题。这包括及时发布声明、澄清事实、道歉并承诺改进等。同时，还需要与媒体和意见领袖保持良好关系，以便在危机发生时能够得到及时的支持和协助。通过有效的危机公关处理，可以最大限度地降低失误或负面事件对企业形象的影响。

（7）法律风险评估与应对。在直播营销中，需要时刻关注法律风险问题。在直播前，应进行法律风险评估，确保直播活动不违反任何法律法规。对于可能涉及的法律问题，如知识产权、隐私权等，需要提前咨询专业律师并制定相应的应对策略。同时，在直播过程中，对打赏金额进行实时监控，防止出现异常大额打赏或洗钱行为，也要密切关注法律动态和监管政策的变化，及时调整直播策略和内容，确保企业的直播营销活动始终在法律允许的范围内进行。

8.2.3　互联网直播营销思路

互联网直播营销思路中的"直播＋"概念，实际上是一种创新的营销策略，它将直播形式与其他各种元素或平台相结合，以创造更多元化、更富吸引力的营销体验。

8.2.3.1　场景分类

随着各企业和品牌商纷纷试水直播领域，直播营销已经逐渐从单纯的"网络红人"展示转变为一种更为广泛和深入的商业活动。直播以其出色的互动性和广泛的营销覆盖能力，正成为越来越多企业关注的焦点。"直播＋"的概念在这种背景下应运而生，它代表了直播与其他行业、领域或元素的深度融合。这种融合不仅丰富了直播的内容和形式，也为企业带来了更多的营销机会和可能性。

（1）直播＋电商。

通过直播平台，商家得以将产品直接展示给广大消费者，实时解答消费者对于产品的疑问，从而极大地提升了购买的转化率。这种模式不仅让购物变得更加直观和有趣，还通过实时的互动，增强了消费者对产品的信任感和购买欲望。截至2023年12月末，抖音、淘宝、快手、京东、小红书、拼多多及哔哩哔哩七家互联网平台月活跃用户（MAU）分别达76.47亿、7.45亿、3.91亿、3.69亿、3.41亿、3.02亿及2.61亿。如此流量之下，直播带货变现之路成"新旧"电商平台所争夺的新"高地"。① 各大电商平台纷纷在关键的销售节点，例如，"双十一""618"等，推出大型直播促销活动。这些活动往往邀请明星、"网络红人"或知名主播参与，通过他们的个人魅力和影响力，吸引大量观众进入直播间观看，并带动产品的销量。

（2）直播+内容创作。

直播不仅是销售的舞台，更是内容创作的沃土。商家可以围绕产品，创作出各种形式的有趣、有教育意义的内容，通过直播的形式分享给观众。这种内容创作不仅可以提升品牌形象，还可以增强与消费者之间的情感联系。品牌可以定期举办线上讲座，邀请行业专家分享产品相关的知识和技巧；或者举办烹饪教程，展示产品如何被巧妙地融入日常饮食中；或邀请用户分享产品体验，通过真实的使用感受，传递产品的价值和优势。

（3）直播+社交互动。

直播具有极强的社交属性，观众可以通过弹幕、评论等方式与主播和其他观众进行实时互动。这种互动不仅增强了观看体验，还为商家提供了宝贵的用户反馈。商家可以充分利用这一特点，举办各种互动活动，如线上抽奖、问答互动等，吸引观众积极参与，提升直播间的活跃度和用户黏性。同时，通过收集观众的反馈和建议，商家可以更好地了解用户需求，优化产品和服务。

①直播+跨界合作。跨界合作是直播营销的又一创新方向。商家可以与其他行业或品牌进行深度合作，共同推出特色产品或服务，通过直播形式进行联合推广。例如，时尚品牌可以与美妆博主合作，通过直播展示新品妆容和穿搭，吸引时尚爱好者的关注；旅游公司可以与酒店、景区合作，通过直播展示旅游目的地的美景和特色服务，吸引潜在游客。2024年4月18日，小米科技董事长雷军开启了小米SU7发布后的首次直播。其间，和

---

① 盘点2023直播电商："内容+直播"成趋势，旧平台求变 [EB/OL]. https：//www. hntv. tv/news/0/1755601964323119106，2024－02－08.

消费者互动、连线长城汽车董事长魏建军、答网友问、送礼物，对北京车展进行预热。在长达 2 个小时的直播中，雷军再次提供了互联网营销的"范本"。开播仅 1 分钟观看人数超过 10 万，其中"回应着装模仿马斯克"、高考成绩等话题再次登陆了互联网的中心。① 这种跨界合作不仅可以拓宽营销渠道，还可以实现资源共享和互利共赢。

②直播+线下活动。商家可以通过直播对线下活动进行实时报道和互动，吸引线上观众的关注和参与。有的品牌在线下举办发布会、展览或体验店活动，并通过直播平台邀请观众线上参与。观众可以通过直播观看活动的实时画面，与现场观众进行互动，甚至参与抽奖、问答等活动。2023年，沃尔玛官网直播于 12 月 7~9 日连续三天在线，利用冬季爆款应季水果等商品为爆点，加以折扣和全场代金券作为销售主力军整体引爆销售。在首次直播便售罄。② 这种线上线下联动的营销方式不仅可以扩大活动的影响力，还可以提高线上线下的转化率。

8.2.3.2 营销方式

（1）颜值营销。

颜值营销利用主播的出众外貌吸引观众，通过高颜值带来的视觉享受，增加直播的观赏性和吸引力。这种营销方式通常依赖于主播的个人魅力和粉丝基础，通过直播互动和粉丝互动，提升品牌的曝光度和关注度。

优点：颜值营销能够迅速吸引大量忠实用户，为品牌带来大量流量和曝光机会。"高颜值"主播的参与也能提升直播的整体质量和观赏性，增加观众的黏性和参与度。

缺点：过于依赖容貌可能导致营销内容缺乏深度和内涵，难以长久吸引观众。"高颜值"主播也可能成为营销活动的唯一焦点，而忽略了产品

---

① 陈燕南. 造车大佬"卷"入直播间 [N]. 中国经营报，2024 – 04 – 22（C08）.
② 打响年末营销，"12.12 聚惠好运节"单场直播销售额破千万 [EB/OL]. https：//www. sohu. com/a/746847778_121474628，2023 – 12 – 25.

或品牌本身的推广。

（2）明星营销。

明星营销借助知名明星的影响力和粉丝基础，通过明星的参与和互动，提升直播的关注度和吸引力。这种营销方式通常适用于预算较为充足的项目，通过明星的代言和推广，增强品牌的知名度和美誉度。

优点：明星营销能够借助明星的知名度和粉丝效应，快速扩大品牌的影响力和市场份额。明星的参与也能为直播带来更多的关注度和话题性，提升直播的曝光度和传播效果。

缺点：明星营销的成本通常较高，可能超出创业者的预算范围。明星的选择和合作也需要谨慎考虑，避免产生负面效应或形象不符的情况。

（3）稀有营销。

稀有营销利用稀有或独特的产品资源，通过直播的形式展示其独特性和稀缺性，吸引消费者的关注和购买欲望。这种营销方式适用于拥有独家信息渠道或独特产品的企业。

优点：稀有营销能够利用产品的独特性和稀缺性，制造话题和关注度，提升品牌的知名度和影响力。直播的形式也能够直观展示产品的特点和优势，增强消费者的购买信心和决策速度。

缺点：稀有产品的数量有限，可能无法满足大量消费者的需求，导致部分消费者流失。过度强调产品的稀缺性也可能引发消费者的反感或怀疑，对品牌形象造成负面影响。

（4）利他营销。

直播中常见通过直播分享知识、技巧或提供解决方案，帮助消费者解决实际问题，提升生活品质。这种营销方式通常以消费者需求为导向，通过提供有价值的内容来吸引和留住观众。

优点：利他营销能够树立品牌的良好形象和口碑，提升消费者对品牌的信任度和好感度。通过提供实用的知识和技巧，也能够增强消费者的黏性和忠诚度，促进品牌的长远发展。

缺点：利他营销需要投入大量的时间和精力进行内容创作和分享，对创业者的能力和资源要求较高。如果分享的内容不够专业或实用，可能引发消费者的质疑或不满，对品牌形象造成负面影响。

（5）才艺营销。

直播是才艺主播的展示舞台，利用主播的才艺表演作为直播的核心内容，通过展示才艺吸引观众并推广相关产品。这种营销方式适用于拥有才艺技能的主播，通过将才艺与产品相结合，提升直播的观赏性和吸引力。

优点：才艺营销能够利用主播的才艺表演吸引大量粉丝和观众，为品牌带来流量和关注度。通过才艺与产品的结合，也能够增强消费者对产品的认知和记忆，提升购买意愿和转化率。

缺点：才艺营销需要主播具备较高的才艺水平和表演能力，否则可能难以吸引观众的关注和喜爱。才艺与产品的结合也需要精心策划和设计，避免产生不协调或突兀的感觉。

（6）对比营销。

有对比就会有优劣之分，通过与其他竞品或上一代产品的对比，突出自身产品的优势和特点。这种营销方式强调产品的差异化和优势，帮助消费者更好地了解和选择产品。例如，测评手机时，经常会用苹果手机作为参照标杆来评测手机性能。

优点：对比营销能够直观展示产品的差异化和优势，增强消费者对产品的认知和信任度。通过与竞品的对比，也能够提升品牌的竞争力和市场份额。

缺点：对比营销需要确保对比的公正性和客观性，避免过度夸大或歪曲事实，引发消费者的质疑或反感。对比的对象和方式也需要谨慎选择，避免对竞品产生负面影响或引起法律纠纷。

（7）采访营销。

通过采访名人嘉宾、路人或专家等，以互动的形式分享他们对产品的看法和使用体验。这种营销方式能够借助不同人群的观点和看法，多角度展示产品的特点和优势。

优点：采访营销能够借助不同人群的观点和看法，增强消费者对产品的认知和信任度。通过采访名人或专家，也能够提升品牌的权威性和专业性，增强消费者对品牌的认可度和信任度。

缺点：采访营销需要选择合适的采访对象和话题，确保采访内容的真实性和可信度。采访过程也需要精心策划和组织，避免产生尴尬或冷场的情况。

8.2.3.3 直播原则

在新零售视角下，大学生创业者在进行互联网直播营销时，需要遵循一系列原则，以确保其营销活动的高效、合规与可持续发展。

（1）真实性原则。直播营销的核心在于内容，而内容的真实性是建立消费者信任的基础。对于大学生创业者而言，直播不仅仅是一个展示产品的平台，更是与消费者建立深度联系、传递品牌价值的桥梁。因此，确保直播中展示的产品信息、优惠活动、使用效果等真实可靠至关重要。夸大其词或虚假宣传只会损害消费者的信任，影响品牌形象。大学生创业者应坚守诚信底线，以真实的内容吸引和留住消费者，让消费者能够更准确地了解产品，从而作出更明智的购买决策。

（2）互动性原则。直播营销的魅力在于其实时互动的特点，这也是吸引观众的关键所在。大学生创业者应充分利用这一优势，与观众进行积极的互动。通过回答观众的问题、解决疑虑、进行产品演示等方式，不仅可以增强观众的参与感和购买意愿，还能深入了解消费者的需求和反馈，为产品优化和营销策略调整提供有力支持。此外，设置互动环节如抽奖、投票等，不仅能增加直播的趣味性，还能提高观众的黏性和活跃度。

（3）创新性原则。在竞争激烈的直播营销市场中，缺乏创新意味着难以脱颖而出。大学生创业者应敢于尝试新的营销策略和手段，不断为观众带来新鲜感。可以结合时下热点话题或流行文化进行创意营销，将产品与热门话题相结合，吸引更多观众的关注。同时，也可以开发独特的直播形式和内容，如邀请行业专家进行访谈、举办主题活动等，为观众带来全新的观看体验。

（4）合规性原则。直播营销必须遵守相关法律法规和行业规范，这是保障营销活动健康有序进行的基础。大学生创业者应深入了解广告法、消费者权益保护法等相关法律法规，确保直播内容合法合规。同时，也要尊重他人的知识产权和隐私权，避免侵犯他人的合法权益。在直播中不得使用违规用语、不得进行违法违规的宣传和销售行为，以维护良好的市场秩序和品牌形象。

（5）可持续原则。直播营销不是一场短暂的狂欢，而是需要长期耕耘的事业。大学生创业者应注重长期发展，避免过度追求短期效益。在追求销售业绩的同时，更应关注产品质量、售后服务等方面，确保消费者的购物体验。此外，还要关注环保、社会责任等议题，积极履行企业的社会责任，为企业的可持续发展奠定基础。通过关注这些方面，不仅能够提升品牌形象和口碑，还能够吸引更多消费者的关注和支持。

8.2.3.4 直播设计

（1）封面设计。封面应保证高质量的图片，清晰度和色彩饱和度要达标，避免模糊或低像素的图片，确保给观众留下良好的视觉印象。封面的内容要与直播主题紧密相关，适当添加与直播内容相关的元素，例如，产品图片、主播形象等，以凸显直播特色。此外，使用花字或点缀元素可以增强封面的视觉冲击力，但要注意不要过于花哨，以免喧宾夺主。

（2）标题设计。标题要简短明了，能够迅速传递直播的核心信息。避免过长的标题，以免观众无法一眼看清或理解。重点从内容型标题、活动福利型标题和名人效应型标题三个角度考虑。标题要真实可信，避免过分夸张或虚假宣传，以免降低观众的信任感。标题应遵守法律法规和平台规范，不得涉及违法宣传内容。

（3）内容设计。对于大学生创业者而言，设计优质的直播内容至关重要。在设计直播内容时，要明确目标受众和直播间定位，确保内容符合受众需求和喜好。要策划多样化的内容模块，包括互动环节、产品展示、行业资讯分享等，以吸引观众的注意力。注重内容的质量和创新性，确保真实可靠，避免夸大宣传，并尝试新的直播方式和互动形式。合理安排直播时间和时长，优化直播体验，提升观众满意度。直播结束后要加强与观众的互动和反馈收集，持续优化直播内容。通过精心设计的直播内容，大学生创业者能够有效吸引和留住观众，提升品牌形象，实现创业目标。

8.2.3.5 主播选择

选择合适的主播是直播营销成功的关键，主播是直播营销的核心人物，他们的形象和表现直接影响到观众对产品和品牌的认知。一个具有专业性和魅力的主播能够提升直播的吸引力，使观众对产品产生浓厚的兴趣。

（1）寻找与产品相同或相关领域的主播。选择合适的主播，首要考虑的是主播的领域匹配度。主播应具备与产品相关的专业知识和技能，以便在直播过程中能够准确介绍产品特点、使用方法等。如果推广的是一款美妆产品，那么选择具有美妆领域经验的主播会更为合适。某知名美妆博主，不仅拥有大量的忠实用户基础，还具备丰富的美妆知识和实践经验，能够深入剖析产品成分、功效和使用技巧，从而吸引更多潜在消费者关注并购买产品。

（2）关注主播拥有的忠实用户社群及吸引忠实用户能力。主播的忠实用户基础和影响力是选择主播时需要考虑的重要因素。拥有大量活跃忠实用户的主播能够带来更多的潜在观众，提高直播的曝光度和传播效果。一个优秀的主播通常都拥有自己的用户社群，并且能够通过各种方式吸引新用户加入。在选择主播时，需要关注其用户数量、用户活跃度以及用户忠诚度等指标。例如，某位时尚主播在社交媒体上拥有数十万忠实用户，且用户互动率高，经常参与其发起的各种话题讨论和活动。这样的主播具有较强的凝聚力，能够在直播时迅速吸引大量观众，提高产品的曝光度和销售量。

（3）评估主播以往的直播效果和绩效。主播的影响力也能够增强消费者对产品的信任度，提高购买决策的效率。了解主播以往的直播效果和绩效，有助于预测其在本次直播中的表现。可以查阅主播过往的直播记录，观察其直播间的观众数量、互动情况、销售额等数据。例如，家居用品主播在过去的直播中，每次都能吸引大量观众观看，并且销售额稳步上升。这说明该主播具备较强的直播能力和销售技巧，值得合作。

（4）避免使用争议性大的主播。选择主播时，我们需要注意其个人形象和声誉。争议性大的主播可能会给品牌形象带来负面影响，降低消费者对产品的信任度。因此，在选择主播时，要尽量避免那些有负面新闻或争议性较大的主播。一些主播曾因不当言论引发争议，导致其忠实用户大量流失，品牌形象受损。与其合作可能会导致消费者对产品产生怀疑，进而影响销售效果。

（5）考虑性价比高的主播。在选择主播时，不仅要考虑其知名度和影响力，还要结合其收费标准和合作条件进行综合考虑。不同主播的收费标准和合作条件各不相同，大学生创业者需要根据自身的预算和需求来选择合适的主播。选择性价比高的主播，能够在保证直播效果的同时，控制营销成本，提高整体效益。有些新兴主播虽然知名度不高，但直播能力强、用户活跃度高，且合作费用相对较低。与他们合作，既能够获得良好的直播效果，又能够节省成本，实现双赢。

8.3 实战分析

在新零售视角下，通过将互联网技术与新零售模式相结合，大学生创业者可以更有效地触达消费者，实现产品信息的快速传播与销售转化。通过对超校联盟、盒马生鲜、百果园等企业的案例分析，可以为大学生创业者提供借鉴和启示。

8.3.1 超校联盟

超校联盟成立于2016年，是超校生态体公益性联盟组织。以"产教融合+人才培养"为驱动理念，助力院校深化教育教学改革，推动校企融合发展培养创新创业人才的社会化联盟体。以承接超校生态使命为己任，通过联盟组织建立成体系赋能服务方案，服务生态体各方主体。助力院校创新创业教育改革、院校产学研转化、高素质人才定向培养和院校毕业生高质量实习就业。助力企业产业转型升级、科技成果研发、数字化治理转型、人才精准对接和履行社会责任等。①

8.3.1.1 校园生态圈建设

超校联盟校园生态圈建设是一个综合性的项目，通过互联网技术整合校园资源，为学生、学校、企业和社会提供全方位的服务与支持。

（1）学生门户："互联网+成功成长助力平台"。学生门户是超校联盟校园生态圈的核心组成部分，它通过互联网平台为学生提供个性化的学习、生活和发展支持。该门户集成了课程管理、资源要素、职业规划、实习就业、商业活动等多方面的功能，帮助学生实现全面发展。同时，通过数据分析和个性化推荐，平台能够根据学生的兴趣和需求提供精准的创业路径和成长建议，助力学生成功成长。

（2）学校门户："互联网+超级大学"。学校门户致力于将传统大学校园转型为"互联网+超级大学"，通过整合校内外的教育资源，提供开放、共享、创新的教育环境。该门户不仅提供课程管理、教学评估等基本功能，

---

① 联盟简介［EB/OL］. http://www.isuperu.com/superPortal/aboutUs.html, 2024-04-23.

还引入了在线教育、虚拟实验室、产学研协同育人等先进的教育技术，打破时空限制，让优质教育资源得以广泛传播和共享。此外，学校门户还注重与企业的合作，推动产学研一体化，培养符合社会需求的高素质人才。

（3）企业门户，"互联网+商业新生态"。企业门户是超校联盟校园生态圈中连接企业与校园的重要桥梁。通过该门户，企业可以发布招聘信息、实习机会、项目合作等信息，与校园内的学生、教师和研究机构建立直接联系。企业门户还提供市场分析、人才培养等咨询服务，帮助企业更好地了解校园市场需求和人才资源状况。该门户还通过线上线下的活动组织，促进企业与校园之间的交流与合作，共同推动商业新生态的发展。

（4）社会门户，"互联网+大教育服务平台"。社会门户是超校联盟校园生态圈面向社会开放的服务平台，通过互联网技术推动教育资源的普及和优化。该门户不仅提供公共教育资源查询、在线教育课程等基本信息服务，还通过数据分析、用户反馈等方式不断优化商业资源配置和服务质量。此外，社会门户还积极参与社会公益活动，推动教育公平和普及化，为构建终身教育体系贡献力量。

8.3.1.2 打造"超级学生"

超校联盟通过创新的"互联网+学生助力培育"新模式，精准识别并引导大学生的职业兴趣，为他们搭建了一个全方位的成功成长平台。该平台特别注重三个核心能力的培养，即技术能力、营销能力以及综合管理能力，旨在帮助大学生全面提升个人素质，为未来的职业发展奠定坚实基础。

在技术能力方面，超校联盟着重培养大学生的关注细节、学习能力、创新能力和分析能力。通过一系列的线上线下课程和实践活动，大学生们可以学习并掌握前沿科技知识，培养解决实际问题的能力，同时激发创新思维，提升分析问题的深度和广度。

在营销能力方面，超校联盟注重培养大学生的组织领导、攻关能力、人际交往和执行能力。通过模拟营销项目、市场调研等活动，大学生们可以锻炼自己的团队协作和沟通能力，提升在复杂环境中解决问题的能力，为未来的职业生涯做好充分准备。

在综合管理能力方面，超校联盟强调自我认知、自律能力、团结合作和沟通能力的培养。通过心理辅导、团队建设等活动，大学生们可以更好地认识自己，提升自我管理能力，同时学会与他人有效沟通，共同完成任务。

为了让大学生们更好地应用所学知识，超校联盟积极组织各类培训、创业项目和社会实践活动。这些活动不仅提供了丰富的实践机会，还能让大学生们与业界专家、企业家等建立联系，拓展人脉资源。同时，高校的正向引导和社会的全面助力也为大学生们的成长提供了有力支持。

8.3.1.3 打造"超级大学"

超校联盟与高校紧密合作，共同打造"互联网+超级大学"，通过"互联网+创业培养"，构建实践、就业、创业的新生态，为大学生提供全方位的成长支持。

"互联网+实践学院"。该学院注重实践能力的提升，通过组织各类实践、实习活动，帮助学生将理论知识与实际操作相结合。"能量营"作为实践学院的核心项目，为学生提供了丰富的实践机会，让他们在实践中锻炼能力，提升技能。同时，显像化素能识别系统和学生"素能银行"则用于记录和管理学生的实践成果，为他们今后的职业发展提供有力支持。此外，超校联盟实践实习指导课件库涵盖了线上微课和线下培训等多种形式，为学生提供全面的实践指导。

"互联网+就业学院"。就业孵化器为学生提供了模拟职场的环境，帮助他们了解职场规则，提升职业素养。"校招宝"平台则整合了企业招聘资源，为学生提供精准的就业信息。精准就业服务则根据学生的专业、兴趣和能力，为他们推荐合适的岗位。超级就业指导课件库为学生提供全方位的就业指导。

"互联网+创业学院"。鼓励学生创新创业，为他们提供创业资源和指导。"互联网+创客空间"为学生提供了创业所需的场地和设施，让他们能够在这里实现创业梦想。"互联网+创业孵化器"则为学生提供了创业培训、项目对接等一站式服务，帮助他们顺利启动创业项目。超校创业项目包则整合了优质的创业项目资源，为学生提供更多的创业选择。超校创业指导课件库则涵盖了线上微课和线下培训等多种形式，为学生提供全面的创业指导。

8.3.1.4 运行方式

（1）注重资源整合与共享。超校联盟与高校进行深度合作，整合双方的教育资源、企业资源和社会资源。这些资源包括但不限于师资力量、课程资料、实践基地、创业项目以及企业合作伙伴等。通过搭建统一的平台，这些资源可以实现共享，为学生提供丰富的学习和实践机会。2022年，超校联盟向浙江农林大学捐款300万元，设立专门基金，助力创新创业教育。重点围绕以下方面开展合作：一是共同打造新型双创生态环境，树立双创生态圈专项服务平台新典范；二是以双创研究院为载体，设立区域特色鲜明的科技成果产业化技术中心，逐步打造涉农类企业科技孵化器；三是双方共建产教融合双创教育示范基地，共同设立专项赋能基金，驱动双创教育生态体系高水平发展。

（2）加强课程与实践项目设计。基于整合的资源，超校联盟设计一系列线上和线下的课程，涵盖技术能力、营销能力和综合管理能力等多个方面。以建设大学生创新创业线上一流课程为主要目标，围绕线上一流课程标准进行研究，并能使用相关创新创业线上课程资源管理平台。结合企业的实际需求，开发实践项目，让学生在实践中学习和成长。

（3）线上平台运营。超校联盟以"猫哆鱼"为主要推广平台，建立一个功能完善的线上平台。通过平台，学生参与实践项目、获取就业和创业信息。为学生免费提供"无成本、无风险"的创业实践机会，发掘个人创业潜能，深刻探索自己，培养青年创新能力和发现及解决问题的能力，提升自我影响能力、团队协作能力、领导管理能力、增加社会责任感等综合素能。

（4）线下活动组织。除了线上平台，超校联盟还会组织各种线下活动，如研讨会、"能量营"、创业大赛等。这些活动旨在增进学生与企业、社会的交流，提升学生的实践能力和创新精神。

（5）数据分析与优化。超校联盟收集和分析学生在平台上的数据、实践数据以及就业和创业数据，了解学生的进度、兴趣点和需求，从而不断优化实践项目安排和平台功能。

（6）合作与拓展。为了不断提升系统的运营效果，超校联盟积极寻求与更多高校、企业和社会的合作，拓展资源网络，提升品牌影响力。

8.3.2 盒马鲜生

盒马鲜生是阿里巴巴集团旗下的新零售品牌，2016年1月15日，盒马鲜生第一家店在上海开业，创始人是原京东物流总监侯毅。以线上线下结合的方式经营生鲜食品零售业务。盒马鲜生运用大数据、移动互联、智能物联网、自动化等技术及先进设备，实现人、货、场三者之间的最优化匹配，从供应链、仓储到配送，盒马鲜生都有自己的完整物流体系。盒马鲜生是唯一成功实现线上线下融合的零售店，以上海金桥店为例，根据其公开数据，线上和线下门店的日均数量分别为4600家和5000家，占在线销售额的近一半。[①]

8.3.2.1 产品类别

盒马鲜生售卖的商品甄选来自全球100多个国家和地区的海鲜水产、水果蔬菜、肉禽蛋品等生鲜商品，以及休闲酒饮、乳品烘焙、粮油干货等

---

① 深度：盒马模式启示录［EB/OL］. https：//www.163.com/dy/article/EHIU41RB05118QTB.html，2019－06－13.

超过3000种差异化商品，其中80%是食品，20%是生鲜产品。①

8.3.2.2 主要场景

盒马鲜生通过创新的业态布局，成功地满足了消费者在不同场景下的多样化需求。

场景一：解决消费者一日三餐的问题。

盒马鲜生作为盒马的主力业态，通过提供新鲜、高品质的食材和便捷的购物体验，解决了消费者日常餐饮的需求。在郊区，盒马推出了"盒马菜场"，以更加亲民的价格和丰富的菜品选择，满足了郊区居民的一日三餐需求。而在镇上和城市边界地区，盒马则分别布局了"盒马mini"和"盒马小站"，根据不同区域的人口密度和消费能力，提供了更为精准的餐饮解决方案。

场景二：解决消费者在上班期间的早饭、午餐和下午茶需求。

"盒马F2"的出现，旨在解决上班族的早餐、午餐和下午茶需求。通过提供新鲜制作、快速便捷的美食，"盒马F2"满足了消费者在办公室场景下的即时餐饮需求。这种业态的创新，不仅提升了消费者的办公体验，也进一步拓展了盒马的市场份额。

场景三：满足消费者在路上存在快速购物需求。

"盒马Pick'n Go"针对消费者在路上的快速购物需求，提供了即提即走的便利服务。通过电子支付和身份账户认证，消费者可以无须排队等待，快速完成购物并付款。这种业态极大地提高了消费者的购物效率，也适应了现代都市生活的快节奏特点。

场景四：满足消费者在周末和家庭场景下的综合需求。

盒马里则是一个综合性的消费场所，旨在满足消费者在周末和家庭场景下的多种需求。除了提供丰富的餐饮选择外，"盒马里"还涵盖了外卖、

---

① "盒马鲜生"商业模式重构新零售[EB/OL]. https：//www.sohu.com/a/323058313_763450，2019-06-26.

亲子活动、日常消费品和服饰等多个领域。这种一站式的消费体验，让消费者在享受购物乐趣的同时，也能满足家庭生活的各种需求。

8.3.2.3 运行管理

盒马鲜生的"到店+到家"双渠道经营模式确实展现了其在新零售领域的创新和实力。这种经营模式不仅充分利用了线上线下的优势，更通过精细化的供应链管理和科技手段的运用，为消费者提供了优质的购物体验。

线下实体超市的建立，不仅满足了仓储和配送的需求，更为消费者提供了一个直观、丰富的购物环境。消费者可以亲自挑选商品，享受即时的餐饮体验，这种沉浸式的购物方式无疑增加了消费者的忠实度。

而线上平台则通过仓配一体化和大数据整合，实现了高效的配送服务。电脑数据分析模拟出的最优路线，确保了商品能够在最短的时间内送达消费者手中。这种三十分钟内的快速配送服务，极大地提升了消费者的满意度。

在供应链方面，盒马鲜生采用了统一的采购供应和运输配送模式。海外直采和国内直采相结合的方式，确保了商品的质量和多样性。同时，大仓对店仓和直送门店两种配送模式，也提高了物流运输的效率。

科技手段的运用，更是为盒马鲜生的供应链提供了强大的信息支撑。AI分析和大数据统计等技术，不仅优化了库存管理，寻找到了最优的物流运输路线，还实现了供应链之间的即时信息互通。这使得盒马鲜生能够更准确地把握市场需求，调整商品结构，提高运营效率。

8.3.3 百果园

百果园2022年全年收入为113.91亿元，同比增长0.7%；实现公司所有者应占溢利3.62亿元，同比增长11.9%；所有经销渠道的会员数累计超过8300万名,终端门店为6093家。① 1995年,其董事长余惠勇从江西农科院辞职来到深圳,在爱地绿色食品总汇有限公司找到工作。2002年,余惠勇团队在深圳黄金地段福华路租下门面卖水果,开出了第一家百果园门店。从2002年到2009年,百果园开设了100家门店,摸索出了一套可快速复制的经营模式。从2010年起开始快速复制扩张,到2018年底已有3500家门店,线上会员4000多万,实现线上线下一体化,全年销售额超过100亿,在水果零售行业全球第一。②

8.3.3.1 产品标准

百果园通过其丰富的水果经营经验,制定了一套科学且细致的水果分级标准,这不仅提升了其产品的品质,也增强了消费者的购买信心。具体来说,百果园将水果按照内在品质分为招牌、A、B、C四级,每一级再根据个头大小分为大、中、小三等。这种分等级方式既考虑了水果的品质,又兼顾了消费者的实际需求。

以招牌级巨峰葡萄为例,其糖酸度要大于19度,这一标准背后蕴含着多个层面的严格要求。一是为了保证糖酸度达标,必须使用有机肥。这是因为有机肥能够提供更全面、更均衡的营养,有助于葡萄果实的糖分积累,从而提高糖酸度。二是为了控制产量和提升品质,种植密度需要降低。通过减少单位面积的植株数量,可以确保每株葡萄都能获得充足的阳光和营养,从而提高果实的品质。三是必须杜绝过早采摘和打激素催熟的行为。过早采摘会导致葡萄果实未成熟,糖酸度不足;而打激素催熟则会影响果实的自然生长过程,降低品质。③

---

① 百果园2023年营收近114亿元[EB/OL]. https://www.bjnews.com.cn/detail/1711611327169390.html,2024-03-28.
② 卖水果卖出个亿万富翁——"百果园"的生意经[EB/OL]. http://www.360doc.com/content/20/0108/16/2794318_885042975.shtml,2020-01-08.
③ 艾永亮:亏损七年的百果园,它是如何进行超级产品战略坚持下来的[EB/OL]. https://sspai.com/post/60053,2020-04-17.

这一系列严格要求确保了招牌级巨峰葡萄的高品质。同时，百果园还通过其他标准如新鲜度、爽脆度、细嫩度和香味等，对各级别的水果进行综合评价和筛选。这些标准共同构成了百果园水果分级体系的核心，为消费者提供了多样化、高品质的水果选择。

8.3.3.2 物流配送

百果园通过实现订单管理系统（OMS）、配送管理系统（TMS）、仓储管理系统（WMS）的一体化，以及率先改革门店、仓储、配送体系，成功地将店仓一体化模式应用于实际运营中。这种模式在一定的辐射范围内，将门店作为后仓，服务于线上订单的配送，从而显著提升了最后500米的配送效率和降低了成本。具体来说，百果园在仓储和运输方面都有一套严格的标准。例如，为了确保果品的新鲜度和品质，不同种类的水果需要按照不同的温度进行存放。奇异果需要存放在0℃的冷库中，葡萄和苹果则适合在2~5℃的冷库中保存，而香蕉和芒果则需要在15℃的冷库中保存。这种精细化的温度管理确保了水果在仓储过程中的品质稳定。

在运输方面，百果园同样注重细节。例如，运输草莓的车辆时速被严格控制在40千米以内，以确保草莓在运输过程中不会受到过大的震动和损伤。此外，百果园还投入了大量资金，用于购置先进的冷藏设备，以实现货车温度的快速制冷和精准控制。

店仓一体化模式的实施，使得百果园能够更加高效地处理线上订单，并在最短的时间内将商品送达消费者手中。这不仅提升了消费者的购物体验，也增强了百果园的市场竞争力。同时，通过精细化的仓储和运输管理，百果园还能够确保水果的品质和新鲜度，赢得了消费者的信任和口碑。

8.3.3.3 优质服务

百果园在新零售领域的布局展现出了前瞻性和创新力。通过全渠道的布局，百果园成功地将商业经营的各个环节数据化，从而更精准地把握市场脉动和消费者需求。其自营 App、小程序以及三方平台等多渠道的融合，不仅拓宽了销售路径，也提升了消费者购物的便捷性。门店作为百果园的一级网络，不仅提升了销售额和坪效，而且通过辐射周边消费者，实现了高效的物流配送。这种以门店为基础的配送模式，既保证了配送时效，又节约了冷链成本，真正做到了高效与经济的完美结合。

在产品质量把控方面，百果园始终坚持严格的标准。无论是农药残留的检测，还是后熟处理的方式，都体现出了其对产品品质的极致追求。同时，促销活动也始终围绕产品的口感和品质进行，确保消费者能够享受到最佳的产品体验。

而"不好吃三无退货"的政策，更是百果园对消费者负责任态度的体现。不仅增强了消费者的购物信心，也提升了百果园的品牌形象。在实际操作中，百果园更是通过官方 App 实现了线上退款，让消费者的权益得到了更好的保障。

对于门店和员工的管理，百果园也毫不松懈。对门店的投诉处理和对员工的违规行为处罚，都展现出了百果园对品质管理的严格态度。这种严格的管理，确保了百果园能够在激烈的市场竞争中保持领先地位。

8.3.3.4 多维发展

百果园的成功源于其多维度的业务模式和全面的赋能体系。作为一个渠道型公司，百果园建立了广泛的销售网络，实现了线上线下的一体化经营，确保了水果能够快速、准确地送达消费者手中。作为一个技术型公司，百果园在水果种植技术和数据技术方面进行了大量投入，通过引进先进技术和智能化管理，提高了水果的品质和产量。百果园还是一个金融型公司，其在上游基地的布局形成了自有、投资、合作三大类型，对投资、合作的上游公司在需要时，可以进行财务支持。这种金融赋能不仅增强了百果园与上游供应商之间的合作关系，也确保了供应链的稳定性和可持续性。

百果园已形成"渠道、技术、金融"三大赋能体系，这些体系相互支持、相互促进，共同推动了百果园的发展。未来，百果园可能会进一步完善其赋能体系，形成"品牌、渠道、技术、数据、人才、金融"的六大赋能体系，以更好地适应市场变化和满足消费者需求。百果园注重生态化发展，形成了多个子生态。例如，金融赋能联合投资公司、银行等金融机构，为整个产业生态成员提供财务支持；技术赋能则通过与智果科技、果联科技等公司的合作，引进先进技术，实现种植的数字化、智能化。这些子生态相互关联、相互依存，共同构成了百果园的生态系统，为公司的持续发展提供了有力支撑。

参考文献

[1] 布拉德·斯通. 无边界的亚马逊 [J]. 21世纪商业评论, 2021 (11): 78-83.

[2] 蔡馨玥, 肖勇波, 张继红. 利润与福利的两难抉择: 考虑双边社会责任的平台定价策略 [J]. 系统工程理论与实践, 2024 (6): 2003-2017.

[3] 陈德虎. 基于创业意愿影响因素的高校创业教育 [J]. 当代青年研究, 2016 (3): 64-69.

[4] 陈莉莎. 广告中不同类型拟人化形象对消费者购买意愿的影响研究 [D]. 杭州: 浙江工商大学, 2022.

[5] 程忠良. 数字经济时代图书出版网络口碑营销战略若干思考 [J]. 编辑之友, 2023 (10): 21-28.

[6] 丛培元, 李志义, 陈晓晖, 等. 美国高等教育价值观的历史嬗变与启示 [J]. 中国大学教学, 2016 (5): 92-96.

[7] 崔春, 付新源. 新零售模式下零售企业的审计风险及应对: 以永辉超市为例 [J]. 财会通讯, 2024 (7): 132-138, 143.

[8] 杜志刚. 积分加加 分分有奖: 电信会员制积分工程营销策划书 [J]. 通信企业管理, 2002 (9): 40-44.

[9] 龚思颖, 黄凯洁. "网红打卡地"旅游现象的市场营销分析 [J]. 商业经济研究, 2023 (7): 65-68.

[10] 胡新平,李天丽,邓腾腾.质量和价格影响需求的双渠道供应链饥饿营销策略[J].系统管理学报,2015,24(3):436-443.

[11] 简利蓉,李龙.卡通形象在儿童食品包装中的应用研究[J].绿色包装,2022(5):105-108.

[12] 焦玥,王胜桥.我国零售企业商业模式创新研究:热点、案例与展望[J].商业经济研究,2024(8):147-152.

[13] 课题组.借鉴"双元制"模式的试点实验综合报告[J].教育研究,1997(11):4-14.

[14] 李灏,柯文.美国数字垄断的社会建构:以亚马逊、谷歌和苹果为例[J].科学学研究,2022,40(11):1921-1928,1936.

[15] 李亮.A公司发展战略研究[D].南京:南京大学,2021.

[16] 李敏.新零售背景下传统水果连锁超市转型风险识别及规避对策研究:以百果园为例[J].科技创业月刊,2020,33(11):90-93.

[17] 李晓茹,江河,顾君忠.新零售模式下的物联网智能生鲜物流终端设计[J].计算机应用与软件,2021,38(7):23-28.

[18] 李旭,刘兆惠.新零售背景下生鲜连锁超市经营现状分析:以盒马鲜生为例[J].知识经济,2020(18):57-58.

[19] 李泽琛,刘健.平台经济对新零售企业绩效的影响机制:来自规模经济和技术创新的视角[J].商业经济研究,2023(24):179-182.

[20] 李卓昱,刘峥,杨智丹,等.连锁超市生鲜品冷链运营模式研究[J].内江科技,2020,41(4):86,90.

[21] 林霞.百果园水果连锁超市的经营状况及营销策略探讨[J].市场论坛,2016(4):36-39.

[22] 蔺海泮,左谢兴,刘碧华.农村籍大学生返乡创业意愿的驱动路径:基于复杂适应系统理论的fsQCA组态探索[J].大学教育科学,2024(1):66-76.

[23] 蔺楠,张茜,周炜.独生子女与创业意愿:基于"差别养育"视角的研究[J].经济管理,2020,42(6):116-134.

[24] 刘导.新零售[M].北京:机械工业出版社,2019.

[25] 刘琼.新零售何去何从?[N].深圳商报,2024-03-28(A3).

[26] 刘世明,胡子瑜,陈惠红.新零售背景下生鲜连锁企业的供应链分析研究:以百果园为例[J].中国商论,2017(22):4-5,8.

[27] 刘薇.地方高校管理类专业实践教学校地合作模式探析[J].学术探索,2012(9):129-131.

[28] 刘馨阳.新零售产业背景下通道费纵向合约的机制研究[D].沈阳:东北大学,2021.

[29] 刘亚洪,刘兴琳.新零售视角下连锁水果门店创新发展探索:以百果园为例[J].花炮科技与市场,2020(2):54.

[30] 刘运国,陈诗薇,柴源源.游戏直播商业模式对企业业绩的影响研究:基于虎牙直播的案例[J].财会通讯,2021(4):3-10.

[31] 陆伟.面向直播新零售的渠道引入和信息共享策略研究[D].合肥:中国科学技术大学,2024.

[32] 任震宇.傲慢苹果为何终于低头[N].中国消费者报,2013-04-08(A1).

[33] 佘颖.新零售企业创新要围绕消费者需求[N].经济日报,2024-04-24(5).

[34] 施永川,黄莹,王佳桐.高校大学生创造力对创业意愿的影响研究[J].科技管理研究,2020,40(11):91-98.

[35] 谭贤.新零售时代的O2O[M].北京:人民邮电出版社,2018.

[36] 汪红梅,薛建宏,赵帝焱.大学生农村创业意愿影响因素分析:基于479名学生的调查[J].湖南农业大学学报(社会科学版),2016,17(3):90-97.

[37] 王炳成,赵静怡,杨珍花.社交新零售商业模式情境下消费者认同

路径研究［J］. 管理评论，2023，35（8）：198-208.

［38］王东升，贾嫚，李琦，等. 平台商业模式企业的价值创造：基于阿里巴巴的案例研究［J］. 会计之友，2021（13）：28-35.

［39］王福，刘俊华，长青. 场景如何基于"人货场"主导逻辑演变赋能新零售商业模式创新？：伊利集团案例研究［J］. 管理评论，2023，35（9）：337-352.

［40］王福，长青，刘俊华，等. 新零售商业模式场景化创新的理论框架与实现路径研究［J］. 技术经济，2021，40（4）：39-48.

［41］王雷. 反思热炉法则［J］. 企业管理，2007（6）：31-33.

［42］魏敬红. 新零售渠道整合、物流服务质量与消费者购买意愿的关系研究［J］. 商业经济研究，2024（2）：95-98.

［43］吴周玥，周小虎，张慧. 寻找匹配的"桥梁"：众创空间构件对学术创业资源类型的影响［J］. 管理现代化，2021，41（5）：51-54.

［44］熊柴，任泽平，裴桓，等. 中国青年创业发展报告（2020）［J］. 中国青年研究，2021（2）：58-67.

［45］熊峰. 伊利转型 从会员营销开始［J］. 企业管理，2017（11）：103-106.

［46］徐德锋，陈群，江一山. 大学生创新创业实践与案例［M］. 武汉：华中科技大学出版社，2021.

［47］徐来群，李俊义，王富强. 面向2010年的英国高等教育战略规划评析：《高等教育未来》政策的实施及影响［J］. 大学教育科学，2008（3）：94-99.

［48］徐瑞萍，周颖，刁生富. 新零售实践［M］. 北京：电子工业出版社，2021.

［49］许宪春，张美慧，张钟文. 数字化转型与经济社会统计的挑战和创新［J］. 统计研究，2021，38（1）：15-26.

［50］杨博."双引擎"发力 亚马逊身价暴增［N］. 中国证券报，2015-

11-21（A8）.

[51] 杨喜堤，肖军森. 学生创业团队组建管理中出现的问题及对策分析［J］. 中国商论，2020（13）：195-196.

[52] 杨兴夏. 我国零售业创新的经济效应研究［D］. 太原：山西财经大学，2020.

[53] 尹成鑫，和震. 法国工程师学院人文素质培养模式探究及启示［J］. 中国高等教育，2021（19）：62-64.

[54] 于博. 大学生创业意愿的演变趋势、驱动因素与效能影响［J］. 外国经济与管理，2023，45（5）：38-52.

[55] 昝慧昉. 百果园：像麦当劳一样卖水果［J］. 时代经贸，2013（5）：70-71.

[56] 赵玲，田增瑞，常焙筌. 创业资源整合对公司创业的影响机制研究［J］. 科技进步与对策，2020，37（6）：27-36.

[57] 赵英姿. 新零售背景下社群电商信任机制及评价模型研究［D］. 沈阳：沈阳工业大学，2023.

[58] 赵云芳，王东升，李琦，等. 平台商业模式企业的资源配置：基于阿里巴巴的案例研究［J］. 会计之友，2020（4）：111-117.

[59] 周常春，高晶，车震宇. 旅游口碑营销研究综述［J］. 资源开发与市场，2012，28（4）：358-361.

[60] 周懿瑾，陈嘉卉. 社会化媒体时代的内容营销：概念初探与研究展望［J］. 外国经济与管理，2013，35（6）：61-72.

[61] Chauhan H, Singh K A, Sachdeva S. Business Model and Financial Performance of Food SMEs: Mediation by Competitive Advantage［J］. International Journal of Business and Globalisation, 2021, 27（1）：113-131.

[62] Claire W S. A Business Model of Luxury Brands and Contemporary Art: A Case Study of Art Mall in China［J］. Luxury, 2021, 8（2）：173-

193.

[63] Gilligan C, Wilson M R, Hines T. Strategic Marketing Planning [M]. Taylor and Francis, 2017.

[64] Guanyi Y, Weidong C, Junnan W, et al. Research on Decision – Making for a Photovoltaic Power Generation Business Model under Integrated Energy Services [J]. Energies, 2022, 15 (15): 5665.

[65] Ritch L E, Siddiqui N. Fashioning the Circular Economy with Disruptive Marketing Tactics Mimicking Fast Fashion's Exploitation of Social Capital: A Case Study Exploring the Innovative Fashion Rental Business Model "Wardrobe" [J]. Sustainability, 2023, 15 (19): 14532.

[66] Shuguang Wang. China's New Retail Economy: A Geographic Perspective [M]. New York: Routledge, 2013.